Kretschmann (Hrsg.)
Stressmanagement für Lehrerinnen und Lehrer

Stressmanagement für Lehrerinnen und Lehrer

Ein Trainingsbuch mit Kopiervorlagen

Herausgegeben von Rudolf Kretschmann

Mit Beiträgen von
Kornelia Kirschner-Liss, Rudolf Kretschmann,
Ingrid Lange-Schmidt, Reinhold Miller, Elke Rabens,
Jürgen Thal, Margret Zitzner

Beltz Verlag · Weinheim und Basel

Prof. Dr. *Rudolf Kretschmann* ist Hochschullehrer im Fachbereich
Bildungs- und Erziehungswissenschaften an der Universität Bremen.

Neu ausgestattete Sonderausgabe 2006 des Titels
»Kretschmann (Hrsg.) Stressmanagement für Lehrerinnen und Lehrer«
Beltz Verlag. ISBN 3-407-62429-8

Lektorat: Peter E. Kalb

© 2006 Beltz Verlag · Weinheim und Basel
http://www.beltz.de
Herstellung: Lore Amann
Satz: Druckhaus »Thomas Müntzer«, Bad Langensalza
Druck: Druck Partner Rübelmann, Hemsbach
Umschlaggestaltung: glas ag, Seeheim-Jugenheim
Printed in Germany

ISBN-13: 978-3-407-25428-3
ISBN-10:   3-407-25428-8

Inhaltsverzeichnis

Vorwort

Eine nicht unbeträchtliche Zahl von Lehrerinnen und Lehrern fühlt sich durch ihre Arbeit gestresst bzw. durch die Bedingungen, unter denen die pädagogische Arbeit zu erbringen ist. Bei nicht wenigen (vgl. Kapitel 2) führen diese Belastungen zu vorzeitigem Ausscheiden aus dem Berufsleben – wegen Dienst- oder Berufsunfähigkeit. Wiederum andere »überleben« nur durch die Reduzierung ihrer Unterrichtsdeputate oder sie nehmen einen übermäßigen Verlust an Lebensqualität in Kauf.

Stress hat immer mehrere Ursachen: **objektive Bedingungen** (Lebensumstände, Arbeitsbedingungen) einerseits, häufig aber auch wenig erfolgreiche **individuelle Bewältigungsstrategien**. Die objektiven Bedingungen der Lehrerarbeit sind gegenwärtig schwer genug. Eine unzweckmäßige Organisation der eigenen Arbeit, ein ständiges Sich-Selbst-Überfordern oder Überempfindlichkeit und Hilflosigkeit bei Konflikten können dazu führen, dass sie unerträglich werden.

Mit diesem Buch möchten wir Anregungen geben, wie Lehrerinnen und Lehrer übermäßigen Belastungen vorbeugen können, bzw. was sie tun können, um unvermeidbare Belastungen besser ertragen zu können. Es geht um die Herausbildung von zweckmäßigen Bewältigungsstrategien, mit dem Ziel, beruflich wirksam zu bleiben und ein Maximum an Lebensqualität zu erhalten bzw. zurückzugewinnen.

Jede Lehrerin, jeder Lehrer erlebt die Belastungen, die mit Lehrerarbeit einhergehen, anders. Was den einen verunsichert, mag der andere als eine willkommene Herausforderung erleben; wo eine Lehrkraft sich im Chaos einer unzweckmäßigen Arbeitsorganisation verliert, mag die andere sich durch einen überhöhten Perfektionsanspruch zermürben. Wir werden in einigen Kapiteln dieses Buches zeigen, warum dies so ist. In erster Linie wollen wir jedoch zeigen, was Lehrerinnen und Lehrer tun können, um sich bei allen Belastungen ein Höchstmaß an Wirksamkeit, Gesundheit und Lebensfreude zu erhalten. Wir haben das Buch als ein Baukastensystem konzipiert in der Hoffnung, dass jeder Leser, jede Leserin Lösungsansätze für die eigenen Probleme findet. Für jeden Leser werden die einzelnen Kapitel unterschiedlich relevant sein. Wer gut organisiert ist, wird sich durch ein Kapitel »Arbeitsorganisation« eher bestätigt als angeregt fühlen, ebenso Kolleginnen und Kollegen, denen es bisher schon gelungen ist, ein balanciertes Verhältnis von beruflichem Anspruch, Arbeit und notwendiger Regeneration herzustellen. Bei anderen Kapiteln wird es sich ähnlich verhalten. Alle Bausteine sind praxiserprobt.

Das Buch enthält auch Vorschläge, wie Lehrerinnen und Lehrer die Arbeitsbedingungen an ihrer Schule so verändern können, dass die Arbeit leichter und erfreulicher wird. Nicht alle Probleme sind individuell zu lösen. Derartige Bestrebungen gewinnen besondere Aktualität vor dem Hintergrund des Arbeitsschutzgesetzes von 1996: Orientierte sich der Arbeitsschutz früher fast ausschließlich an Schädigungen und Gefährdungen physikalischer, chemischer und biologischer Art, so zielt die normative Orientierung in den neuen Arbeitsschutzregelungen nunmehr auf Gesundheit und Gesundheitsförderung sowie Vereinbarkeit von persönlicher Disponibilität mit den Arbeitsanforderungen. In Kapitel 6 z.B. ist ausgeführt, was Kollegien von sich aus unternehmen können und wozu der Arbeitgeber verpflichtet ist.

Bei der Erstellung des Buchmanuskripts haben sich mehrere Autoren zusammengefunden und ihren Sachverstand eingebracht. Kornelia Kirschner-Liss, Rudolf Kretschmann, Ingrid Lange-Schmidt, Elke Rabens, Jürgen Thal und Margret Zitzner führen als Team im dritten Jahr in Bremen unter der Leitung des Herausgebers ein Projekt »Mehr Freude am Beruf – Stressabbau und Stressprävention für Lehrerinnen und Lehrer« durch. Als Mitarbeiterinnen, Mitarbeiter bzw. Lehrbeauftragte des Bremischen Landesinstituts für Schulpraxis sind sie Fachleute für Supervision, Gesundheit in der Schule oder für Kommunikation. Im Rahmen des Projekts führen sie Trainingsseminare mit Lehrerinnen und Lehrern durch, in denen in dem Buch behandelten Themen und Probleme bearbeitet werden. Die Angebote gehen auf eine z.T. fast zehnjährige Entwicklungsarbeit zurück. Ergänzt werden die Erfahrungen aus dem Projekt durch Beiträge von Reinhold Miller, der in seinen Fortbildungsveranstaltungen und Publikationen immer wieder die Rolle, das Handeln und die Gefühle von Lehrkräften im schulischen Arbeitskontext problematisiert.

Bremen, im Juli 2000 *Rudolf Kretschmann*

Rudolf Kretschmann

1. Stress – was bedeutet das für Sie?

Sie haben dieses Trainingsmanual nicht ohne Grund gekauft. Vielleicht fühlen Sie sich gestresst. Vielleicht war es auch nur Neugier. Wie auch immer, nun, da Sie das Buch vor sich haben, können Sie die Gelegenheit nutzen, sich zu befragen, was Stress für Sie bedeutet. Fühlen Sie sich gestresst? Gelegentlich, manchmal, oft, leichter oder schwerer?

Sollten Sie bei Ihrer Suche nicht fündig geworden sein, können Sie sich die auf der folgenden Seite aufgeführten Stressursachen vergegenwärtigen. Es handelt sich um Antworten von Lehrerinnen und Lehrern auf die hier formulierten Fragen. Bitte umkreisen Sie, was auf Sie zutreffen könnte.

Ein paar Fragen zum Nachdenken

Was stresst mich

- an meinem Arbeitsplatz?

- in meiner häuslichen Umgebung?

- Wie belasten mich meine Unterrichtsvorbereitungen?

- Was stresst mich sonst?

und woraus schöpfe ich meine Kraft?

⇨ Material: **M1**, S. 121

Alles in Eile und Hast erledigen

Unruhe, Lärm in der Klasse

Fühle mich nach einem
Schulvormittag total erschöpft

Terminhäufungen

Man halst sich zu viel auf

Ich denke schon am Wochenende
mit Beklemmungen an die
nächste Schulwoche

Ärger mit Kollegen

Privatleben kommt zu kurz

Das Gefühl, nie richtig
fertig zu werden

Mangelnde Mitarbeit
von Schülern

Häufige und erfolglose
Suche nach Unterlagen,
Arbeitsmitteln etc.

Eigener Perfektionsanspruch

Innovationen nicht
umsetzen können

Mangelnde Anerkennung
der zu leistenden Arbeit

Pausen sind keine Pausen

Nicht abschalten können

Ständige Anspannung,
fehlende Erholung

Isolation, mangelnde
Kooperation

⇨ Material: **M2,** S. 123

- Wenn Sie sich nach einem Schulvormittag erschöpft fühlen, wenn die Pausen für Sie keine Pausen sind, wenn Sie auch nach einem Schulvormittag und nach Erledigung Ihrer Vorbereitungen nicht abschalten können, empfehlen wir Ihnen Kapitel 4:
  Die Belastungen eines Schultages – wie man sie verringern kann und wie man sich von ihnen erholt.
  Dort finden Sie Vorschläge, wie und wo Sie schon am Schulvormittag Unterbrechungen setzen können, um Kräfte zu sammeln und um einem »Aufschaukeln« von Erregungsprozessen vorzubeugen; dort finden Sie weiterhin Anregungen, wie Sie sich nach getaner Arbeit mental von Ihren Pflichten lösen können, damit Ihre Freizeit auch zur Freizeit wird.
- Wenn auch Sie sich oft zu viel vornehmen, wenn Ihr Privatleben zu kurz kommt, wenn Sie alles in Eile und Hast erledigen, wenn Sie viel Zeit vergeuden mit erfolglosem Suchen nach Arbeitsmitteln und Unterlagen, empfehlen wir Ihnen Kapitel 5:
  Arbeitsorganisation und Zeitmanagement.
  Hier finden Sie Anregungen, wie Sie berufliche Pflichten und private Bedürfnisse so ausbalancieren können, dass beides zu seinem Recht kommt. Sie finden Vorschläge, wie Sie mit der berufstypischen Papierflut fertig werden können und was Sie tun können, um bei der Vielfalt der Aufgaben die Übersicht zu behalten. Sie können versuchen, Zeitwohlstand zu erlangen – das beruhigende Gefühl, dass Sie mit Ihrer Zeit auskommen und dass Sie dieselbe sinnvoll nutzen.
- Wenn Sie sich mehr Kooperation im Kollegium wünschen, wenn Sie wissen wollen, wie Kommunikationsprobleme und Spannungen im Kollegium reduziert werden können, empfehlen wir Ihnen Kapitel 6:
  Stress reduzierende Maßnahmen in der Schule.
  Hier ist beschrieben, wie Kollegien oder Initiativgruppen im Kollegium sich gemeinsam auf den Weg machen können, um Verbesserungen und Entlastungen am Arbeitsplatz herbeizuführen.
- Wenn Unruhe, Lärm und Hektik im Unterricht für Sie ein Problem sind, wenn Sie sich oft motiviertere Schüler wünschten oder wenn Sie häufig das Gefühl haben, gegen die Klassen »anzukämpfen«, dann finden Sie evtl. hilfreiche Hinweise in Kapitel 7:
  Stressprävention im Unterricht.

Mit Übungen zur inneren Sammlung und mit Unterrichtsformen, welche den biologischen und den psychischen Bedürfnissen der Lernenden entgegenkommen, können Sie Lärm Unruhe und Hektik in der Klasse vorbeugen und die Lernbereitschaft der Schüler steigern. Allerdings sind nicht alle Stressursachen am Arbeitsplatz Schule im Alleingang zu bewältigen.

● Wenn es Ihnen Beklemmungen bereitet, Ihren Arbeitstag zu beginnen, wenn Sie schon am Tag zuvor mit Unbehagen an den nächsten Arbeitstag denken, empfehlen wir Ihnen Kapitel 8:
Mentale Unterrichtsvorbereitung.
Hier erhalten Sie Anregungen, einen Schultag gelassen zu beginnen.

● Typisch für den Lehrerberuf ist das »Gefühl, nie fertig zu werden«, der Zustand, dass immer noch eine unerledigte Aufgabe wartet, oder überhaupt, dass man alles gar nicht richtig kann. Wenn dies eines Ihrer Probleme ist, empfehlen wir Ihnen Kapitel 9:
Stressprävention durch professionelles Selbstverständnis.
Sie finden dort Informationen, warum Lehrerinnen und Lehrer permanent ein schlechtes Gewissen haben sollen, wer aus welchen Gründen daran interessiert ist, dass Lehrkräfte so empfinden, was das für Folgen hat – und was Sie tun können, um mit den beruflichen Anforderungen und Ansprüchen selbstbewusst umgehen zu können – nach innen und nach außen.

● Die mangelnde Anerkennung der eigenen beruflichen Tätigkeit macht vielen Lehrerinnen und Lehrern zu schaffen. Manche sind sich der geleisteten Arbeit und der Belastungen selbst nicht bewusst. In Kapitel 3,
Belastungen und Belastungsfolgen im Lehrerberuf,
erhalten Sie Informationen über Art und Umfang der berufstypischen Arbeitsbelastungen von Lehrkräften. Vielleicht hilft Ihnen die Lektüre, um Ihr eigenes Selbstwertgefühl zu steigern. Wir erleben häufig, dass Teilnehmer an unseren Seminaren sich Kopien aus diesen Kapiteln erbitten, um Partner, Freunde oder Bekannte von den Belastungen ihres Berufs zu überzeugen.

● Stress ist häufig die Folge der Erholung, die man sich nicht gönnt. In Kapitel 10,
Stressabbau durch Lebensfreude,
befassen wir uns mit den schönen Dingen des Lebens und geben Hinweise, wie man sie pflegen kann und warum man sie pflegen sollte.

● In Kapitel 11,
Das Problem mit den guten Vorsätzen,
erfahren Sie, was Sie tun können, um die Anregungen, die Sie in den vorangegangenen Kapiteln erhalten haben, in reale und entlastende Veränderungen ummünzen zu können.

Das vorliegende Lese- und Arbeitsbuch muss nicht wie ein Roman von vorne bis hinten, Seite für Seite gelesen werden. Es sieht die unterschiedlichsten Zugangsmöglichkeiten vor. Wenn Sie schnelle Hilfe wünschen für ein Problem, dann können Sie zielstrebig das entsprechende Kapitel ansteuern, sich die Lösungsvorschläge vornehmen und versuchen umzusetzen, was Sie für sich für brauchbar halten. Allerdings sind wir auch immer darum bemüht zu begründen, warum wir zu diesen oder jenen Einschätzungen und Empfehlungen gelangen. Die Vorschläge mögen für Sie überzeugender und leichter umzusetzen sein, wenn Sie sich – sei es vor oder sei es nach der Sichtung der praktischen Vorschläge – auch die Begründungen ansehen, z.B. das Kapitel 3, **Stress – was ist das?,** denn nicht jede Belastung ist schädlich und jeder hat einen anderen »Stress«.

Wir sprechen in dem Buch von Lehrerinnen und Lehrern, Schülerinnen und Schülern, Kolleginnen und Kollegen. Um das Buch leicht lesbar zu gestalten, verwenden wir hin und wieder auch nur eine der beiden Formen.

Rudolf Kretschmann

2. Belastungen und Belastungsfolgen im Lehrerberuf

In den Augen eines großen Teils der Bevölkerung gilt die Arbeit von Lehrerinnen und Lehrer weder als sonderlich anstrengend, geschweige denn als gesundheitsgefährdend. Lehrern wird vorgehalten, sie hätten »zu viele Ferien«, einen »voll bezahlten Halbtagsjob« und einen »sicheren Arbeitsplatz«. Zudem hätten sie es mit Kindern zu tun, die die Leistungsfähigkeit eines Erwachsenen nicht ernsthaft prüfen können. Das sind mehr denn je Klischees, in denen ein hohes Maß an Missgunst mitschwingt, denn wer hätte nicht mit der »Lehrerzunft« die eine oder andere Rechnung offen. In Wirklichkeit ist das Unterrichten von Kindern eine anstrengende und kräftezehrende und in ihrem Schweregrad vielfach unterschätzte Beschäftigung. Dies lässt sich ablesen an Tätigkeitsmerkmalen, Gesundheitsrisiken, Arbeitszeitstudien sowie Selbsteinschätzungen zum Belastungsempfinden. Im Folgenden sind einige Untersuchungsergebnisse exemplarisch dargestellt.

2.1 Arbeitszeiten

In den zurückliegenden Jahren wurden mehrere Arbeitszeitstudien durchgeführt. Bei allen diesen Untersuchungen bestand die Methodik darin, dass Lehrerinnen und Lehrer über die geleistete Arbeit Buch führten. Hübner und Werle (1997) haben die Ergebnisse verschiedener Untersuchungen zusammengestellt. Tabelle 1 spiegelt die durchschnittlichen Arbeitszeiten während einer typischen Schulwoche. Die Daten aus der Untersuchung von Hübner (1994) (Tabelle 2) sind weiter aufgeschlüsselt. Sie enthalten darüber hinaus Angaben zur Jahresarbeitszeit und einen Vergleich mit anderen Arbeitnehmern des öffentlichen Dienstes.

Es zeigt sich in allen Studien zur zeitlichen Belastung, dass die wöchentliche Arbeitszeit von Lehrkräften während der Schulwochen weit über der anderer Arbeitnehmer liegt. Dabei ist zu berücksichtigen, dass durch die Ferienmonate ein Ausgleich erfolgt. Dadurch gleichen sich die Jahresarbeitszeiten in etwa den Arbeitszeitvorgaben anderer Arbeitnehmer im öffentlichen Dienst an, bei Grund- und Hauptschullehrern liegen sie in der Untersuchung von Hübner (1994) sogar unter deren Jahresarbeitszeit. Gymnasial-, Gesamtschul- und Realschullehrer bleiben jedoch trotz der Ferienzeiten über den Jahresarbeitszeiten des öffentlichen Dienstes.

Einige der Zahlen sprechen für sich. Es gibt darüber hinaus jedoch Folgendes zu bemerken:

1) In den 1994 von Hübner/Werle veröffentlichten Daten sind noch nicht die Stundendeputatserhöhungen der vergangenen Jahre berücksichtigt. Man wird heute von noch höheren Werten ausgehen müssen.
2) Das Problem kann nicht nur arithmetisch betrachtet werden. Kennzeichnend für Lehrerarbeit ist eine mentale Beschäftigung mit dem Beruf, die weit über die reinen Arbeitszeiten hinausgeht. Bei manchen ist das eine belastende und die Lebensfreude beeinträchtigende Dauerbeschäftigung, der es (vgl. Kapitel 5 und 9) durch Präventionsmaßnahmen entgegenzuwirken gilt.

Tabelle 1: Durchschnittliche wöchentliche Arbeitszeit von Lehrern (Untersuchungen zwischen 1960 und 1994)	
Quelle/Studie	**Std./W.**
Frister/Häker/Hoppe (1960/61; N = 385; Berlin; G., OH, OR, OG; [G]/O/OG, Sonder- u. Berufssch.)	46,3–53,9
Sommerlatte (1970; N = 109; Berlin; [G]/O/OG)	50,60
Knight/Wegenstein (1973; N = 9129; Bundesrepublik; 17 Schultypen)	51,30
Saupe/Möller (1981; N = 404; Berlin; G, OH, OG, [G]/O/OG)	49,00
Häbler/Kunz (1985; Bundesrepublik)	46,30
Hübner 1994; (N = 599; Berlin; G, OH, OR, OG, [G]/O/OG)	47,60
Abkürzungen der Schultypen: G = Grund-, OH = Haupt-, OR = Realschule, OG = Gymnasium, [G]/O/OG = Gesamtschule mit u. ohne Grund- u./o. gymnasiale Oberstufe (nicht bekannt).	

Tabelle 2: Durchschnittliche Lehrerarbeitszeit

	Arbeitszeitdurchschnitte in Stunden/Woche				
	Unterrichtswoche		Arbeitswoche		Jahresarbeitszeit pro Lehrer (Vz)
	Vz	Tz	Vz	Tz	
Grundschule ($N_{Vz} = 133/N_{Tz} = 65$)	43,7	33,1	37,4	28,4	1.662
Hauptschule (18/6)	44,5	/[1]	38,1	/[1]	1.690
Realschule (25/9)	49,8	/[1]	42,6	/[1]	1.893
Gymnasium (121/34)	50,9	37,8	43,6	32,3	1.935
Gesamtschule (107/20)	48,6	35,6	41,6	30,5	1.846
Durchschnitt (404/134)	47,6	34,9	40,7	29,8	1.808
Öffentlicher Dienst:	/	/	39,5[2]	26,3	1754

Vz = Vollzeitbeschäftigte, Tz = Teilzeitbeschäftigte
[1] Fallzahlen zu niedrig, um den Arbeitszeitdurchschnitt auszuweisen.
[2] Durchschnittswert für Beamte (Angestellte 38,5 Std., Beschäftigte nach BAT-O 40 Std.), (Quelle: Hübner 1994).

3) Die Ungleichverteilung der Arbeitsbelastung zwischen Arbeits- und Ferienzeiten hat einschränkende Folgen für die Lebensgestaltung und die Lebensqualität:

- Wer sich wochenlang nicht hinreichend regenerieren kann, schädigt seinen Organismus und der Regenerationsbedarf wächst exponentiell.
- Es mindert die Lebensqualität, wenn die Schulwochen derart mit Arbeit angereichert sind, dass keine Zeit mehr bleibt, um Kontakte oder Hobbys zu pflegen oder um am gesellschaftlichen und politischen Leben Anteil zu nehmen.

Vielleicht ist dies mit ein Grund, warum in Parteien und Gewerkschaften der Nachwuchs fehlt. Es sind dort überwiegend die reiferen Jahrgänge anzutreffen, die solche Aufgaben übernommen haben, als die Belastungen noch geringer und die Hoffnung, politisch Einfluss nehmen zu können, noch größer waren.

2.2 Belastungsempfinden

Das Belastungsempfinden wird für gewöhnlich mittels Fragebögen ermittelt, mittels derer Lehrer/innen Selbstauskünfte geben können. Bei allen diesen Erhebungen stellen Lehrer/innen sich als vergleichsweise hoch belastet dar. Solche Selbsteinschätzungen werden allerdings gerne als Ausdruck einer Klagementalität interpretiert, daher ist es aufschlussreich, für wie belastet sich Angehörige anderer Berufsgruppen halten, etwa Fußballtrainer oder Unternehmer/Firmenmanager, die allgemein als »Stressberufe« angesehen werden.

Tabelle 3: Empfundener Berufsstress, männliche Beschäftigte

»Fühlen Sie sich zurzeit im Beruf gestresst«? Antworten in %			
	Sehr stark, stark	Mittel	Wenig, nicht
Mittelständische Unternehmer N = 118	21	35	41
Leitende und mittlere Angestellte N= 258	31	33	36
Fußballtrainer, Lehrgangsteilnehmer für die höchste Trainerkategorie N = 227	19	36	36
Lehrer N = 152	33	38	29

Biener (1990) pflegte über viele Jahre in der Schweiz in Schulungs- und Fortbildungskursen das Belastungserleben verschiedener Berufsgruppen zu erfragen. Tabelle 3 zeigt einige der Ergebnisse, die wir aus den von Biener mitgeteilten Zahlen aufbereitet haben.

Für weibliche Beschäftigte liegen keine vergleichbaren Daten vor. Im Allgemeinen gelten der Beruf des Unternehmers oder der eines Fußballtrainers als hochgradig stressbelastete Tätigkeiten. Umso bemerkenswerter ist, dass die Angehörigen dieser Berufsgruppen sich weniger gestresst fühlen als männliche Lehrkräfte. Diese liegen in ihrem Belastungsempfinden gleichauf mit leitenden und mittleren Angestellten. Beiden Berufsgruppen ist gemeinsam, dass sie sich in einer »Sandwichposition« befinden, d.h., sich nach oben und nach unten verantworten müssen.

2.3 Krankheitsrisiko und vorzeitiger Ruhestand

Überzeugend sind auch Analysen der Arbeitstätigkeit und medizinische Befunde:

- Bei den Risiken von Herz- und Kreislauferkrankungen rangieren Lehrerinnen und Lehrer bei einem Vergleich verschiedener Berufsgruppen an zweiter Stelle. Den ersten Rangplatz belegen Transportberufe (Piloten, Busfahrer, Fluglotsen). Hauptbelastungsmerkmale sind die kontinuierliche Aufmerksamkeit und Verantwortung für andere sowie der kontinuierliche Austausch arbeitsbezogener Informationen (Murphy 1991, zit. n. Scheuch 1995).
- Wegen »Dienstunfähigkeit« schieden in Schleswig-Holstein im Schuljahr 1992/93 62% der weiblichen Lehrkräfte aus dem Beruf und 38% der männlichen (Landtag Schleswig-Holstein 1993).
- In Niedersachsen lag 1996 die Quote der wegen Dienstunfähigkeit früh pensionierten Lehrkräfte bei 56,5% (Szymanek 1999).

- Ähnlich liegen die Zahlen im Bundesland Bremen, wobei die hier vorliegenden Statistiken einen Vergleich mit anderen Staatsbediensteten ermöglichen. Wegen Dienstunfähigkeit schieden vorzeitig aus dem Beruf:
  - 59% aller pensionierten Lehrerinnen und Lehrer,
  - 26% der Beschäftigten der Polizei,
  - 29% der Beschäftigten des Justizvollzugs und
  - 36% der übrigen Landesbeamten und -beamtinnen
- Wie Jehle (1997) ausführt, schwanken die Zahlen der Frühpensionierungen je nach Land und im Laufe der Jahre. Aber: »Die Anteile der ›regulären‹ Pensionierungen lagen bei den Lehrkräften meist deutlich unter denen aller Beamtengruppen zusammen Im Allgemeinen erreichen 20% aller Beamtinnen und Beamten die gesetzliche Altersgrenze. Unter den Lehrkräften ist es nur eine von zehn; in Niedersachsen waren es 1996 nur 4,2% (Szymanek 1999).

Psychische Erkrankungen – Krankheitsrisiko Nr. 1

Lehrerinnen und Lehrer sind offenbar besonders von psychischen Erkrankungen bedroht. Jehle (1997, S. 257) ermittelte aufgrund von Statistiken verschiedener Bundesländer folgende Zahlen (siehe Tabelle 4.)

Psychische Erkrankungen waren auch bei Lehrerinnen und Lehrern in der DDR die Hauptursache von Dienstunfähigkeit. Sie wurden bei Lehrkräften doppelt so häufig diagnostiziert wie in der übrigen Bevölkerung. Bei männlichen Lehrkräften übertraf die Krankheitshäufigkeit bei neurotischen Erkrankungen die der übrigen Bevölkerung gar um ein Vielfaches: »Das relative Erkrankungsrisiko speziell für Neurosen beträgt bei Männern im Lehrerberuf das Sechsfache gegenüber der Bevölkerung ...« (Leuschner/Schirmer 1993, S. 6) Die Untersuchungsergebnisse basieren auf Daten zum Krankenstand von 270.000 Lehrerinnen und Lehrern in der früheren DDR.

Tabelle 4: Ursachen von Dienstunfähigkeit vorzeitig pensionierter Lehrkräfte in vier westdeutschen Bundesländern				
Kategorie	Bayern N = 311	Hamburg N = 126	Baden-Württemberg N = 256	Niedersachsen N = 365
Psychische, psychosomatische Erkrankungen	51,2	39,7	44,0	53,2
Organische Erkrankungen	36,7	47,5	39,0	41,6
Unbek., sonst. Krankheitsbilder	12,2	12,8	17,0	5,2 (Alkohol)

2.4 Was belastet, was wird als belastend erlebt?

Was macht den Lehrerberuf zum Stressberuf? Von Freudenberger wird 1974 in den USA erstmals ein Krankheitsbild beschrieben, für das sich der Name »Burnout-Syndrom« eingebürgert hat. Es handelt sich um einen Zustand psychischer und physischer Erschöpfung, des »Ausgebranntseins«, der sich v.a. bei Angehörigen helfender Berufe – also vorzugsweise auch bei Lehrerinnen und Lehrern – im Verlauf ihres Arbeitslebens einstellt. Kennzeichnend für den Zustand des Burnout sind

- Gefühle von Müdigkeit und Erschöpfung,
- fehlende Freude am Beruf,
- Angst vor dem Berufsalltag,
- verringerte Leistungsfähigkeit,
- Dehumanisierung – anfängliche Sympathien für die Klientel werden abgelöst von emotionaler Distanz oder gar Gefühlen der Verachtung – und als häufig letzte Konsequenz –
- vorzeitiges Ausscheiden aus dem gewählten Beruf wegen Berufsunfähigkeit oder Krankheit.

Die Burnout-Symptomatik ähnelt im Endstadium den Reaktionen auf massiven und über lange Zeit anhaltenden Stress.

Was die Ursachen von Burnout betrifft, so finden sich erstaunlich wenige eindeutige Zusammenhänge zwischen Burnout und objektiven Arbeitsbedingungen wie Klassengröße und Schülerzahlen. Dafür gibt es zwei Erklärungen:

- Möglicherweise ist der Sachverhalt erklärbar mit der geringen Varianz der Vergleichsdaten: Wo Zahlen nur in Größenordnungen zwischen 25 und 30 schwanken können (das ist bei den Stunden- wie bei den Schülerzahlen der Fall) lassen sich Korrelationen statistisch nicht nachweisen. Es ist daher durchaus möglich, dass diese Variablen tatsächlich eine Belastungswirkung haben, obwohl dies in den statistischen Berechnungen nicht zum Ausdruck kommt.
- Modifizierend auf die Ausbildung von Stress und Burnout wirken u.a. die subjektiven Verarbeitungsprozesse im Sinne der transaktionalen Stresstheorie, die Erwartungen, mit denen Lehrkräfte ihrer beruflichen Tätigkeit begegnen, die »Kontrollüberzeugungen«, d.h. das Gefühl, auf den Gang der beruflichen Prozesse (keinen) Einfluss nehmen zu können, sowie die Bewältigungsprozesse, mit denen sie auf Schwierigkeiten reagieren. Auf diese Prozesse gehen wir in Kapitel 9 näher ein.

Nach einer bei Rudow (1994) veröffentlichten Befragung werden die unten aufgeführten Merkmale oder Begleitumstände der Lehrertätigkeit als belastend erlebt (siehe Tabelle 5).

Was unter Überforderung durch lang dauernde psychomentale Belastungen (Rangposition 7) zu verstehen ist, erhellen folgende Daten: Lehrerinnen und Lehrer haben in einer Unterrichtsstunde bis zu 200 Entscheidungen zu treffen und dabei im Durchschnitt 15 »erzieherische Konfliktsituationen« zu meistern (Jackson 1968; Tausch 1958). Bei fünf Unterrichtsstunden sind das ungefähr 75 erzieherische Konflikte und 1000 Entscheidungen. Vergegenwärtigt man sich, dass in der Regel auch Schulpausen keine Erholungszeiten sind, dann lassen sich manche der von Lehrerinnen und Lehrern berichteten Erschöpfungszustände erklären.

Tabelle 5: Als belastend empfundene Merkmale von Lehrerarbeit		
Rangplatz	**Tätigkeitsmerkmale**	**Häufigkeit**
1	Unzufriedenheit mit Führungsstil der Schulleitung bzw. akute Konflikte mit der Leitung	78,3%
2	Eingeschränkter Entscheidungs- und Handlungsspielraum	75,0%
3,5	Zeitweise Überforderung durch Häufung von Anforderungen in bestimmten Zeitabschnitten des Schuljahres	70,0%
3,5	Keine Identifikation mit einzelnen Anforderungen im außerunterrichtlichen Bereich	70,0%
5,5	Fehlende bzw. unzureichende soziale Hilfe	66,6%
5,5	Hektisches und störungsvolles Arbeitsklima an der Schule	66,6%
7	Überforderung durch lang andauernde psychomentale Belastung	63,3%
8	Angreifbarkeit und Rechtfertigungspflicht hinsichtlich getroffener Entscheidungen	56,6%
9	Unzureichende Wertschätzung der eigenen Tätigkeit	50,0%
10	Selbstwertbedrohung durch Schülerverhalten	48,3%
11	Verantwortungsdruck	46,6%

2.5 Spagat zwischen zwei Arbeitsplätzen

Typisch für die Arbeit von Lehrerinnen und Lehrern ist, dass

- sie aus qualitativ unterschiedlichen Tätigkeiten besteht, dem Unterrichten, der Vorbereitung und, häufig vom Umfang und von der Bedeutung unterschätzt, Absprachen und Beratungen mit Kollegen, mit Eltern;
- sie an mehreren Orten ausgeübt wird, in der Schule und zu Hause, wobei es nicht selten vorkommt, dass Lehrerinnen an mehreren Schulen tätig sind oder durch die Mitarbeit in Lehrplankonferenzen, an Forschungsprojekten oder in Planungsgruppen zwischen den unterschiedlichsten Arbeitsorten pendeln und dass
- Arbeitsmaterialien zwischen den Arbeitsorten hin- und herbewegt werden.

Besonders charakteristisch ist jedoch, dass nur für einen Teil der Arbeitstätigkeiten – für Unterricht und Konferenzen – ein fester Zeitrahmen besteht. Bei allen anderen Tätigkeiten können Lehrerinnen und Lehrer ihre Zeit nach eigenem Gutdünken einteilen. Oder, um es negativ auszudrücken, sie müssen selbst zusehen, woher sie die Zeit nehmen, um v.a. den Unterricht vorzubereiten, und ganz selbstverständlich wird erwartet, dass sie sich dafür zu Hause einen Arbeitsplatz einrichten und diesen zweckmäßig organisieren.

Frei über einen Teil der Arbeitszeit verfügen zu können ist natürlich ein Privileg. Viele Kolleginnen und Kollegen wissen dieses Privileg für sich kreativ und produktiv zu nutzen. Vielen bereitet diese Freiheit und der Spagat zwischen zwei oder mehr Arbeitsplätzen Probleme, weil

- die verfügbare Zeit für alles das, was man tun könnte, sollte oder müsste, niemals ausreicht (Grundschullehrerinnen haben 28 Stunden Unterrichtsverpflichtung!) und
- die beruflichen Erfordernisse in den »freien Zeiten« mit zahlreichen anderen Aufgaben (Haushalt, Familie) oder Betätigungsmöglichkeiten (Hobbys, Mitarbeit in Berufsorganisationen, Parteien oder Vereinen) konkurrieren müssen.

Vielen Lehrerinnen und Lehrern bereitet das Pendeln zwischen den Arbeitsplätzen, v.a. aber die Balance der verschiedenen Aktivitäten Probleme. Zu Hause zu arbeiten kann bedeuten, niemals richtig »Feierabend« zu haben. Das Gefühl ständig »im Dienst« zu sein, das viele Lehrkräfte auch in ihrer Freizeit begleitet, verbraucht Energien und mindert die Lebensfreude. Wir werden in den Kapiteln 5 und 10 auf diese Problematik näher eingehen und Möglichkeiten der Entlastung vorstellen.

2.6 Angreifbarkeits-/Überforderungsdilemma

Lehrerinnen sollen Schüler qualifizieren. Gleichzeitig ist es ihre Aufgabe zu selektieren, d.h. durch Zensurengebung, Versetzung oder Schullaufbahnempfehlungen die Schüler mehr oder weniger privilegierten Bildungsgängen zuzuweisen. Beide Aufgaben sind nicht widerspruchsfrei zu erfüllen. In dieser prinzipiellen Unerfüllbarkeit des beruflichen Auftrags sieht Weidenmann (1978, S. 52) eine Quelle von »… Bedrohung, Ungewissheit und Hilflosigkeit … jenseits aller individuellen Bewältigungsversuche«. Die von Weidenmann vorgenommene Analyse der Anforderungsstrukturen macht deutlich, dass Konflikte und Belastungen strukturelle Momente des Lehrerberufs sind. In den letzten Jahren haben in Schule und Gesellschaft jedoch Veränderungen stattgefunden, die als eine Steigerung des bereits von Weidenmann benannten Belastungspotenzials gedeutet werden können:

- Lehrerinnen und Lehrer haben es mit einer durch Zuwanderungsbewegungen und durch wachsende Einkommensunterschiede in der Bevölkerung heterogener gewordenen Schülerschaft, zu tun, die hohe Anforderungen an unterrichtliche Differenzierung stellt.
- Zwischen 1991 und 1998 stieg die Zahl der Ehescheidungen in Westdeutschland von 5,6% auf 20,7%, im Osten von 19,9% auf 24,0%. Eine in den letzten Jahren gestiegene Zahl von Kindern und Jugendlichen wächst in unvollständigen Familien heran bzw. in Familien, die mit der Erziehungsaufgabe überfordert sind. Infolgedessen sind die Lehrkräfte gehalten, vermehrt Erziehungsaufgaben wahrzunehmen.
- Bei gesellschaftlichen Problemen wie Drogenkonsum, gestiegener Kriminalität oder politischer Radikalisierung von Kindern und Jugendlichen wird immer zuerst von der Schule erwartet, dass sie derartige Entwicklungen zum Stillstand bringt.

Gleichzeitig haben sich in den letzten Jahren die Arbeitsbedingungen von Lehrerinnen und Lehrern ständig verschlechtert. Dazu gehören Beschneidungen von Stundentafeln, sodass für die Vermittlung des gleichen Wissenspensums immer weniger Zeit zur Verfügung steht; Erhöhung von Klassenfrequenzen, Erhöhung der Stundeputate für Lehrkräfte, Zurückverlegung der Altersgrenze für Altersabminderung etc.

Arbeitsauftrag und Arbeitsbedingungen als solche bedeuten im Lehrerberuf bereits ein hinreichend großes Belastungspotenzial. Verschärfend kommt jedoch hinzu, dass Lehrkräfte infolge einer beispiellosen Diskrepanz zwischen den Erwartungen und den realen Möglichkeiten in einen dauernden Zwiespalt geraten: Versuchen sie alle Erwartungen pflichtschuldigst und engagiert zu erfüllen, laufen sie Gefahr, sich zu überfordern, um dennoch häufig zu erfahren, dass noch viele Probleme ungelöst bleiben. Beschränken sie ihre Bemühungen in Art und Umfang auf ein psychisch und physisch erträgliches Niveau, laufen sie Gefahr, hinter ihren eigenen beruflichen Ansprüchen zurückzubleiben, oder sie machen sich angreifbar. Auch ist die Gefahr groß, angesichts der Vielzahl der Probleme zu resignieren. Wir werden die Problematik in Kapitel 9 noch näher ausführen und Hinweise geben, wie man mit dem Dilemma umgehen kann.

2.7 Im Lehrerberuf älter werden

Niemand reagiert in den verschiedenen Abschnitten des Berufslebens gleich. So gibt es in allen Berufen Aufgaben, die Anfängern schwer zu schaffen machen, aber mit zunehmender Erfahrung und Routine einfacher werden. Wiederum andere wirken mit zunehmender Dauer des Berufslebens mehr und mehr belastend, vor allem dann, wenn mit zunehmendem Lebensalter ein körperlicher oder seelischer Verschleiß einhergeht. Zur Vorbereitung auf eine Tagung »45 plus« haben wir an Lehrerinnen und Lehrer unseres Umkreises einen Fragebogen verteilt, der aus drei offenen Fragen bestand:

- *Im Laufe der Jahre fiel mir in meinem Berufsleben immer leichter …*
- *Im Laufe der Jahre fiel mir in meinem Berufsleben immer schwerer …*
- *Und das gab/gibt es auch noch …*

Geantwortet haben 34 Lehrerinnen und Lehrer zwischen 35 und 61 Jahren, wobei die Altersgruppe der 50- bis 60-Jährigen weitaus am stärksten vertreten war – so,

wie das in den Schulen eben auch der Fall ist. Wir wollen im Folgenden wiedergeben, was die angesprochenen Kolleginnen und Kollegen uns zurückgemeldet haben, wobei wir uns auf die häufigsten Äußerungen beschränken.

Es gibt tatsächlich Tätigkeiten, die den Lehrerinnen und Lehrern mit zunehmender Dauer der Berufstätigkeit leichter fallen (siehe Tabelle 6).

Alles was mit Unterrichtsorganisation und -planung zu tun hat, fällt vielen Lehrerinnen und Lehrern leichter. Mit zunehmender Berufserfahrung steigt auch die Souveränität, von einer vorgefassten Planung abzuweichen und den Erfordernissen des Augenblicks nachzugeben. Etwa die Hälfte berichtet darüber hinaus, in der eigenen Berufsrolle sicherer geworden zu sein und die eigene Position besser vertreten zu können. Es gibt davon jedoch auch Ausnahmen. Der ständige Vorwurf *»ihr Lehrer habt ja nur Urlaub und tut nichts«* und die Lehrerschelte von Politikern wirkt auf einige Kolleginnen und Kollegen zermürbend.

Bei manchen Tätigkeiten tritt eine Polarisierung ein. Es gibt Tätigkeiten, die einem Teil der befragten Lehrerinnen und Lehrer mit der Zeit **leichter** fallen und einem anderen Teil **schwerer**.

- Der Umgang mit Eltern, Elternabende gestalten, Kritik von Eltern aushalten, Forderungen von Eltern begegnen fällt dem größeren Teil der Lehrerinnen und Lehrer leichter und einem geringeren Teil schwerer, wobei v.a. der Umgang mit, wie sie es nennen, »unsachlicher Kritik« und »überzogenen Forderungen« als zunehmend belastend erlebt wird.
- Beruf und Privatleben trennen, belastende Situationen »wegzuschieben«, Freizeit als Freizeit und Erholungsphase zu genießen fällt etwa einem Drittel der Befragten jetzt leichter und einem geringeren Teil

Berufliche Anforderungen	... leichter	... schwerer
Das »Machbare« zu erkennen, die Schülerinnen und Schüler anzunehmen, wie sie sind.	● ● ● ● ●	
Flexibel auf unvorhergesehene Ereignisse reagieren, Unterrichtsplanungen umzustoßen.	● ● ● ● ● ● ● ● ●	
Unterricht vorbereiten, planen, organisieren.	● ● ● ● ● ● ● ● ● ● ●	
Mir meiner fachlichen Kompetenz sicher zu sein, »zu meiner persönlichen Arbeit und deren Umsetzung zu stehen und sie offen zu vertreten«. mich gegen Angriffe auf den Lehrerberuf wehren.	● ● ● ● ● ● ● ● ● ● ●	● ● ●

Tabelle 6: Berufliche Tätigkeiten, die Lehrerinnen und Lehrern mit zunehmender Dauer der beruflichen Tätigkeit leichter fallen

Tabelle 7: Berufliche Tätigkeiten, die einigen Lehrerinnen und Lehrern mit zunehmender Dauer der beruflichen Tätigkeit leichter und anderen schwerer fallen

Berufliche Anforderungen	... leichter	... schwerer
Umgang mit Eltern, Elternabende gestalten, Kritik von Eltern aushalten, Forderungen von Eltern begegnen.	● ● ● ● ● ● ● ● ●	● ● ● ●
Beruf und Privatleben trennen, belastende Situationen »wegschieben«.	● ● ● ● ● ● ● ● ●	● ● ● ● ●
Gelassener werden, ruhiger werden, Geduld aufbringen, in Ruhe abwarten, bis die Schülerinnen und Schüler konzentriert sind.	● ● ● ● ● ● ● ● ●	● ● ● ●
Familienergänzende Betreuungs- und Erziehungsaufgaben übernehmen.	● ● ● ● ● ● ● ●	● ● ● ●
Konflikte mit Kolleginnen und Kollegen aushalten und bestehen.	● ● ●	● ●

schwerer. Das Gefühl, »nie fertig« zu werden, ist, so Schönwälder (1993), eine unter Lehrerinnen und Lehrern verbreitete Form des Belastungserlebens.

● Gelassener werden, ruhiger werden, Geduld aufzubringen, in Ruhe abwarten, bis die Schülerinnen und Schüler konzentriert sind: Nicht wenige Lehrerinnen und Lehrer berichten, dass sie im Verlauf ihres Berufslebens Geduld gelernt haben – und ein geringerer Teil berichtet, dass ihnen die Geduld zunehmend abhanden kommt.

● Familienergänzende Aufgaben zu übernehmen, soziale Bedürfnisse von Kindern als gleichrangig zu un-

terrichtlichen Inhalten anzuerkennen gelingt einem Teil der Lehrerinnen und Lehrer besser; und anderen, wie sie angeben, immer weniger.

● Konflikte mit Kolleginnen und Kollegen aushalten und bestehen fällt den einen schwerer, den anderen leichter. Es erstaunt, dass hier, bei der offenen Befragung, nicht mehr Nennungen gekommen sind, denn bei Trainingsseminaren, sind Konflikte im Kollegium immer ein sehr wichtiges Thema.

Es ist, wenn man diese Antworten Revue passieren lässt, offenbar der Bereich der »sozialen Beziehungen«, und

Tabelle 8: Berufliche Tätigkeiten und Arbeitsbedingungen, die Lehrerinnen und Lehrern mit zunehmender Dauer der beruflichen Tätigkeit schwerer fallen

Berufliche Anforderungen	... leichter	... schwerer
Sport unterrichten, Lauf- und Fangspiele mitmachen.		● ● ● ●
Strapazen von Klassenfahrten aushalten.		● ● ● ● ●
Trotz verschlechterter Rahmenbedingungen den eigenen Ansprüchen gerecht werden.		● ● ● ● ● ●
Veränderte Kinder, veränderte Elterngeneration verstehen.		● ● ● ● ● ●
Auf Gewalt, Störungen u. Ä. angemessen reagieren.		● ● ● ● ● ● ●
Mehr als vier Stunden am Tag unterrichten.		● ● ● ● ● ● ● ●
Lärm, Lautstärke, Unruhe, den hohen Geräuschpegel ertragen.		● ● ● ● ● ● ● ● ● ● ● ● ● ● ● ●

der Aufgaben, die über die Wissensvermittlung hinausgehen, bei dem die Entwicklungen auseinander gehen, wobei ein größerer Teil lernt, entsprechende Anforderungen zu akzeptieren und mit ihnen kompetent umzugehen, während ein geringerer Teil sich mit derartigen Aufgaben und Problemen immer weniger abfinden kann.

Schließlich gibt es auch Tätigkeiten, Ereignisse, die für die Mehrzahl der befragten Lehrerinnen und Lehrer immer schwerer zu ertragen sind (siehe Tabelle 8).

Mit Unruhe, mit Störungen, mit dem täglichen Lärm und dem Geräuschpegel umzugehen, dabei fünf oder sechs Unterrichtsstunden nonstop zu funktionieren geht im Verlauf des Berufslebens offenbar an die psychische und physische Substanz; es erzeugt Burnout und Stress. Es ist immerhin die Hälfte der Befragten, die z.T. in beredten Worten über diese Beanspruchung klagt: »*Das Schlimmste: Nach fünf bis sechs Stunden Unterricht bin ich so erschöpft, dass ich es nicht wieder schaffe, bis zum nächsten Morgen wieder fit zu sein. Private Aktivitäten entfallen somit weitgehend, die ein Gegengewicht zum Schulstress hätten sein können.*« Solche Klagen führen nicht alle. Es kann offenbar sehr leicht geschehen, dass der Lärm und die physische Anspannung unerträglich wird. Aber es ist kein Automatismus. Das lässt hoffen, dass es Wege gibt, einer Überbeanspruchung vorzubeugen.

Aufschlussreiche Antworten erbrachte auch die Frage »… und das gibt es auch noch«:

- *Außerschulisch erworbene Qualifikationen werden weder honoriert, noch kann ich sie im Schulalltag optimal umsetzen, sie bleiben mein Privatspaß.*
- *Meine Kreativität im Hinblick auf die Gestaltung von Unterricht und Schule, Umgang mit Kindern hat im Laufe meiner Berufstätigkeit zugenommen.*
- *Ich arbeite mit verkürzter Stundenzahl – das erleichtert manches.*
- *Älter werden = andere Lebensqualität haben; nicht mehr so fit, aber in vielen Dingen gelassener.*
- *Mich ärgert das – auch von Politikern geschürte – negative Lehrerbild. Wir werden mit immer mehr gesellschaftlichen Aufgaben bedacht und damit allein gelassen und man lässt uns in den Kollegien alt werden. Von meinem Dienstherrn fühle ich mich nicht betreut, sondern verheizt.*

In unterschiedlichen Lebensaltern stellen sich offenbar unterschiedliche Aufgaben des Stressmanagements. Während sich für jüngere Lehrerinnen und Lehrer vornehmlich die Notwendigkeit ergibt, sich auf fachlichem und unterrichtsmethodischen Gebiet zu ergänzen, bereiten älteren Kolleginnen und Kollegen Disziplinfragen und erhöhte körperliche Anforderungen Probleme.

2.8 Belastung ist nicht gleichzusetzen mit Berufsunzufriedenheit

Bei aller Anstrengung hält der Lehrerberuf offenbar auch Befriedigungen bereit. So gaben bei einer Umfrage in Hamburg 62,3% der Befragten an, sich »gut drauf« zu fühlen; für optimistisch hielten sich 59,4%; für fröhlich 57,9% und für gelassen 57% (Beratungslehrer-Info, Hamburg Nr. 1/95). In puncto Berufszufriedenheit ist die Lehrerschaft offenbar eine Zweidrittelgesellschaft.

Belastungen werden erfahrungsgemäß akzeptiert, wenn sie mit einem Wirksamkeitserleben verbunden sind. Hoch belastete Lehrkräfte erleben ihren Beruf als befriedigend, wenn sie das Gefühl haben, dass sich der Einsatz lohnt, dass sie etwas bewirken können. Allerdings birgt solch eine Berufssituation ebenfalls Gesundheitsrisiken: Auch befriedigende Belastungen können auf Dauer den Organismus überfordern. Vielen Lehrkräften bereitet es (s.o.) Probleme, realisieren zu müssen, dass sie sich mit zunehmendem Lebensalter nicht mehr so viel Arbeit aufladen können wie früher oder dass sie weitaus längere Regenerationsphasen benötigen.

Zum Weiterstudium empfohlene Literatur

Buchen, S./Carle, U./Döbrich, P. u.a. (Hrsg.): Jahrbuch für Lehrerforschung. Band 1, München 1997.

Kretschmann, R.: »Zur Vorbeugung beruflicher Überbeanspruchung«. In: Jahrbuch für Lehrerforschung, Band I+, S. u.a. Buchen, ed., München 1997, S. 325–356

Rudow, B.: Die Arbeit des Lehrers. Zur Psychologie der Lehrertätigkeit, Lehrerbelastung und Lehrergesundheit, Bern 1994.

Schönwälder, H.G. (Hrsg.): Lehrerarbeit. Eine vergessene Dimension der Pädagogik, Freiburg/Br. 1987.

Nachfragen zum Kapitel »Belastungen und Belastungsfolgen«

Wenn Sie möchten, können Sie sich die Aussagen dieses Kapitels noch einmal durch den Kopf gehen lassen:

● Welche der gegebenen Informationen hat Sie am meisten beeindruckt oder überrascht?

● Welche Informationen würden Sie am liebsten gleich im Familien-, Freundes- oder Kollegenkreis weitergeben?

● Von welchen Aussagen fühlen Sie sich bestätigt?

● Welche Aussagen haben Sie nachdenklich gestimmt?

● Welche Aussagen haben Gefühle bei Ihnen wachgerufen?

● Welche Aussagen haben bei Ihnen das Bedürfnis erweckt, etwas zu verändern – bei sich selbst oder in Ihrem Umfeld?

Rudolf Kretschmann / Ingrid Lange-Schmidt

3. Stress – was ist das?

Lehrerinnen und Lehrer haben (vgl. Kapitel 2) in einer Unterrichtsstunde bis zu 200 Entscheidungen zu treffen und dabei im Durchschnitt 15 »erzieherische Konfliktsituationen« zu meistern (Jackson 1968; A. Tausch 1958). Die Stunden sind zwar unterbrochen von Pausen. Aber Schulpausen sind alles andere als Phasen der Entspannung. Meistens sind sie angefüllt mit schnellen Absprachen und hastigen letzten Vorbereitungen für die nächste Stunde. Und nicht selten gibt es Konflikte, die, zwischen Tür und Angel ausgetragen, schwären und wuchern, weil sie kaum jemals richtig aufgearbeitet werden. Die vielen größeren oder kleineren Entscheidungsprozesse und Konflikte erzeugen Stress.

3.1 Klassische Stresstheorie

Der Begriff Stress wurde geprägt durch den Physiologen Hans Selye. Seine Definition des Stressbegriffs lautet

> »Stress ist die unspezifische Reaktion des Körpers auf jede Anforderung, die an ihn gestellt wird.« (Selye 1983, S. 38)

Unspezifisch nannte Selye die Reaktion, weil nach dem damaligen Stand der Erkenntnis bei allen Formen von Belastung oder erhöhter Anforderung neben situationsspezifischen Prozessen weitgehend ähnliche Reaktionsmuster abzulaufen schienen: erhöhte Aufmerksamkeit, Bereitstellen von Energien für eine umfangreiche motorische Reaktion. Selye nahm zunächst als Hypothese an, dass es bestimmte »Stressoren« gibt, durch deren Art und Stärke bei den meisten Menschen die gleichen Reaktionen ausgelöst werden. Die Vorstellung von der völligen Unspezifität der Stressreaktion hat sich aber in späteren Untersuchungen nicht aufrechterhalten lassen (vgl. Nitsch 1981). Es mag an dieser Stelle jedoch genügen zu wissen, dass bei akuten Stressanlässen zumindest ähnliche Reaktionsmuster ablaufen.

Bei den Stressreaktionen handelt es sich um ganz normale Vorgänge, die den Organismus geistig, körperliche und psychisch für eine Such-, Flucht-, Angriffs- oder Verteidigungsreaktion präparieren. Der Organismus aktiviert Kräfte, um eine Schädigung abzuwehren oder zu vermeiden bzw. einen bestehenden Mangel zu beseitigen. Wenn uns das gelingt, wenn wir die Bedrohung abwehren können oder den Mangel beseitigen, dann hat die normale Stressreaktion ihren Zweck erfüllt und das körperliche oder seelische Gleichgewicht ist wiederhergestellt. Bei besonders befriedigendem Ergebnis kann sogar vorherige Angst in Lust umschlagen, Lampenfieber in Euphorie. Nicht jede Belastung ist schädlich, die Stressreaktion hat eine auch lebenserhaltende und leistungssteigernde Funktion. Selye nennt diese Form des Stress »Eustress«, gesunder oder befriedigender Stress.

Tabelle 9: Psychische und physiologische Reaktionen unter akuten Stressbedingungen

Physiologische Reaktionen	Psychische Reaktionen
Ausschütten der Hormone Adrenalin und Noradrenalin aus der Nebennierenrinde in die Blutbahn	erhöhte Wachsamkeit und Reaktionsbereitschaft
Erhöhte Herz und Kreislauftätigkeit	Erhöhte Wahrnehmungssensibilität, bezogen auf das zu erwartende Ereignis
Steigerung der Muskelspannung	Subjektives »Ausblenden« der als irrelevant interpretierten Reize
Zuckerfreisetzung aus der Leber für Muskeln und Gehirn	Empfindungen von Erregung und Anspannung
Drosselung der Verdauungsaktivitäten	Angst, Wut, Reizbarkeit, Lampenfieber oder, bei Ereignissen mit potenziell positivem Ausgang, Vorfreude
Verringerung der Gerinnungsfähigkeit des Blutes	

Belastend und gesundheitsbedrohlich wird Stress erst dann, wenn

- eine Bedrohung oder Überforderung über eine lange Zeit anhält, ohne dass wir sie ausreichend abwehren können,
- wir (wiederholt) nicht in der Lage sind, Anforderungen oder Herausforderungen, die sich uns stellen, zu bewältigen,
- Lebenschancen, die sich uns bieten, immer wieder und womöglich knapp verfehlen oder wenn
- wir einen akuten oder chronischen Mangel nicht beseitigen können.

Dann kann die Stressreaktion »aus dem Ruder« laufen und Abwehrkräfte mobilisieren, obwohl gar keine Bedrohung oder kein Mangel mehr vorhanden ist. Der Organismus verliert seine Fähigkeit zur Selbstregulation. Der Stress wird dann zum Dauerstress, auch **Disstress** genannt, er führt zu mehr oder weniger schwerwiegenden psychischen, seelischen und/oder organischen Veränderungen und Komplikationen.

Ein Schulvormittag prädestiniert geradezu für Disstress. Mit jeder der ca. 1000 Entscheidungen und unzähligen kleinen Konfliktsituationen erfolgt eine Adrenalinausschüttung, und bevor noch dieses Adrenalin abgebaut werden kann, erfolgt schon die Nächste (vgl. dazu auch Kapitel 4). Es ist charakteristisch für die Stressreaktion, dass sie sich rasch, d.h. in Sekundenschnelle aufbaut, hingegen Minuten oder gar Stunden verstreichen müssen, bis wieder ein Normalzustand erreicht ist. Infolgedessen ist selbst bei einer raschen Folge von kleineren Stressereignissen der Kreislauf schnell von Stresshormonen überschwemmt. Was ursprünglich unsere Kraftreserven mobilisieren sollte, tritt dann in ein unkontrolliertes Stadium ein, in dem wir uns äußerst unbehaglich fühlen:

- Wir erleben psychische Unruhezustände und Wechselbänder der Gefühle.
- Wir sind körperlich angespannt.
- Unser Bewusstsein produziert rastlos Gedanken und Bilder und
- wir kommen von dem Spannungszustand womöglich gar nicht mehr los.

Es kann ein regelrechter Teufelskreis entstehen von Reizung, Erregung, Beunruhigung, Erschöpfung und erneuter Reizung. Halten diese Zustände über lange Zeit an oder wiederholen sie sich Tag für Tag, kommt es zu dauerhaften, gesundheitsschädigenden bzw. zu Veränderungen, welche die Leistungsfähigkeit und das körperlich-seelische Wohlbefinden beeinträchtigen. Tabelle 10 zeigt, welche Veränderungen sich auch bei lang anhaltenden geringen Belastungen, bei »Dauerstress« einstellen können.

Die ständige Überbeanspruchung der Organe führt zu Abnutzungserscheinungen und Gewebe- und Funktionsschädigungen. Im Gefühlsleben mehren sich die negativen Vorzeichen. Arbeitsaufwand und Arbeitsergebnis geraten wegen der Unkoordiniertheit des Verhaltens in ein zunehmendes Missverhältnis. Am Ende erlebt die Person sich als ausgebrannt und erschöpft. Bei dem in sozialen Berufen verbreiteten Burnout-Syndrom (vgl. Edelwich/Brodsky 1984) handelt es sich mehr oder weniger um Endzustände lang anhaltender psychischer und/oder physischer Überbelastung.

Tabelle 10: Reaktionen und Veränderungen bei Dauerstress		
Körperlich-physiologische Veränderungen	**Psychische Reaktionen**	**Verhalten**
• Schwächung des Immunsystems • Verringerung der Elastizität der Gefäßwände • Verspannungen des Muskelapparats und als Folge davon • Abnutzungserscheinungen an Gelenken • Organerkrankungen	• Empfinden gesteigerter innerer Unruhe, der Nervosität und des Gehetztseins • Gefühle der Unzufriedenheit und des Ärgers • erhöhte Reizbarkeit, Verletzlichkeit • Angst, z.B. zu versagen, sich zu blamieren • Gefühle der Hilflosigkeit, • Selbstvorwürfe • »kreisende«, »grüblerische« Gedanken, Leere im Kopf (black out) Denkblockaden • Erschöpfungszustände • Depressionen	• Hastiges und ungeduldiges Verhalten • schnelles und abgehacktes Sprechen; Tendenz, andere zu unterbrechen • unkoordiniertes Arbeitsverhalten; mangelnde Planung, Übersicht und Ordnung; Dinge verlegen, verlieren oder vergessen • konfliktreicher Umgang mit anderen Menschen • Betäubungsverhalten, z.B. mehr und unkontrolliert Rauchen, Essen oder Alkohol trinken, Schmerz-, Beruhigungs- oder Aufputschmedikamente einnehmen
erweitert, nach Kaluza 1996, S. 20f.		

Bemerkenswert ist, dass solche Zustände in der Regel nicht in erster Linie durch kritische Lebensereignisse ausgelöst werden, wie z.B. Ehescheidung oder Tod von Familienangehörigen, sondern durch die »daily hassels«, die Tag für Tag zu bewältigenden kleinen oder größeren Herausforderungen, die täglich abzuwehrenden kleinen Angriffe und Nadelstiche, die alltäglichen Konfliktsituationen.

3.2 Transaktionale Stresstheorie

Nicht nur das, was von **außen** auf uns einwirkt, erzeugt Stress. Die Stressreaktion hängt auch davon ab, wie wir psychisch mit potenziellen Stressoren umgehen. Ein Erklärungsmuster dafür liefert die transaktionale Stresstheorie.

> **Wir werden nicht so sehr von den Dingen beunruhigt als vielmehr von den Gedanken, die wir uns darum machen.** (Epiktet, 1. Jh. n. Chr.)

Im Zuge der klassischen Stresstheorie hat man nach sog. »Stressoren« gesucht, d.h. nach Ereignissen, die individuell Stress auslösen können, insbesondere suchte man nach Belastungsmomenten am Arbeitsplatz. Die Ergebnisse solcher Bemühungen waren niemals eindeutig:

● Die gleichen Stressoren führten bei verschiedenen Personen zu höchst unterschiedlichen Stressreaktionen: Was der eine gelassen hinnahm, versetzte den anderen in höchste Aufregung.
● Man fand auch, dass manche Personen Stressreaktionen ausbilden, obwohl gar keine für andere erkennbaren Stressoren vorliegen.

Die Auflösung dieses scheinbaren Widerspruchs brachte die transaktionale Stresstheorie von Lazarus/Launier (1978): Stress und Distress hängen wesentlich davon ab,

● wie eine Person eine Situation bewertet,
● wie sie ihre Bewältigungsstrategien einschätzt.

Stress entsteht, wenn eine Person bei der Einschätzung einer Situation zu dem Ergebnis kommt, dass das zu erwartende oder das eingetretene Ereignis

● von hoher persönlicher Bedeutung ist,
● dass es sich um eine Bedrohung oder eine Herausforderung handelt und
● dass sie, die Person, über keinerlei Möglichkeiten verfügt, die potenzielle Bedrohung abzuwehren oder zu vermeiden bzw. die bevorstehende Herausforderung erfolgreich zu bestehen.

Stress entsteht weiterhin,

● wenn die Bemühungen der Person, die erlebte Bedrohung abzuwehren, oder die Herausforderung zu bestehen, **nicht** zu dem von ihr gewünschten Ergebnis führen, bzw.,
● wenn ein Zustand eintritt, den die Person als Niederlage, Misserfolg oder Schädigung interpretiert.

Ob eine Person eine Situation als bedrohlich erlebt oder nicht, als zu bewältigen oder nicht, hängt wesentlich ab von ihrer Lerngeschichte bzw. von innerhalb der Lerngeschichte ausgebildeten Einstellungen, Gewohnheiten kurz, von ihren persönlichkeitsspezifischen Reaktionsmustern (vgl. Holtz und Kretschmann, 1982).

3.3 Persönlichkeitsspezifische Reaktionsmuster

In den Anfängen der Stressforschung trafen Friedman und Rosenman (1974) eine Unterscheidung, die rasch populär wurde: die Unterscheidung zwischen dem A-Typ und dem B-Typ. Dabei galt das Interesse hauptsächlich dem A-Typ, weil er als besonders gesundheitsgefährdet, v.a. infarktgefährdet galt. Gegenüber diesen (im Einzelfall sicher vorhandenen) Verhaltensmustern legt die transaktionale Stresstheorie eine andere Typisierung nahe: Ob eine Person eine Situation als bedrohlich erlebt oder nicht, als zu bewältigen oder nicht, hängt wesentlich ab von ihren Wahrnehmungs- und Interpretationsgewohnheiten und diese wiederum von innerhalb der Lerngeschichte ausgebildeten Einstellungen, Gewohnheiten und Kompetenzen.

Stress beginnt beim Menschen nicht erst dann, wenn eine Bedrohung oder ein Mangel eintritt; und er endet nicht mit dem Ende des Mangels oder der Bedrohung.

● Wir sind in der Lage, bedrohliche Ereignisse in Gedanken vorwegzunehmen. Das hat den guten Sinn, sich für eine bevorstehende Anforderung zu präparieren – und kann dazu führen, dass man sich vorzeitig und übermäßig sorgt und ängstigt.
● Wir beobachten uns während der Situation – und wir können das wohlwollend oder übermäßig kritisch tun.
● Wir sind in der Lage, nach einer Anforderung die Vorgänge zu analysieren und zu bewerten. Solch eine Nachbearbeitung hat den guten Sinn, aus Fehlern zu lernen und sich für vergleichbare künftige Anforderungen besser zu rüsten – sie kann aber auch dazu führen, dass man in eine endlose Selbstbestrafung verfällt. Beunruhigende Gedanken vor und quälende Selbstvorwürfe nach einem problematischen Ereignis verursachen oft mehr Stress als das Ereignis selbst. In

dem Fall sind wir nicht passive Opfer von Stress. Diesen Anlass für den Erhalt der Stress-Reaktion in unserem Körper fügen wir uns selber zu.

In zahlreichen psychologischen Forschungsansätzen tauchen immer wieder unterschiedliche und gegensätzliche Muster auf, mit denen Menschen auf Herausforderungen oder Bedrohungen reagieren oder mit Erfolgen und Misserfolgen umgehen. Die Begriffe »Erfolgsmotivation« und »Misserfolgsmotivation« sind Ihnen evtl. aus der Pädagogischen Psychologie vertraut. So spricht z.B. Seligman (1986) von einem optimistischen und einem pessimistischen »Typus«. Ellis (1979) beschreibt den »katastrophisierenden Typus«. Dieser Typologie stellen wir den »optimistisch-realistischen Typus« gegenüber. Wir haben, aus verschiedenen Modellen abgeleitet, zwei typische Muster der Stressverarbeitung erstellt, wobei wir bewusst kontrastierend vorgegangen sind. Wir unterscheiden (Tabelle 11) zwischen einem

- erfolgsmotivierten, optimistisch-realistischen Muster und einem
- misserfolgsmotivierten, katastrophisierenden Muster.

Welche von den beiden Personen erlebt wohl mehr Stress? Es versteht sich, dass es diese Muster nicht in »Reinkultur« gibt. Es hängt auch oft von der »Tagesform«, unserer körperlichen Verfassung oder den äußeren Umständen ab, ob wir zu der einen Reaktionsseite neigen oder zu der anderen. Aber es ist doch so, dass bei manchen Menschen das eine oder das andere Reaktionsmuster stark überwiegt. **Welches Reaktionsmuster überwiegt bei Ihnen?**

Wenn Sie eher zu dem katastrophisierenden Reaktionsmuster neigen, werden Sie sich vielleicht fragen, was Sie tun können, um erfolgsmotivierter, optimistisch-realistischer zu werden. Die verschiedenen Angebote unseres Trainings zielen alle darauf ab, eine eher optimistisch-realistische Grundbefindlichkeit herbeizuführen oder wiederherzustellen oder Sie darin zu bestärken, sich diese Befindlichkeit zu erhalten. Zumindest auf beruflichem Gebiet.

Dabei möchten wir jedoch einem Missverständnis vorbeugen. Stress – so viel ist gewiss – wird im hohen Maße beeinflusst durch subjektive Bewertungsprozesse. Man kann sich manchen Stress ersparen, wenn man das eine oder andere Ereignis etwas optimistischer bewertet oder sich davor in Acht nimmt, sich Katastrophenfantasien hinzugeben. Gleichwohl ist es mit dem

Tabelle 11: Reaktionsmuster bei Stress	
Erfolgsmotiviertes, optimistisch-realistisches Muster. Die Person ...	**Misserfolgsmotiviertes, katastrophisierendes Muster. Die Person ...**
steckt sich realistische, d.h. erreichbare Ziele und verfolgt diese mit angemessenem Aufwand;	steckt sich unrealistisch hohe Ziele und erlebt Enttäuschungen durch Nichterreichen der eigenen Vorgaben **oder** erwartet von vorne herein nur Negativentwicklungen und erlebt Enttäuschungen durch die dadurch ausgelöste Selbstblockade;
beginnt im Vorfeld einer Anforderung damit, sich Handlungsstrategien zurechtzulegen; ... sucht sich Bündnispartner, ... kann Unterstützung annehmen;	wird schon **lange** vor dem Ereignis beunruhigt; stellt sich vor, in der Situation hilflos zu sein. Malt sich Negativfolgen in den dunkelsten Farben aus – oder verdrängt die Anforderung und ist mangels ausreichender Vorbereitung in der Situation handlungsunfähig;
ist in der Situation auf die Sache konzentriert (sachorientiert), reguliert ihre Gefühle: »ruhig bleiben«, »es wird schon klappen«;	steht in der Situation »neben« sich, beobachtet sich (hohe Selbstaufmerksamkeit), registriert Fehler, fragt sich, wie er/sie wirkt (wirkungsorientiert), wird von Erregung überwältigt;
belohnt sich bei gelungenen Aktionen;	mäkelt auch an Erfolgen herum;
begrenzt einen Misserfolg; bezieht Misserfolge auf ...;	wertet sich bei Misserfolgen als Person völlig ab;
erlebt sich als selbstwirksam, d.h. in der Lage, auf den Gang der Ereignisse Einfluss zu nehmen; hat das Gefühl, die Dinge »im Griff« zu haben;	erlebt sich als hilflos, d.h., den Ereignissen ausgesetzt;
legt sich bessere Strategie für den Wiederholungsfall zurecht.	verdrängt die Situation und trifft keine Vorkehrungen für den Wiederholungsfall – oder sieht der Situation, ohne Vorkehrungen zu treffen, ängstlich entgegen.

»modernen« Anspruch, positiv zu denken, nicht getan. Es genügt nicht zu glauben, es käme nur auf die richtigen Bewertungen an und schon sei alles im Leben rosarot:

1) Zwar kann eine positive Bewertung gelegentlich und für kurze Zeit entlastend wirken, auch wenn sie auf der Basis von Verdrängung und Verharmlosung entsteht. Auf Dauer aber wird nur eine von Optimismus getragene, aber dennoch **realistische** Bewertung der Dinge zu einer haltbaren Entlastung führen.
2) Entlastende Deutungen mögen als Mittel subjektiver Stabilisierung ihren Sinn haben. Sie sollten jedoch nicht die berechtigte Empörung über Unrecht, gesellschaftliche Missstände oder strukturelle Unzulänglichkeiten am Arbeitsplatz betäuben oder abtöten.
3) Subjektive Bewältigungsstrategien wirken nur innerhalb der Grenzen physiologischer Verträglichkeit (vgl. Maturana/Varela 1987). Wenn eine Person sich so viel Arbeit aufbürdet oder aufgebürdet bekommt, dass sie keine Erholungsphasen mehr hat, dann wird sie **krank**, auch wenn diese Arbeit subjektiv befriedigend wäre oder wenn sie zeitweilig in der Lage wäre, die Belastungen des Arbeitsplatzes zu ignorieren.

Insofern kann es auch keine brauchbare berufspolitische Aufgabe sein zu sagen: »Wir müssen Lehrerinnen und Lehrer nur dazu bringen, die Dinge positiv zu sehen«. Es ist Aufgabe der Gesellschaft und des Arbeitgebers – auch im Interesse der Schülerinnen und Schüler – für verträgliche Arbeitsbedingungen zu sorgen. Innerhalb verträglicher Arbeitsbedingungen kann eine Erhöhung der Bewältigungskompetenz einer Lehrerin – einem Lehrer dazu verhelfen, ein Mehr an Wirksamkeit und Lebensqualität zu erreichen.

3.4 Teufelskreise und Möglichkeiten, sie zu durchbrechen

Die Entstehung von Stress ist auch ein dynamischer Prozess, wobei sehr häufig die Diskrepanz zwischen den eigenen Absichten und den erzielten Wirkungen eine wichtige Rolle spielt. Die humanistische Psychologie vertritt die Auffassung, dass jeder Mensch um Wirksamkeitserleben bemüht ist. Bleiben die Wirkungen hinter den Erwartungen zurück, entstehen Unzufriedenheit und Unbehagen, ja, es kann sich ein ganzer Teufelskreis von Negativwirkungen entwickeln. Nehmen wir z.B. die geradezu unbegrenzten Erwartungen an den Lehrerberuf. Diese Erwartungen kann in vollem Umfang niemand erfüllen. Macht eine Lehrerin oder ein Lehrer sie sich trotzdem zu Eigen, kommt es unaus-

weichlich zu Diskrepanzen zwischen den erzielten und den intendierten Wirkungen. So kann sich (vgl. Abb. 1) ein Teufelskreis entwickeln:

- Die erhofften Wirkungen bleiben aus. Es entsteht eine Diskrepanz zwischen den eigenen beruflichen Ansprüchen und der erlebten Realität.
- Die engagierte Lehrerin reagiert mit Enttäuschung, Verunsicherung, Selbstzweifel (»Bin ich vielleicht eine schlechte Lehrerin?«) oder sie entwickelt sogar Angst.
- Die Gefühlsreaktionen gehen einher mit Zuständen mentaler und muskulärer Anspannung. Die Kollegin merkt, wie sie sich verkrampft und bleibt dadurch erst recht hinter ihren Ansprüchen zurück.
- Längere Prozesse der Verstimmung oder Verspannung beeinflussen merklich die vegetativen Prozesse. Es kann zu Schlafstörungen, Kreislaufstörungen oder Beeinträchtigung der Magen-Darm-Tätigkeit kommen.
- Die Lehrerinnen und Lehrer, die feststellen, dass sie hinter ihren Zielen zurückbleiben, reagieren in der Regel mit vermehrter Anstrengung.
- Stellt sich auch dann noch nicht die gewünschte Wirkung ein, kommt es zu einer Beschleunigung der Vorgänge, wobei
- Anspannung, Verstimmung und psychosomatische Beschwerden zunehmen und die Person womöglich chronisch erkrankt.

Dabei sind die besagten Diskrepanzen bei weitem nicht die einzigen Stressoren: Der Ciculus vitiosus kann noch einiges an Dynamik gewinnen durch

- verschlechterte Arbeitsbedingungen,
- eine veränderte und vielleicht wenig lernwillige Schülerschaft,
- altersbedingte körperliche Veränderungen, Wechseljahre,
- Lehrerschelte, das negative Bild von Lehrerinnen und Lehrern in der Öffentlichkeit etc.

Abb. 1 zeigt die verschiedenen Einflüsse, aber auch Hinweise, wie man solche Entwicklungen stoppen kann.

Teufelskreise kann man umso wirksamer durchbrechen, wenn dies an möglichst vielen Stellen geschieht. Manche Stellen des Teufelskreises kann man alleine »knacken«

- mit Entspannungstechniken,
- mit Gesundheitsvorsorge,
- durch das Finden und Wiederbeleben (verloren gegangener) Kraftquellen,
- durch eine ermutigende und akzeptierende Selbstkommunikation.

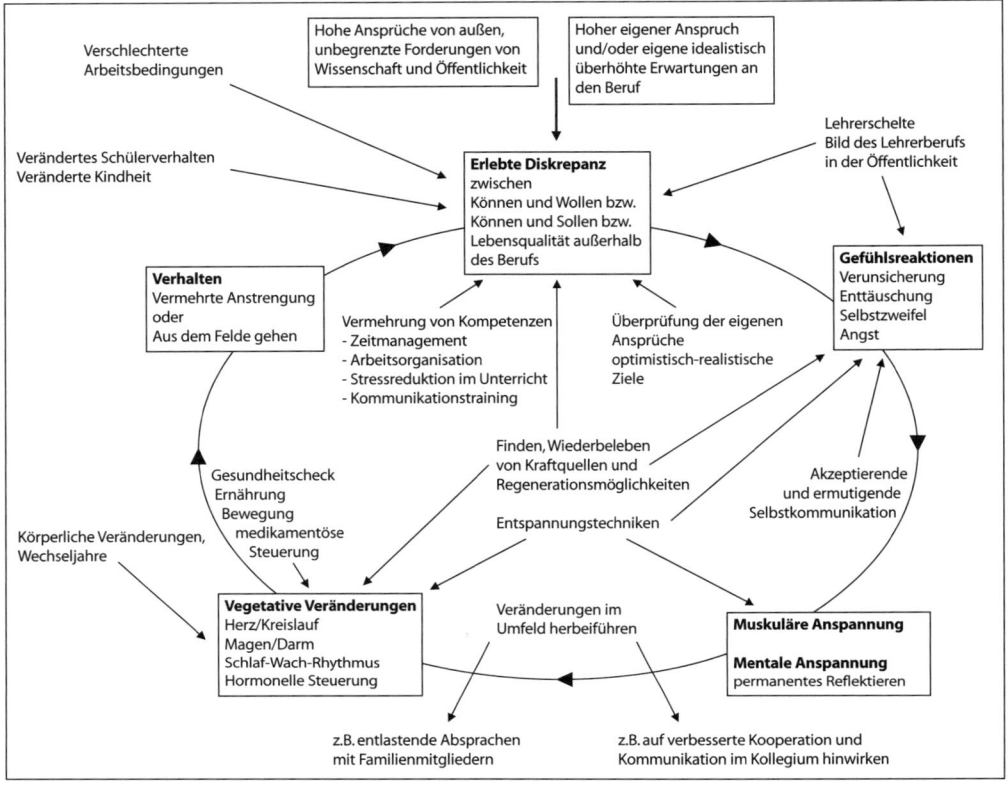

Abb. 1: Teufelskreise und Möglichkeiten, sie zu durchbrechen

Man kann auch die eigenen Kompetenzen vermehren, um seine eigene Wirksamkeit zu erhöhen. Natürlich denken dabei viele zuerst an eine Steigerung der methodisch-didaktischen Qualifikation. Wir möchten zusätzlich aufmerksam machen auf Möglichkeiten der Verbesserung des persönlichen Zeitmanagements, der Arbeitsorganisation und der Kommunikation – Kompetenzen, die im Lehrerberuf wichtig sind, aber kaum jemals auf dem Ausbildungsplan stehen. Zu den wirksamsten Möglichkeiten der Stressreduktion gehört jedoch, die eigenen Ansprüche zu überprüfen. Wenn man sich unrealistische Ziele vorgegeben hat, kann es eine erhebliche Erleichterung darstellen, sich erreichbarere Marken zu stecken.

Manche Entlastung kann nicht allein durch eine individuelle Willensanstrengung erreicht werden, sondern nur im Zusammenwirken mit anderen, z.B. durch

● eine intensive fachliche Kooperation mit anderen Kolleginnen,

● Herstellung eines pädagogischen Konsenses im Kollegium oder

● zweckdienlichen Absprachen in der Familie.

Wir werden in den folgenden Kapiteln ausführlich auf die verschiedenen Möglichkeiten eingehen.

Zum Weiterstudium empfohlene Literatur

Lazarus, R.S./Launier, R.: Stressbezogene Transaktionen zwischen Person und Umwelt. In: Stress, Theorien, Ursachen, Maßnahmen, J.R. Nitsch, ed., Bern 1978, 213–259.

Schwarzer, R.: Stress, Angst und Handlungsregulation, Stuttgart 1993/3.

Vester, F.: Phänomen Stress, München 1976.

Huether, G.: Biologie der Angst. Wie aus Stress Gefühle entstehen, Göttingen, Vandenhoeck und Ruprecht 1997.

Anregungen zum Nachdenken

● Welche der Aussagen in diesem Kapitel waren für Sie neu?

● Was sind in Ihrem Leben, an Ihrem Arbeitsplatz Stressoren?

● Wie pflegen Sie mit belastenden Lebensereignissen oder Arbeitsbedingungen umzugehen?

    – werden Sie schon lange vorher beunruhigt?
    – wirken die Ereignisse noch lange bei Ihnen nach?
    – schieben Sie Probleme vor sich her oder nehmen Sie sie beherzt in Angriff?

● Was pflegen Sie zu tun, um nach beunruhigenden Ereignissen die innere Ruhe wiederzufinden?

● Welche der im vorangegangenen Kapitel gegebenen Informationen sind für sie besonders wichtig?

Kornelia Kirschner-Liss / Rudolf Kretschmann / Ingrid Lange-Schmidt

4. **Die Belastungen eines Schultages**

Wie man sie übersteht und wie man sie verringern kann

Bitte versuchen Sie sich einmal zu vergegenwärtigen, wie ein Schultag für gewöhnlich bei Ihnen abläuft.

Ablauf eines Schultags

- Pflegen Sie rechtzeitig aufzustehen und lassen Sie sich auf dem Weg zur Schule genügend Zeit? Oder beginnt Ihr Tag mit Hektik? Kommen Sie gelassen zur Schule oder abgehetzt?

- Sind Sie während des Schulvormittags angespannt? Haben Sie das Gefühl, ständig »gefordert« zu sein oder haben Sie auch Rückzugsmöglichkeiten?

- Erholen Sie sich in den Pausen oder sind die Pausen für Sie Stressphasen?

- Gelingt es Ihnen, nach einem Schulvormittag erst einmal »abzuschalten« oder gehen Ihnen die Schulprobleme ständig »im Kopf herum«?

- Fühlen Sie sich am Nachmittag eines Schultags erschöpft und abgespannt oder fit und leistungsfähig?

- Haben Sie das Gefühl, dass Sie an einem Schultag hinreichend Erholung finden?

- Bleibt Ihnen noch genügend Zeit für Ihr Privatleben?

- Sind Sie am Ende eines Arbeitstages mit sich zufrieden?

- Gehen Sie rechtzeitig zu Bett? Können Sie einschlafen?

⇨ Material: **M3**, S. 125

4.1 Das Stressgeschehen an einem Schulvormittag

Normalerweise baut sich die Stressreaktion durch ein Ereignis auf und ebbt dann allmählich ab. Wir können (vgl. Abb. 2) dabei mehrere Phasen unterscheiden:

- eine Vorphase: Kreislauf- und Stoffwechselvorgänge werden in einer Phase kurzen Abwartens zunächst gedrosselt,

- eine Alarmphase, in der psychische und physische Erregung schlagartig ansteigen können, und eine
- Erholungsphase, in der die vitalen Prozesse zunächst erneut absinken, um sich allmählich wieder in die Normallage einzupendeln.

Bei zahlreichen Entscheidungen und Konfliktsituationen an einem einzigen Vormittag können die Stress erzeugenden Ereignisse in derart rascher Folge eintreten, dass die Erregung sich gar nicht mehr auf ein normales

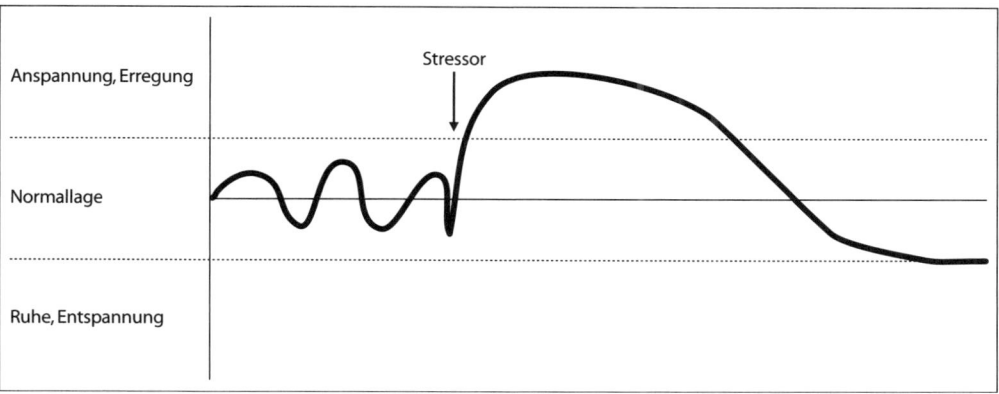

Abb. 2: Zeitlicher Verlauf der Stressreaktion

Niveau einpendeln und der Organismus sich nicht mehr erholen kann. Wenn etwa der Tag wie in dem folgenden Beispiel (Abb. 3) beginnt und sich fortsetzt, besteht eine nicht geringe Wahrscheinlichkeit, dass wir

am Ende eines Schultags hochgradig erregt und angespannt – und gleichzeitig erschöpft sind, weil wir uns durch die vielen kleineren und größeren Stressreaktionen physisch verausgabt haben.

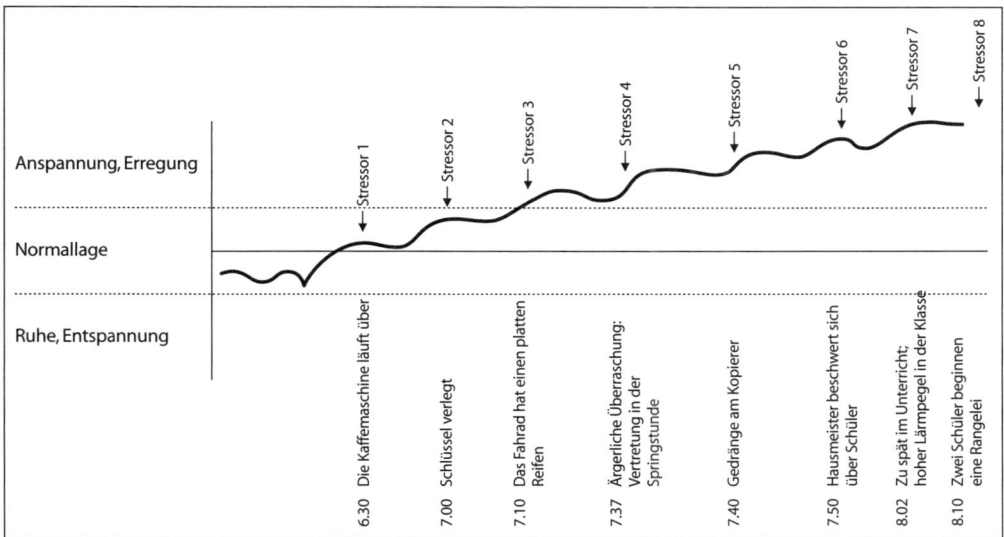

Abb. 3: Stressereignisse an einem Schulvormittag

Wenn Stress erzeugende Ereignisse in rascher Folge eintreten, baut jede Stressreaktion auf der vorigen auf: Noch bevor die eine Erregung abklingen kann, erfolgt schon die nächste. Noch bevor der Hormonspiegel normalisiert werden kann, erfolgt die nächste Hormonausschüttung. Je erregter wir schon sind, desto empfindlicher reagieren wir auf neue Stressoren. Je höher unsere Stresskurve ansteigt, desto länger wirken Stressereignisse nach und umso größer ist der Regenerationsbedarf. Nicht-Abschalten-Können ist eine typische Begleiterscheinung der Lehrerarbeit. Wie verbreitet dieses **Nicht-Abschalten-Können** bei Lehrerinnen und Lehrern ist, zeigt eine unter Lehrerinnen und Lehrern durchgeführte Umfrage (Kretschmann 1994):

- 51% der Befragten geben an, ihre Gedanken kreisen oft oder ständig um ihre Arbeit,
- 53% werden schon lange im Voraus durch schwierige (berufliche) Situationen beunruhigt,
- 72% (!) können nach schwierigen (beruflichen) Situationen nicht abschalten und
- 32% denken schon am Sonntagnachmittag **mit Beklemmungen** an den nächsten Schultag.

Es kann ein regelrechter Teufelskreis entstehen von Reizung, Erregung, Beunruhigung, Erschöpfung und erneuter Reizung.

Es gibt mehrere Möglichkeiten, einen Ausweg aus solch einem Teufelskreis zu finden:

- den Schultag gesammelt und gelassen beginnen,
- das Setzen von Unterbrechungen – schon im Laufe des Vormittags,
- den Schulvormittag »innerlich« beenden und sich nach einem Schulvormittag regenerieren,
- einen passenden Rahmen für Vor- und Nachbereitung finden (vgl. auch Kapitel 5),
- regelmäßige Entspannungsübungen,
- die Tagesarbeit geordnet beenden und sich für die erbrachten Leistungen belohnen.

4.2 Den Schultag gesammelt und gelassen beginnen

Der Unterricht beginnt im Grunde genommen schon vor Schulbeginn. Am Vorabend alles zurechtlegen, rechtzeitig aufstehen, den Morgen genießen und sich dann beruhigt auf den Weg machen schafft das Fundament für einen stressarmen Schultag. Eine Lehrerin berichtet: »Wir pflegten, als wir noch **ein** Schulkind hatten, um 6.30 Uhr aufzustehen. In einer guten Stunde machten sich alle fertig. Die Schule lag nur eine Straße weiter. Als dann das zweite Kind zur Schule kam, entstand plötzlich Hektik: ›Beeil dich, trödel nicht‹, ›hast du schon deine Schultasche?‹ ›zieh dir eine Jacke an, es ist kalt‹. Stress schon bei Tagesbeginn – bis wir uns entschlossen, **eine halbe Stunde eher aufzustehen.**« Alle Verrichtungen benötigen ihre Zeit. Wenn man versucht »Zeit zu schinden«, gerät man unweigerlich in Stress.

Kolleginnen und Kollegen, die sich durchgerungen haben, einen **eigenen Kopierer** anzuschaffen, berichten voll Begeisterung, wie es den Arbeitsbeginn entlastet, mit fertigen Kopien zur Schule zu kommen und nicht am Kopierer anstehen zu müssen oder ein defektes Gerät vorzufinden – und schon auf dem Schulweg frei sein zu können von der Sorge, dass diese Situationen eintreten könnten.

Was können Sie sonst noch tun?

Sie können

- versuchen, eine halbe Stunde eher aufzustehen und sich für Ihre vorschulischen Verrichtungen entsprechend mehr Zeit zu nehmen. Morgendlicher Stress, morgendliche Hetze, die Sie in die Schule mitbringen, überträgt sich auf die Schüler und lässt Sie womöglich den gesamten Schulvormittag nicht los;
- auf dem Weg zur Schule einen zeitlichen »Puffer« einbauen, damit Verzögerungen wie Verkehrsstau, Glatteis etc. Sie nicht in Zeitdruck bringen;
- auf dem Weg zu Ihrer Schule auf entspanntes Gehen oder Fahren achten, sich die Zeit nehmen, ggf. den Sonnenaufgang zu genießen, den Nebel auf den Wiesen, bewusst die frische Luft einzuatmen;
- etwa eine Viertelstunde vor Schulbeginn in der Schule oder im Klassenraum sein, um sich innerlich zu sammeln, die Arbeitsunterlagen ordnen etc. An englischen Grundschulen ist es z.B. Pflicht, dass die Lehrkräfte 30 Minuten vor Schulbeginn im Klassenraum sind …
- bevor Sie die Klasse betreten, eine kurze Sammlungs- und Besinnungspause für sich selbst einlegen. (Zur inneren Sammlung vor Schulbeginn siehe auch den Beitrag von Miller »Sich mental auf den Unterricht einstellen«, Kapitel 8.)

4.3 Das Setzen von Unterbrechungen – schon im Laufe des Vormittags

Blättern Sie bitte noch einmal zurück zu Abb. 3. Ihr Erregungsniveau steigt permanent an, wenn Sie den Schultag hektisch beginnen, während der ersten Unterrichtsstunden intensiv gefordert sind – und auch in den Pausen Vorbereitungsarbeiten erledigen oder sich mit Kolleginnen und Kollegen austauschen. Dabei sind es nicht nur konfliktreiche Auseinandersetzungen, die einen Anstieg des Erregungsniveaus bewirken können.

Auch ein angeregter Pausenplausch kann zu einem Anstieg des Erregungspegels führen. Natürlich ist es wichtig, Kontakte im Kollegium zu pflegen. Andererseits ist, so Rudow (1994, S. 86), »… das Sprechen ein wesentlicher (Selbst-)Belastungsfaktor in der Lehrertätigkeit«, und häufig reicht die Kürze der Zeit in den Pausen nicht aus, um die Themen und Probleme, die angerissen werden, zu be- oder verarbeiten. Wenn Sie also bemerken, dass sich Ihr Erregungsniveau durch das ständige Kommunizieren immer mehr »aufschaukelt«, kann es sinnvoll sein, darüber nachzudenken, wie Sie ein Abflachen Ihrer Stresskurve herbeiführen können – oder wie Sie erreichen, dass es gar nicht erst zu einem dramatischen Anstieg kommt.

Hier einige Vorschläge:

- Die Stimme ist eines der wichtigsten Arbeitsmittel von Lehrerinnen und Lehrern. Ist Ihre Stimme geschult? Haben Sie schon einmal Ihre Stimme »verloren«, so dass Sie nur noch flüstern konnten? Wenn Sie merken, dass Sie Ihre Stimme regelmäßig überbeanspruchen, wenn Sie nach längerem Sprechen heiser sind oder sich angestrengt fühlen, könnte ein **Stimmbildungskurs** hilfreich sein. Solche Kurse (an manchen Studienstätten waren sie früher obligatorisch) werden u.a. von Sprachheilpraxen angeboten. Stimmbildung gehört auch zur Gesangsausbildung. Eine Möglichkeit, Angenehmes mit Nützlichem zu verbinden, kann darin bestehen, sich einem Chor anzuschließen.
- Minimieren Sie nach Möglichkeit Ihre Sprechtätigkeit. Verwenden Sie optische (Signalkarten, Folien) oder akustische Signale (Triangel, Gong), um Tätigkeitswechsel oder Routineaktivitäten (z.B. Stuhlkreis bilden) einzuleiten.
- Lassen Sie die Schüler sprechen, nicht nur aus den bekannten didaktischen Gründen, sondern auch, um Ihre eigenen Kräfte zu schonen. Vieles, was Sie vortragen, kann auch von Schülerinnen und Schülern vorgelesen oder eingebracht werden.
- Gestatten Sie sich Rückzugsphasen. Suchen Sie auch in der Schule nach einem ruhigen Ort für Pausen. Sie können während einer der Pausen allein im Klassenzimmer bleiben oder ggf. nur jede zweite Pause ins Lehrerzimmer gehen. Sie können sich im Lehrerzimmer aufhalten und sich ein Zeit lang von Gesprächen fernhalten. Sie können – wenn Sie in Entspannung oder Meditation geschult sind, wird Ihnen das besonders gut gelingen – inmitten einer bewegten Umgebung versuchen, für wenige Augenblicke die Welt um sich herum zu vergessen. Sie können während einer Freistunde einige Minuten spazieren gehen.
- Nutzen Sie die Pausen wirklich als Erholungszeit. Verabreden Sie für Organisatorisches und konfliktreiche Gespräche andere Zeiten. Eine hilfreiche Gesprächsformel: »Das ist zu wichtig, als dass wir das zwischen Tür und Angel bereden. Lassen Sie uns einen Termin vereinbaren. Wie wäre es am … um …?«.
- Selbst im Unterricht und in Konferenzen lassen sich unauffällig Entspannungsübungen realisieren: Sie greifen unter die Sitzfläche Ihres Stuhls, stemmen die Beine auf den Boden, spannen die Arme und den Oberkörper an – dann lockern Sie Ihre Muskeln und blenden sich für ein paar Augenblicke innerlich aus …
- Planen Sie im Unterrichtsblock kurze Unterbrechungen zur Kurzentspannung oder Sammlung für sich und die Schülerinnen und Schüler ein. Die Entspannung gemeinsam mit den Lernenden ist auch für Sie eine Entspannung. Mehr zur Entspannung mit Lernenden finden Sie in Kapitel 7.

Es ist an einer Schule nicht immer leicht, einen ruhigen Ort zu finden. Ein Kollegium, dessen Mitglieder an einem unserer Seminare teilgenommen haben, hat sich dazu entschlossen, einen beruhigten Raum einzurichten. Wer sich in diesen Raum begibt, signalisiert, in dieser »Auszeit« nicht angesprochen werden zu wollen.

4.4 Den Schulvormittag »innerlich« beenden und sich nach einem Schulvormittag regenerieren

Ihre Erregung wird auf einem hohen Niveau bleiben, wenn Sie sich nach der letzten Unterrichtsstunde hastig auf den Heimweg machen, schnell noch einige Besorgungen erledigen, an den heimischen Herd eilen und noch in Hut und Mantel das Essen aufsetzen und … und … und … Vielleicht ist solch ein Erregungsniveau für Sie in bestimmten Zeiten eine sinnvolle Form der Selbstaktivierung. Wenn Sie sich dabei wohl und effizient fühlen, sind die folgenden Ausführungen für Sie kein Thema. Wenn Sie sich dabei aber erschöpft, angespannt und unbehaglich fühlen, empfehlen wir Ihnen, an dieser Stelle weiterzulesen. Stresssteigernd wirkt in dem Fall, dass Sie

- Dinge, die Sie tun müssen, zum falschen Zeitpunkt tun – nämlich dann, wenn Sie erschöpft und ruhebedürftig sind;
- mit hoher innerer Anspannung Abläufe zu beschleunigen versuchen, die kaum zu beschleunigen sind. Sie verbrauchen viel Kraft für einen minimalen Zeitgewinn.

Auf das hohe Erregungsniveau, das Sie evtl. aus der Schule mitbringen, satteln Sie noch eine gehörige Dosis Alltagsstress. Lehrerinnen und Lehrer haben zwei Arbeitsplätze. Die Organisation des häuslichen Arbeitsplatzes und die persönliche Zeiteinteilung sind ein eigenes Problem (vgl. Kapitel 5). Hier geht es in erster Linie darum, wie Sie sich mental und körperlich **regenerieren** können.

Unterrichten ist eine anstrengende Tätigkeit, wobei die Belastung hauptsächlich in der mentalen Anspannung liegt. Wenn es nicht gelingt, diese mentale Anspannung schon am Schulvormittag in zuträglichen Grenzen zu halten, dann ist spätestens am Nachmittag der Zeitpunkt gekommen, dies zu tun. Aber auch die physischen Belastungen sind nicht zu unterschätzen. Sechs Unterrichtsstunden lang »auf den Beinen« zu sein, strengt auch körperlich an, ebenso wie das bereits erwähnte eigene Sprechen. Was können Sie tun, um sich körperlich und mental zu regenerieren? In erster Linie kommt es darauf an, dass Sie sich Erholungszeiten **gestatten** und nicht glauben, Sie müssten nonstop »powern«, bis Sie alle Pflichten abgearbeitet haben. Zum einen sind Ihre Pflichten so mannigfaltig, dass Sie diesen Zustand kaum jemals erleben werden. Zum anderen steigt Ihr Erholungsbedarf exponentiell, wenn Sie die Pausen und Erholungszeiten, nach denen Ihr Körper verlangt, regelmäßig übergehen.

Wenn Sie den zweiten Teil Ihres Arbeitstags mit dem Satz einleiten »**Jetzt habe ich erst einmal eine Erholung verdient**«, dann können sie zwischen den folgenden Alternativen wählen:

- Bewusst zu Hause ankommen: sich fünf bis zehn Minuten mit sich selbst zurückziehen, einen Tee, einen Fruchtsaft trinken, noch einmal einen Blick auf die Morgenzeitung werfen, Post sichten, überlegen, was am Nachmittag und Abend anliegt etc.;
- sich umziehen: Sich zu unterschiedlichen Tageszeiten anders zu kleiden ist ein inneres wie äußeres Signal, dass ein anderer Abschnitt begonnen hat;
- sich körperlich abreagieren: Viele Kolleginnen und Kollegen berichten, dass mit dem Fahrrad nach Hause zu fahren für sie ein ideales Mittel sei, um Schulstress hinter sich zu lassen und gleichermaßen das körperliche wie das seelische Gleichgewicht wiederzugewinnen. Stresshormone werden durch körperliche Betätigung abgebaut. Am Nachmittag eine Runde zu joggen oder auch ein kürzerer oder längerer Spaziergang können die gleiche Wirkung haben;
- mental auf Distanz gehen: Wir unterliegen häufig der Versuchung, Probleme (mit Sozialpartnern), die unerledigt geblieben sind, »im Kopf« lösen zu wollen. Häufig verstricken wir uns dabei in ein unlösbares Gewirr beunruhigender und belastender Grübeleien. Machen Sie es sich zur Gewohnheit zu sagen: »Schule lasse ich jetzt erst einmal hinter mir. Mit etwas Abstand sehen die Dinge wahrscheinlich schon anders aus«;

- einen Mittagsschlaf einlegen. Der viel belächelte Lehrermittagsschlaf ist ein probates Mittel, sich sowohl körperlich zu regenerieren als auch mental Distanz zu gewinnen. Für den Mittagsschlaf gilt »kurz ist besser«. Eine Schlaf- und Entspannungsphase von 15–20 Minuten reicht aus, um sich körperlich und mental zu erholen. Und Sie erhalten sich genügend Spannkraft, um den Nachmittag befriedigend zu gestalten. Bei längeren Phasen laufen Sie Gefahr, dass Ihre Erregungskurve zunächst unter das Niveau absinkt, welches Sie benötigen, um leistungsfähig zu bleiben – und dass Sie dann erst zum späten Abend wieder hellwach werden und nicht einschlafen können;
- physisch auf Distanz gehen: Wer sich auf einem hohen Erregungsniveau befindet oder wer erschöpft ist, reagiert »dünnhäutig«. Wer nach einem Schulvormittag gleich von der Familie gefordert wird – und sich von ihr fordern lässt – wird sich häufig in Konflikte mit Familienmitgliedern verstrickt sehen. Es schadet der Familienhygiene keineswegs, sich nach dem Schulvormittag erst einmal ein wenig aus dem Weg zu gehen. Auch Ihre Kinder – falls Sie Schulkinder haben – brauchen nach den Schulstunden erst einmal eine Erholung; ebenso die Partnerin oder der Partner, der evtl. von der Arbeit kommt, wenn Sie sich schon erholt haben;
- eine ablenkende Beschäftigung wählen: Tätigkeitswechsel ist im Unterricht ein erprobtes Mittel, dem Geschehen neuen Schwung zu geben. Die gleiche Wirkung können Sie erzielen, wenn Sie nach dem Unterricht erst einmal etwas anderes tun, etwas, was nichts mit Schule zu tun hat: ein paar Seiten in einem Buch lesen; die Natur bewusst wahrnehmen; eine Frucht bewusst schmecken, riechen, einen kleineren oder größeren Spaziergang machen;
- soziale Unterstützung suchen: Vereinzelung führt zu Realitätsverlust. Wir können uns, wenn wir Dinge nur mit uns alleine abzumachen versuchen, heillos verrennen. Schwierige Dinge werden oft einfacher, wenn man sie mit einer Vertrauensperson bespricht;
- professionelle Unterstützung suchen: Psychotherapeuten nehmen bei schwierigen Behandlungen Supervision in Anspruch, in der Sozialarbeit beruft man Hilfekonferenzen ein, wenn ein Mitarbeiter oder eine Mitarbeiterin vor unlösbaren Problemen steht. Im Lehrerberuf dominiert die fatale Vorstellung, alles können zu sollen und alle Probleme alleine lösen zu müssen. Es ist kein Eingeständnis von Schwäche, schwierige berufliche Probleme mit Experten oder unter Kollegen zu erörtern. Wir halten es für ein Zeichen fortschreitender Professionalisierung, dass auch Lehrerinnen und Lehrer Supervision in Anspruch nehmen (vgl. Kapitel 6);

- eine Entspannungsübung durchführen: Vielen gelingt die körperliche und die psychische Regeneration mit Entspannungsübungen. Diese Übungen sind hilfreich, wenn sie regelmäßig angewandt und in Zeiten geringerer Belastung gelernt werden. Kurse zum Erlernen von Entspannungstechniken werden von Volkshochschulen und Krankenkassen angeboten. Auf einer der nächsten Seiten finden Sie die sehr effektive Übung »Blitzentspannung«;
- den Arbeitstag symbolisch beenden und sich für die geleistete Arbeit belohnen: Bildungsarbeiter werden für ihre Tätigkeit nicht mit einem materiellen Produkt belohnt. Häufig führt dies zu einem Gefühl der Leere und der Ineffizienz. Man kann dieses Gefühl verringern, indem man nach einem Arbeitstag eine kurze schriftliche Bilanz macht, was man an dem Tag für die Schule und für die Familie geleistet hat. »14.12.1999; Heute habe ich …« Hängen Sie diesen Zettel gut sichtbar an Ihre Pinnwand und beenden Sie damit Ihren Arbeitstag. Wenden Sie sich dann erst einmal einer angenehmen Beschäftigung zu. Jede Arbeit verdient neben dem materiellen auch einen symbolischen Lohn.

Es sei noch einmal daran erinnert, dass es wesentlich darauf ankommt, dass Sie sich Ihre Regenerationsphasen **gestatten**. Häufig berichten Seminarteilnehmerinnen und -teilnehmer, dass sie einerseits Scheu haben, sich am Nachmittag Erholungsphasen zu gönnen, andererseits aber realisieren, dass sie ineffizient und unzufrieden sind, wenn sie versuchen sich in Phasen, in denen sie erschöpft sind, zu Unterrichtsvorbereitungen zu zwingen. Gezielte Erholungsphasen schaffen Zeitgewinn! (Vgl. auch Kapitel 10.)

4.5 Maßnahmen gegen das Grübeln

Vielleicht kennen Sie auch dieses Problem: Sie hängen fest an Gedanken, Erinnerungen oder Vorstellungen, die unangenehm sind oder lästig, die Sie verscheuchen möchten, und die trotzdem immer wieder kommen. Wie wird man sie los?

Man kann nicht »nicht denken«. Man kann daher quälende und beunruhigende Gedanken nicht einfach durch Nicht-Denken abstellen. Man kann sich ihrer erwehren, indem man **andere** Gedanken an ihre Stelle treten lässt, etwa

- die Erinnerung an besonders schöne Ereignisse;
- das Hervorrufen von beruhigenden Bildern (»… am Meer im warmen Sand liegen«);
- durch Aufsuchen einer ablenkenden Beschäftigung;
- durch Entspannungsübungen.

Wenn es hartnäckige Gedanken sind, wählen Sie Beschäftigungen, die Sie **stark** fordern, oder Aktivitäten, bei denen Sie mit anderen kommunizieren können. Wenn es »kleine« Belästiger vor dem Einschlafen sind, wählen Sie ein anspruchsloses Fernsehprogramm oder eine zerstreuende Lektüre.

Man soll vor dem Einschlafen nicht **zu viel** denken. Wenn Sie abends noch lange gearbeitet haben und Sie vom Schreibtisch oder vom PC aufstehen, um schlafen zu gehen, werden Sie womöglich Einschlafprobleme haben, weil die Inhalte, mit denen Sie sich gerade eben noch beschäftigt haben, noch weiter in Ihrem Bewusstsein kreisen. Schlaf ist ein Gast, der sich einstellt, wenn man die Probleme des Tages hinter sich gelassen hat. Man soll den Schlaf nicht erzwingen wollen. Daher ist es sinnvoll, nach der abendlichen Schreibtischarbeit noch eine kleine Erholungsphase einzulegen; zum einen, um sich für die geleistete Arbeit zu belohnen (z.B. mit der bewussten Gestaltung des Privatlebens oder einfach durch »Seele baumeln lassen«) oder um zwischen Arbeit und Schlafengehen noch ein wenig Privatleben zu pflegen, zum anderen aber, **um den Kopf frei zu bekommen**. Statt sich angestrengt im Bett herumzuwälzen, kann es sinnvoller sein, noch einmal aufzustehen oder sich zu sagen »Ich entspanne mich auch, wenn ich nur daliege und an etwas Angenehmes denke«. Unverzichtbar sind natürlich auch rechtzeitiger und ausreichend langer Schlaf. Siehe dazu Kapitel 10.

4.6 Entspannung, Blitzentspannung und Autosuggestion

Last, not least, helfen auch Entspannungsübungen, Körper und Geist zur Ruhe zu bringen. Von autogenem Training über Joga bis zur progressiven Muskelentspannung findet sich ein reiches Angebot von Übungen zur inneren Sammlung und zur Entspannung. Übungen aus dem ostasiatischen Kulturkreis können ihre entspannende Wirkung auch dann entfalten, wenn man sich nicht mit dem spirituellen Hintergrund identifiziert. Es ist zu empfehlen, mit verschiedenen Entspannungsmethoden zu experimentieren, bis man die für sich passende findet.

Bei vielen Entspannungsübungen gibt es ein Dilemma: Sich selbst eine Entspannungsinstruktion zu geben (oder einer Instruktion zu lauschen) ist ein Akt geistiger **Anspannung**. Es gibt viele Personen, bei denen eben diese Anspannung verhindert, dass sich der angestrebte Entspannungszustand einstellt. Eine Entspannungstechnik, die relativ einfach zu beherrschen ist, ist die **progressive Muskelentspannung**.

Bei der progressiven Muskelentspannung werden die Muskeln zunächst angespannt, dann entspannt. Die

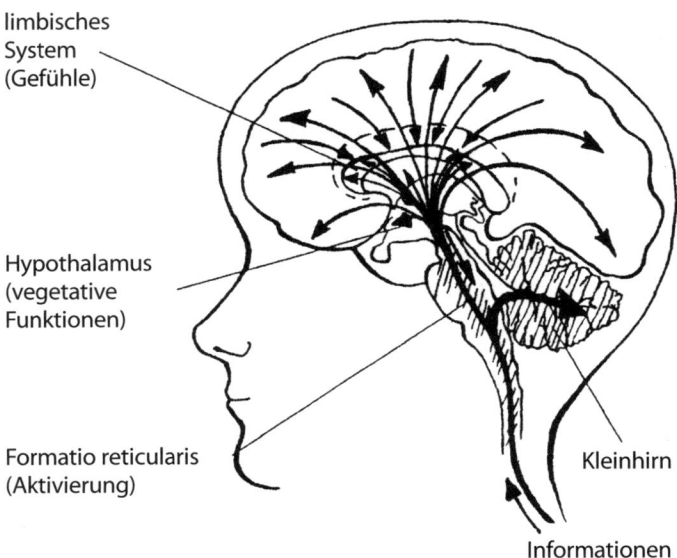

limbisches
System
(Gefühle)

Hypothalamus
(vegetative
Funktionen)

Formatio reticularis
(Aktivierung)

Kleinhirn

Informationen

Abb. 4: Die Funktion der Formatio reticularis bei der neuronalen Aktivierung[1]

so erzielte Senkung des Muskeltonus hilft, in den Zustand der Entspannung hineinzugleiten. Die progressive Muskelentspannung wurde 1938 von dem Amerikaner Edmund Jacobsson entwickelt. Sie wird daher auch Jacobsson-Entspannung genannt. Sie heißt progressiv, weil fortschreitend ein Muskel nach dem anderen entspannt wird. Diese Senkung des Muskeltonus hilft, psychische Entspannung zu finden. Daher zeitigt die progressive Muskelentspannung oft auch noch bei Personen eine Entspannungswirkung, die mit anderen Entspannungstechniken erfolglos geblieben sind.

Eine wichtige Rolle bei der Entstehung bzw. Dämpfung von Erregung spielt die Formatio reticularis, ein netzähnliches Gebilde im verlängerten Rückenmark. »Alle Informationen von den Sinnesorganen [und Erregungsimpulse von angespannten Muskelzellen] gehen durch diese Schaltanlage, wecken das Großhirn (lange Pfeile), mobilisieren auch die Welt der Gefühle (limbisches System, mittellange Pfeile) und lösen in der Zentrale der vegetativen Funktionen (Hypothalamus, kürzerer Pfeil) Reaktionen, wie z.B. Weinen, aus. ... Umgekehrt führen auch alle Leitungen vom Großhirn nach unten zum Rückenmark durch dieses Gebiet.« (Schachl 1998, S. 46) Je stärker unsere Muskeln angespannt und verspannt sind, desto mehr wird unser Gehirn aktiviert und produziert Gedanken und Gefühle – und aktiviert in diesem Zustand – wieder über die Formatio reticularis, die Muskelspannung. Es ist ein Prozess des sich gegenseitigen Aufschaukelns. Entspannungstechniken, die mit fließenden Bewegungen arbeiten oder mit einem

Wechsel von Muskelanspannung und Muskelentspannung verringern die Menge der Weckimpulse, die durch die Formatio reticularis das Gehirn erreichen:

– Die Muskelspannung verringert sich.
– Im EEG treten an die Stelle hochfrequenter Hirnströme niedrigfrequente Alphawellen, die sog. Ruhepotenziale.
– Subjektiv sind diese Zustände begleitet von Gefühlen der Ruhe, des Wohlbefindens, der Gelassenheit und der Stärke.

Auf dem Prinzip des Wechsels von Anspannung und Entspannung baut die folgende Übung »Blitzentspannung« auf (vgl. auch Lange-Schmidt 1999). Schon nach wenigen Versuchen können Sie mit der Übungsfolge eine Beruhigung innerhalb weniger Minuten erreichen.

Die Übung »Blitzentspannung« ist problemlos auch mit Schülern durchzuführen gleich welcher Altersgruppe. Entspannungs- und Besinnungsübungen mit Schülern sind Möglichkeiten, die Belastungen eines Schulvormittags für Lehrer und Schüler zu verringern. Anregungen dazu finden Sie in Kapitel 7.

⇨ Material: **M4**, S. 127

---

1 erweitert nach Schachl 1998.

Blitzentspannung

Bitte suchen Sie sich einen Stuhl und setzen Sie sich aufrecht und bequem.
Schließen Sie die Augen und achten Sie darauf, wie Ihre Muskeln sich anfühlen. Warm? Schwer? Angespannt? Versuchen Sie ganz ruhig zu werden und an nichts zu denken.

1a) Jetzt verschränken Sie bitte die **Hände** hinter dem **Hinterkopf**.
Pressen Sie Hände und Hinterkopf kräftig gegeneinander und fühlen Sie die Spannung im Nacken und in den Armen. Halten Sie eine Weile so aus.

1b) Nun entspannen Sie wieder. Lockern Sie Ihre Muskeln, legen Sie die Hände locker auf die Oberschenkel. Fühlen Sie den Zustand der Erleichterung, wenn die Spannung nachläßt: im Nacken, in den Armen.

1c) Achten Sie nur darauf, wie Ihre Muskeln sich anfühlen und nehmen Sie wahr, wie Sie auch innerlich immer ruhiger werden, wenn die Spannung in den Muskeln nachlässt. Atmen Sie ganz ruhig und gleichmäßig, tief ein und langsam aus.

2a) Jetzt erweitern Sie die Übung: Pressen Sie **Hände und Hinterkopf** kräftig gegeneinander und fühlen Sie die Spannung im Nacken und in den Armen. Heben Sie auch die **Beine** an und versuchen Sie die Beine so hoch zu heben, wie Sie können. Vermeiden Sie dabei ein Hohlkreuz durch Anspannung der **Gesäßmuskeln**. Heben Sie die Beine noch etwas höher. Und richten Sie die **Fußspitzen** zum Körper. Halten Sie eine Weile so aus.

2b) Nun entspannen Sie wieder. Lockern Sie Ihre Muskeln, legen Sie die Hände locker auf die Oberschenkel. Fühlen Sie den Zustand der Erleichterung, wenn die Spannung nachlässt – im Nacken, in den Armen, in den Oberschenkeln – in den Waden.

2c) Achten Sie nur darauf, wie Ihre Muskeln sich anfühlen und nehmen Sie wahr, wie Sie auch innerlich immer ruhiger werden, wenn die Spannung in den Muskeln nachlässt. Atmen Sie ganz ruhig und gleichmäßig, tief ein und langsam aus.

3a) Jetzt erweitern Sie die Übung: Pressen Sie **Hände und Hinterkopf** kräftig gegeneinander und fühlen Sie die Spannung im Nacken und in den Armen. Heben Sie auch die **Beine** an und versuchen Sie die Beine so hoch zu heben, wie Sie können. Vermeiden Sie dabei ein Hohlkreuz durch Anspannung der **Gesäßmuskeln**. Heben Sie die Beine noch etwas höher. Und richten Sie die **Fußspitzen** zum Körper. Halten Sie eine Weile so aus – und kneifen Sie kräftig die **Augen und die Kiefer** zusammen, so dass Ihr Gesicht vollkommen angespannt wird.

3b) Nun entspannen Sie wieder. Lockern Sie Ihre Muskeln, legen Sie die Hände locker auf die Oberschenkel. Fühlen Sie den Zustand der Erleichterung, wenn die Spannung nachlässt – im Nacken, in den Armen, in den Oberschenkeln – und im Gesicht. Es ist, als ob alle Spannung sich aus Ihnen löst.

3c) Achten Sie nur darauf, wie ihre Muskeln sich anfühlen und nehmen sie wahr, wie Sie auch innerlich immer ruhiger werden, wenn die Spannung in den Muskeln nachlässt. Atmen Sie ganz ruhig und gleichmäßig, tief ein und langsam aus.

Wiederholen Sie, wenn Sie möchten, die vorige Übung 1–2 mal. Wenn Sie möchten, können Sie sich in den Zuständen der Entspannung ein beruhigendes Bild vorstellen: an einem warmen Strand zu liegen, die wärmende Sonne zu spüren und das leise Plätschern der Wellen … Wenn solch ein Bild aber eher stört, verzichten Sie darauf.

Entspannen Sie weiterhin. Genießen Sie die innere Ruhe. Setzen Sie die Entspannung so lange fort, wie Sie möchten. Und wenn Sie aufhören wollen, strecken Sie die Arme kräftig nach vorn und öffnen die Augen.

Autosuggestion

In diesen Entspannungszuständen, die bis zur Trance reichen können, sind wir auch hochsuggestibel. Verschiedene Therapierichtungen machen sich dies zunutze, um chronisch ängstlichen Menschen eine zuversichtliche Lebenseinstellung zu suggerieren. Und wir können verschiedene Wirkungen, zur Ruhe zu kommen, potenzieren, indem wir autosuggestiv tätig werden und Entspannung mit anderen Vorgehensweisen kombinieren, z.B. im Zustand der Entspannung

– uns eigene Stärken vergegenwärtigen,
– uns vorstellen, in der Situation gelassen zu sein, kompetent zu handeln,
– im entspannten Zustand Orte des Wohlbefindens aufsuchen

Wie wäre das bei Ihnen?

Memo

Entspannungstechniken nützen nur dann, wenn man sie in ruhigen Zeiten übt und pflegt. Erleichtert werden diese regelmäßigen Übungen,

● wenn man sie immer an dem gleichen, ruhigen Ort ausübt und
● wenn man sie zu Zeiten ausübt, in denen man nicht gestört ist und in denen diese kurze Besinnung auf sich selbst nicht mit anderen Vorhaben, mit häuslichen und beruflichen Pflichten konkurrieren muss.

Um Entspannungsübungen durchzuführen, wäre für mich

● der geeignetste Ort . . . .

● der günstigste Zeitpunkt . . . .

● der geeignetste Zeitpunkt, um anzufangen . . . .

Will ich etwas ändern? Und wenn ja, was?

Vielleicht haben einige der Anregungen bei Ihnen Kopfschütteln ausgelöst. Vielleicht aber auch die Reaktion »ja, das könnte ich einmal versuchen«. Da Sie aber, wie wir hoffen, ein interessantes Buch vor sich haben, werden Sie das nächste Kapitel aufschlagen und dort weiterlesen wollen – und vielleicht haben sie dann binnen kürzester Zeit die meisten der Anregungen und Vorsätze vergessen. Das wollen wir in Ihrem Interesse verhindern! Sie finden im Materialteil zwei Zusammenstellungen von Entlastungsmöglichkeiten. Sie sollen Ih-

nen noch einmal Gelegenheit geben, für sich zu rekapitulieren und zu entscheiden, ob und wo Sie Veränderungen ansetzen wollen. Weitere Vorschläge – Anregungen zur Arbeitsorganisation und zur Balance von Arbeit und Regeneration – finden Sie in Kapitel 5.

⇨ Material: **M5**, S. 129; **M6**, S. 131

Rudolf Kretschmann / Ingrid Lange-Schmidt / Kornelia Kirschner-Liss

5. Familie – Freizeit – Vorbereitung

Drei, die nicht unter einen Hut passen? Stressabbau durch
Arbeitsorganisation und Zeitmanagement

Ein paar Fragen zum Nachdenken

- Haben Sie oft das Gefühl, dass Ihnen die Zeit davonläuft? Wenn ja,
  wie fühlen Sie sich dann?

- Erledigen Sie Ihre Arbeiten ruhig und gelassen oder fühlen Sie sich oft unter
  Zeitdruck? Bitte vergegenwärtigen Sie sich Ihre Empfindungen.

- Haben Sie oft den Eindruck, dass Ihnen die Zeit für das Wesentliche
  im Leben fehlt? Wenn ja, was würden Sie gerne häufiger tun?

- Ärgern Sie sich manchmal darüber, dass Ihnen nichts so richtig von der
  Hand geht, dass Sie viel Zeit vertan haben, ohne etwas geschafft, aber auch
  ohne sich erholt zu haben? Wenn ja, zu welchen Zeiten tritt das auf?

- Vergessen Sie vermehrt Ihre Termine? Kommen Sie oft zu spät?
  Wenn ja, wobei?

- Unterschätzen Sie oft den Zeitbedarf von Arbeiten, die Sie zu erledigen
  haben? Wenn ja, bei welchen Arbeiten kommt das vorzugsweise vor?

⇨ Material: **M7,** S. 133

5.1 Das Zeitproblem im Lehrerberuf

Wenn Sie unangenehme berufliche Aufgaben zu erledigen haben, werden Sie vielleicht schon oft festgestellt haben, dass Sie

- unbedingt die Wohnung aufräumen müssen oder
- nichts zu Essen im Hause haben oder
- doch den Film XY nicht versäumen dürfen (er könnte ja auch wichtig für den Unterricht sein) oder
- viel zu lange eine gute Freundin nicht angerufen haben.

Wenn Sie das aber alles erledigt haben und »loslegen« wollen –
- kommt eines Ihrer Kinder und muss sein Fahrrad repariert haben.

Kurz: Sie verordnen sich so viel Gleitzeit, dass ihnen Ihre Arbeitszeit entgleitet und Sie hastig und in letzter Minute und völlig unzufrieden Ihre Pflichten erledigen – ein für die Arbeit von Lehrerinnen und Lehrern besonders charakteristisches Problem.

Durch die Unterrichtsstunden ist nur ein Teil der Arbeitszeit von Lehrerinnen und Lehrern definiert. Der andere Teil ist die Unterrichtsvorbereitung. Es steht Ihnen frei, sich am Nachmittag oder am Abend, werktags oder am Wochenende vorzubereiten. Es steht Ihnen frei, zuerst ihre Hausarbeiten zu erledigen oder ihre Hobbys zu pflegen und die schulischen Aufgaben auf den späten Nachmittag oder den Abend zu verlegen. Manche können mit dieser Freiheit virtuos umgehen und ihre verschiedenen Aktivitäten produktiv vermischen. Es gibt jedoch eine nicht geringe Zahl von Kolleginnen und Kollegen, die innerhalb ihres Zeitbudgets weder virtuos **improvisieren** können noch einen **Rhythmus** finden. Ihre Vorbereitungszeiten müssen sie immer wieder innerlich oder äußerlich neu erkämpfen. Das kostet **Kraft**; wobei es nicht selten auch zu einer unseligen Vermischung von **Freizeit, Vorbereitungsaktivität** und **Haushaltspflichten** kommt. In der bereits erwähnten Befragung erhielten wir zur außerunterrichtlichen Arbeitsorganisation folgende Ergebnisse:

- 60% der Befragten berichten, ihre Freizeit sei sehr oft angefüllt mit **beruflichen** Dingen,
- 46% gönnen sich in den Arbeitswochen **kaum Muße**,
- 40%, geben an, mit ihren Vorbereitungen meistens erst in **letzter Minute** fertig zu werden, und
- 36% berichten, alles in **größter Eile und Hast** zu erledigen.

Diese Feststellungen stimmen überein mit Befragungsergebnissen von Schönwälder (1993), denen zufolge die Arbeit von Lehrerinnen und Lehrern sich über die gesamte Woche verteilt. Auch an Sonntagen werden durchschnittlich zwei Stunden auf Unterrichtsvorbereitungen verwandt. Das wäre weiter nicht schlimm. Bedenklich ist, dass bei vielen trotz dieser dauernden Beschäftigung mit dem Beruf **das Gefühl** bestehen bleibt, **»nie fertig zu werden«**.

- Lehrerinnen und Lehrer laufen Gefahr, sich zu viel aufzuladen. Die Schule soll z.B. den Kindern eine Ersatzheimat sein, die unter ungünstigen häuslichen Bedingungen heranwachsen. Sie soll dafür sorgen, dass Kinder und Jugendliche ein friedliches und freundliches Zusammenleben erlernen; sie soll dafür sorgen, dass die Lernenden das richtige politische und gesellschaftliche Bewusstsein ausbilden, und schließlich soll sie auch noch Kenntnisse in Lesen, Schreiben, Arithmetik, Geschichte, Physik und Chemie vermitteln. Und natürlich gibt es auch ständig fachliche und pädagogische Neuerungen, die man sich zu Eigen machen muss oder zu Eigen machen will, denn sich selbst verändern und vervollkommnen zu wollen ist ein legitimes Bedürfnis und eine berufliche Notwendigkeit. Damit erweitert sich ständig der Arbeitsauftrag bei einem seit Jahrzehnten unverändert gebliebenen Zeitkontingent.
- Viele Lehrerinnen und Lehrer neigen dazu, ihre unterrichtsfreien Zeiten immer stärker mit Unterrichtsvorbereitungen anzureichern und dabei unmerklich immer mehr die Quellen ihrer Kraft und Lebensfreude zuzuschütten. Gewiss, Arbeit schafft Befriedigung, wenn sie als effizient erlebt wird. Aber der Mensch lebt nicht von Arbeit allein. Er braucht auch Anregungen durch Musik und Kultur, Freundschaft und Liebe, durch Bewegung und frische Luft. Wir verlieren uns selbst, wenn wir das alles dem Arbeitsprozess opfern, erst recht dann, wenn die Erfolge, die wir uns wünschen, ausbleiben.
- Schließlich gibt es viele Lehrerinnen und Lehrer, die einen riesigen Pflichtenkatalog vor sich hertragen, aber bei keiner Aufgabe richtig den Anfang finden. Es ist, als ob zwei Menschen gleichzeitig durch eine enge Tür drängen. Sie blockieren sich gegenseitig und keiner kommt durch. Möglicherweise blockieren sich Pflichtgefühle und Neigungen gegenseitig derart, dass keine der Alternativen realisiert wird. Man kann sich im inneren Kampf um die Prioritäten, im Widerstreit der Pflichten an den Rand der Erschöpfung bringen, ohne wirklich etwas geleistet zu haben.

Menschen, deren Pflichten nicht durchgängig außengesteuert sind, laufen Gefahr, in ein chronisches Pflicht-Neigungs-Dilemma zu geraten. Sie arbeiten Pflichten ab und denken dabei ständig an andere Pflichten oder tragen ein unstillbares Bedürfnis nach Freizeit und Muße mit sich herum. Lassen sie aber Pflichten Pflichten sein und gehen doch Freizeitaktivitäten nach, dann mit schlechtem Gewissen, ohne sich wirklich zu entspannen und mit dem Nebengedanken, ob das, was sie tun, nicht doch für den Unterricht brauchbar wäre; so, wie die Lehrerin, die sich nur mit Schere und Filzmarker an die Zeitungslektüre begibt, weil ja immer ein Artikel dabei sein kann, den man im Unterricht verwenden kann.

Freizeit, Hausarbeit und außerschulische Arbeitszeit vermischen sich zusehends.

- Die Kolleginnen und Kollegen können Freizeitaktivitäten weder freudig genießen,
- noch erleben sie das Gefühl zufriedener Erschöpfung nach erfolgreicher Arbeit, weil sie nur schwer oder gar nicht den Anfang finden bzw. alle anstehenden Arbeiten mit innerem Widerstreben ausführen.

So kommt man nur äußerst mühsam voran.

Wir nennen Zeiten, in denen man sich unbehaglich zwischen verschiedenen Wünschen und Pflichten hin und hergerissen fühlt, **verlorene Zeit.** Dazu die Äußerung einer Seminarteilnehmerin: »Ich tue buchstäblich den ganzen Tag nichts. Ich bin dabei unzufrieden und angespannt und abends ärgere ich mich über die vertane Zeit.«

Abhilfe schaffen:

- eine zweckmäßige Gestaltung des häuslichen Arbeitsplatzes,
- eine durchdachte Arbeitsorganisation und
- ein bewusster Umgang mit der verfügbaren Zeit, der neben den Arbeits- auch Erholungsphasen vorsieht.

5.2 Anmerkungen zum häuslichen Arbeitsplatz

In anderen Berufen stellt der Arbeitgeber den Arbeitsplatz und die Büroausstattung. Lehrerinnen und Lehrer haben, soweit es die außerschulischen Arbeiten, v.a. die Unterrichtsvorbereitung betrifft, dafür selbst zu sorgen. Es ist dies wohl der Preis für das Privileg, über einen Teil der Arbeitszeit frei verfügen zu können. Man kann sich bei der Erledigung der außerunterrichtlichen Pflichten entlasten, wenn man sich damit abfindet, für dieses Privileg den gebührenden Preis zu bezahlen, sprich, den häuslichen Arbeitsplatz so einzurichten und auszustatten, dass er sowohl einladend als auch funktionell ist. Zweifellos beeinträchtigt es den Arbeitsablauf, wenn die häuslichen Anteile der Lehrtätigkeit am winzigen Schreibtisch oder einer Ecke des Schlafzimmers o.Ä. erledigt werden sollen. Wer 10 bis 20 Stunden pro Woche zu Hause arbeitet, sollte sich einen funktionalen und abgeschlossenen Arbeitsplatz einrichten und

sich der Hilfsmittel bedienen, welche die moderne Büro-Organisation zu bieten hat.

Wenn Sie sich gerade in Ihrem Arbeitszimmer befinden, sehen Sie sich doch bitte einmal um:

- Der Raum, den Sie für Ihre Vorbereitungen nutzen – ist er für Ihre Belange groß genug?
- Ihr Schreibtisch – verfügt er über eine ausreichend große Arbeitsfläche? Hat er genügend Schubladen und Fächer?
- Ihre Regale – quellen sie über? Benötigen Sie »eigentlich« weitere Regale oder sollten Sie sie entrümpeln?
- Gibt es in Ihrem Arbeitszimmer einen Hängeschrank, eine Hängeregistratur?
- Wie sind Sie mit Geräten ausgestattet? Gibt es an Ihrem häuslichen Arbeitsplatz einen PC, einen Scanner, ein Telefon (mit Anrufbeantworter!), ein Fax-Gerät, einen Kopierer?
- Hat sich in den letzten 5 Jahren an Ihrer Büroausstattung etwas verändert? Entspricht das Büromöbel noch den gegenwärtigen Erfordernissen und auch Ihren ästhetischen Bedürfnissen?
- Ist Ihr Büro nur Arbeitszimmer oder zugleich Hobbyraum, Hausarbeitsraum o.Ä.?
- Ist die Tür zu Ihrem Büro zu schließen?
- Sind Ihre Arbeitszeiten für andere zu erkennen?

Häusliche Lehrerarbeit hat mit vielen anderen Notwendigkeiten und Betätigungsmöglichkeiten zu konkurrieren.

- Je weniger einladend Ihr Arbeitsplatz ist – je öfter der Gang zum Schreibtisch einem Eintauchen ins Chaos gleicht – desto mehr werden Sie ihn meiden.
- Je mehr »Ablenker« sich in unmittelbaren Wahrnehmungsbereich befinden (z.B. wenn der Arbeitsplatz zugleich Hobbyraum ist), desto größer ist die Gefahr, dass Sie der Versuchung erliegen, Ihre Arbeiten aufzuschieben, und die Erledigung der Pflichten in die unproduktiven Randzeiten abgedrängt wird – was Stress erzeugt.
- Je weniger funktionell Ihre Büroausstattung ist, desto mehr Zeit werden Sie für die zu verrichtenden Arbeiten benötigen, alleine für die Suche nach Unterlagen und Arbeitsmitteln.
- Je weniger Ihr Arbeitsraum zu den anderen Lebensbereichen abgegrenzt ist, desto schwerer wird es Ihnen fallen, für Ihre Vorbereitung hinreichend die notwendigen Zeiten und die notwendige Ruhe zu finden. Wenn Ihre Arbeitsmittel in verschiedenen Räumen untergebracht sind, verschafft Ihnen das Zusammentragen die eine oder andere Bewegungspause. Letztendlich wird der Arbeitsfluss jedoch allzu oft unterbrochen, ganz abgesehen davon, dass Ihnen wertvolle Arbeitszeit verloren geht.

Mein häuslicher Arbeitsplatz – Was ich verändern möchte

Sie verbringen an Ihrem häuslichen Arbeitsplatz einen wesentlichen Teil Ihrer Lebenszeit. Sie tragen damit erheblich zum Familieneinkommen bei. Es steht Ihnen zu, diesen Raum ästhetisch befriedigend und nach einem neueren Stand der Bürotechnik auszustatten. Bitte tragen Sie hier ein, was Sie an Ihrem häuslichen Arbeitsplatz verändern wollen.

Um meinen häuslichen Arbeitsplatz einladender gesundheitserhaltender und funktioneller zu gestalten werde ich

_____

_____

_____

_____

_____

_____

_____

_____

_____

_____

⇨ Material: **M8**, S. 135

Mit dem Gefühl »eigentlich müsste doch dafür der Arbeitgeber aufkommen« hadern nicht wenige Lehrerinnen und Lehrer lieber mit den Unzulänglichkeiten des häuslichen Arbeitsplatzes, als sich hinreichend auszustatten. Dem Arbeitgeber ist das letztendlich egal. Es ist Ihre Arbeitszeit, es ist Ihre Lebensqualität, die durch solche Unzulänglichkeiten beeinträchtigt wird. Sehen Sie sich doch bitte noch einmal an Ihrem häuslichen Arbeitsplatz um und überlegen Sie, wie Sie sich durch eine Neugestaltung oder eine bessere Ausstattung Arbeit erleichtern könnten. Was könnten Sie tun?

● Im Haus, in der Wohnung ein anderes, größeres oder funktionelleres Zimmer beanspruchen? Wenn erwachsene Kinder das Haus verlassen, ergeben sich auch neue Möglichkeiten.
● Wieder einmal alles gründlich aufräumen oder ganz viel ausräumen?
● Alles ausräumen, was nicht mit Arbeit zu tun hat?
● Neue Möbel kaufen oder nur einen kleinen Blumenstrauß für den Schreibtisch?

● Einen eigenen (gebrauchten) Kopierer anschaffen oder ein modernes kleines Kombigerät (Drucker/Kopierer/Scanner)?

Eigener Kopierer: Eine der wesentlichsten Beeinträchtigungen des Arbeitsablaufs besteht darin, Fotokopien nicht ohne Verzögerungen herstellen zu können. Der defekte oder umlagerte Schulkopierer ist eine Stressursache ersten Ranges. Mit einer Investition ab DM 300,– können Sie sich diese Stressursache für immer aus der Welt schaffen. Gebrauchte Tischkopierer werden immer wieder von Firmen ausrangiert, sind aber für Privatzwecke noch gut zu gebrauchen. Falls Sie eher zu einer Neuanschaffung neigen: Kombigeräte (schneller Drucker incl. Flachbett-Kopierer und Scanner) gibt es ab 1000,– DM (Stand 1999), und die Preise sinken weiter.

Eine zeitgenössische funktionelle Bürotechnik erleichtert auch die professionelle Kooperation. So können Arbeitsblätter oder Unterrichtseinheiten problemlos per Fax oder E-Mail übermittelt werden. Eine bewährte

Form, solche Techniken zu nutzen, besteht darin, dass einer der Kooperationspartner auf seinem PC einen ersten Entwurf anfertigt, per E-Mail an andere Partner verschickt, die an diesem Text weiterarbeiten und die bearbeiteten Materialien auf gleichem Weg erneut in Umlauf bringen.

5.3 Ist meine Arbeitsorganisation verbesserungsbedürftig?

Haben Sie schon einmal am Montagmorgen das Gefühl gehabt, dass die Last all dessen, was Sie in der kommenden Woche zu erledigen haben, Sie zu **erdrücken** droht? Oder setzt das Gefühl bei Ihnen schon am **Sonntagnachmittag** ein? Oder können Sie vielleicht schon das ganze **Wochenende** nicht mehr genießen? Es ist dieses Gefühl »**alles auf einmal**«, das so lähmend wirkt – und dem ein »**eins nach dem anderen**« gegenüberzustellen gilt. Wie kann das geschehen? Äußere Ordnung schafft innere Ordnung. Planung schafft Übersicht. Wir wollen hier einige Hinweise geben, wie Sie äußere Ordnung herstellen können in der Hoffnung, dass sich dadurch bei Ihnen auch innere Ordnung einstellt und das Gefühl, dass **Sie** über Ihre Zeit verfügen – statt den beruflichen Anforderungen und den Ereignissen des täglichen Lebens ausgeliefert zu sein. Bei der Arbeitsorganisation gleichsam »von der Hand in den Mund zu leben« hat eine ständige Anspannung zur Folge, die Angst, dass die kurzfristigen Planungen durchkreuzt werden könnten.

Sie finden in Ihren Unterlagen ein Liste mit mehreren Vorschlägen zur Verbesserung Ihrer Arbeitsorganisation. Sicher sind Ihnen einige dieser Vorschläge selbstverständlich und vertraut. **Vermeidbaren** Stress erzeugt, wer sich ihrer **nicht** konsequent bedient.

- Ein wichtiges Dokument nicht zu finden, kann Ihnen einen ganzen Arbeitstag vergällen;
- nicht zu wissen, wo man eine Serie Arbeitsblätter abgelegt hat, kann die Nachtruhe kosten, und
- wegen eines vergessenen Buchs nochmals in die Stadt zu fahren oder noch einmal in die Schule, kostet **wertvolle Zeit**.

Umgekehrt ist es ein **Genuss**, erledigte Positionen von der Liste zu streichen, weil es uns die Gewissheit gibt, **die Dinge unter Kontrolle zu haben**.

Ordnung schaffen

Es beginnt mit einem **Ablagesystem. Aktenordner oder Zeitschriftenboxen** sind geeignet **für umfangreiche Materialsammlungen**: z.B. »Mathematik, drittes Schul-

jahr«, »Geografie, Mittelstufe«. Problematisch sind Artikel, Aufzeichnungen, Zeitungsausschnitte, die nicht eindeutig zu einem Themenkomplex passen. Unsortiert in Aktenordner und Zeitschriftenboxen eingelagert, verschwinden sie auf Nimmerwiedersehen. Dann vertun Sie viel Zeit mit nutzloser Suche. Sind sind verärgert, weil Sie das Papier nicht finden. Und es begleitet Sie nach mehreren derart frustrierender Erfahrungen die Sorge, beim nächsten Mal wieder erfolglos zu sein. In der Psychologie bezeichnet man das als Kontrollverlust – das Gefühl, die Belange des täglichen Lebens nicht mehr richtig managen zu können. Das ist in dem Fall wahrscheinlich nicht sehr ausgeprägt, aber es ist ein kleiner Dämpfer für die Lebensfreude, der sich mit anderen kleinen Dämpfern zu einer großen Last addieren kann. Was tun mit »kleinen« Vorgängen? Wir empfehlen **für kleine Vorgänge Hängetaschen oder Hängeordner im Aktionsradius**, und wenn Sie es ganz komfortabel haben wollen, einen Hängeschrank. Hängeordner sind dünn genug, um einen einzigen Vorgang aufzunehmen. Selbst wenn Sie kein weiteres Ordnungssystem haben, sind 30 Hängeordner schnell durchsucht und ggf. neu sortiert. Eventuell tut es auch eine einzige Box »Deutsch Sonstiges«. Wer gern mit Computern arbeitet, kann auch Artikel für Artikel fortlaufend nummerieren und so fortlaufend abheften (Aktenordner für Aktenordner)

In den Computer werden dann pro Nummer 3–5 Stichworte eingegeben, z.B. Erdkunde/Chemie.

Nr. 108	Saurer Regen/Erdkunde/Chemie/Umwelt/ Zeitungsartikel
Nr. 109	Protokoll/Deutschkonferenz 1999
Nr. 110	Klassenarbeit Mathe/5. Schuljahr 1999

Bei der Suche nach dem abgelegten Artikel kann dann über die Suchfunktion oder über das Durchfliegen des Inhaltsverzeichnisses der »Schatz« wieder gefunden werden. Nach einiger Übung kristallisieren sich schnell sinnvolle Stichwortabfolgen heraus.

Das beste Ablagesystem nutzt wenig, wenn Sie es nicht nutzen und Ihre Papiere und sonstigen Materialien auf dem Schreibtisch, auf dem Fußboden, in Regalen, im Keller, auf dem Dachboden stapeln. Aufräumen und Ablegen ist wenig lustvoll und man nimmt diese Tätigkeiten im Allgemeinen auch nicht so wichtig. Man schiebt sie auf, um vermeintlich Wichtigeres oder Interessanteres zu erledigen. Damit wird das Ordnen der Unterlagen für die Arbeitseffizienz und die Lebensqualität bei weitem unterschätzt. Sie verlieren Zeit für das Suchen. Sie verlieren Zeit, weil Sie des Öfteren gehalten sind, Ausarbeitungen, die Sie bereits angefertigt haben, zu rekonstruieren.

Daher empfehlen wir, sich täglich $^1/_4$–$^1/_2$ Stunde und an einem festen Wochentag ein bis zwei Stunden Zeit zu nehmen, um »die Woche aufzuräumen«, um alles, was in der Zeit angefallen ist, einzuheften oder auszusortieren. Wir empfehlen darüber hinaus, wenigstens einmal im Schuljahr ein »Großreinemachen« – sich in den Ferien die Zeit zu nehmen, zu sichten und zu ordnen, was sich in einem Jahr, in einem Halbjahr angesammelt hat. Dies ist natürlich umso leichter, wenn Sie regelmäßig vorsortiert haben. Denken Sie an »Onkel Dagobert«: ihn beruhigt es, regelmäßig sein Geld zu zählen. Es beruhigt – und das passiert beim Aufräumen automatisch – sich immer wieder einmal einen Überblick zu verschaffen über seine Bestände. Verlieben Sie sich doch einmal in die Vorstellung, Sie könnten das, was Sie an Unterlagen haben, mit einem Griff finden! Genug motiviert? Und noch eines: Üben Sie sich im Loslassen. Trennen Sie sich von Unterlagen, die Sie schon jahrelang nicht mehr gebraucht haben. Und sammeln Sie erst gar nicht Papiere und Materialien, die Sie mit großer Wahrscheinlichkeit doch nicht verwenden werden.

Die Arbeit organisieren

Ein besonderes Kapitel sind unangenehme Vorgänge. Lästige Briefe, die zu beantworten sind, ein überflüssiges Protokoll, das zu schreiben ist, eine Klassenarbeit, die der Korrektur harrt. Sie schieben den Vorgang von einer Seite des Schreibtischs zur anderen. Sie türmen Unterlagen aufeinander. Je länger Sie umsortieren, desto mehr geraten Ihre Unterlagen durcheinander. Je länger Sie aufschieben, desto unangenehmer wird die Aufgabe. Natürlich muss man sich in kniffligen Angelegenheiten einmal Bedenkzeit gönnen. Im Allgemeinen aber gilt die **Faustregel**: Gleich handeln, mit etwas Selbstüberwindung die Sachen erledigen, abheften, wegwerfen. Was Sie hinter sich gelassen haben, beschäftigt Sie nicht mehr und verursacht daher auch keinen Stress.

Vielleicht haben Sie auch schon oft den Satz gehört – oder selbst ausgesprochen. »Ich vergesse so viel, ich glaube, mein Gedächtnis lässt nach.« Natürlich lässt sich das mit zunehmendem Alter nicht vermeiden. Aber wir glauben, dass die Vielfalt der zu erledigenden Aufgaben im Lehrerberuf und die Zunahme der Verpflichtungen mit der Zeit selbst das leistungsfähigste Gedächtnis überfordern. So kommt man irgendwann ohne einen »externen Speicher« nicht mehr aus.

Einige Kollegen schwören auf ein Notebook, einen elektronischen Datenspeicher. Es geht aber auch einfacher:

- Schreiben Sie grundsätzlich alles auf, was Sie zu erledigen haben.
- Nehmen Sie sich jeden Tag fünf Minuten Zeit, um auf einem Extrazettel aufzuschreiben, was Sie am nächsten Tag erledigen wollen oder müssen.
- Streichen Sie in der Zeit auch von Ihrer Liste, was Sie bereits erledigt haben.
- Setzen Sie dabei **Prioritäten** (Nummerieren – ein, zwei oder drei Sterne).
- Entscheiden Sie jeweils nach Dringlichkeit oder persönlicher Wichtigkeit, z.B. für die kommende Woche oder auch täglich sowohl für die Wochenplanung als auch für den einzelnen Tag.
- Und wenn Sie nicht den Anfang finden – arbeiten Sie Ihre Liste »stur« und bedächtig von oben nach unten ab! So wie Beppo, der Straßenkehrer.

Der Straßenkehrer

Er fuhr jeden Morgen lange vor Tagesanbruch mit seinem alten, quietschenden Fahrrad in die Stadt zu einem großen Gebäude. Dort wartete er in einem Hof zusammen mit seinen Kollegen, bis man ihm einen Besen und einen Karren gab und ihm eine bestimmte Straße zuwies, die er kehren sollte.

Beppo liebte diese Stunden vor Tagesanbruch, wenn die Stadt noch schlief. Und er tat seine Arbeit gern und gründlich. Er wusste, es war eine sehr notwendige Arbeit.

Wenn er so die Straßen kehrte, tat er es langsam, aber stetig: Bei jedem Schritt einen Atemzug und bei jedem Atemzug einen Besenstrich. Schritt – Atemzug – Besenstrich. Schritt – Atemzug – Besenstrich. Dazwischen blieb er manchmal ein Weilchen stehen und blickte nachdenklich vor sich hin. Und dann ging es wieder weiter – Schritt – Atemzug – Besenstrich – – –.

Während er sich so dahinbewegte, vor sich die schmutzige Straße und hinter sich die saubere, kamen ihm oft große Gedanken. Aber es waren Gedanken ohne Worte, Gedanken, die sich so schwer mitteilen ließen wie ein bestimmter Duft, an den man sich nur gerade eben noch erinnert, oder wie eine Farbe, von der man geträumt hat. Nach der Arbeit, wenn er bei Momo saß, erklärte er ihr seine großen Gedanken. Und da sie auf ihre besondere Art zuhörte, löste sich seine Zunge und er fand die richtigen Worte.

»Siehst du, Momo«, sagte er dann zum Beispiel, »es ist so: Manchmal hat man eine sehr lange Straße vor sich. Man denkt, die ist so schrecklich lang – das kann man niemals schaffen, denkt man.«

Er blickte eine Weile schweigend vor sich hin, dann fuhr er fort: »Und dann fängt man an, sich zu eilen. Und man eilt sich immer mehr. Jedes Mal, wenn man aufblickt, sieht man, dass es gar nicht weniger wird, was noch vor einem liegt. Und man strengt sich noch mehr an, man kriegt es mit der Angst, und zum

Schluss ist man ganz außer Puste und kann nicht mehr. Und die Straße liegt immer noch vor einem. So darf man es nicht machen.«
Er dachte einige Zeit nach. Dann sprach er weiter: »Man darf nie an die ganze Straße auf einmal denken, verstehst du? Man muss nur an den nächsten Schritt denken, an den nächsten Atemzug, an den nächsten Besenstrich. Und immer wieder nur an den nächsten.« Wieder hielt er inne und überlegte, ehe er hinzufügte: »Dann macht es Freude, das ist wichtig, dann macht man seine Sache gut. Und so soll es sein.« Und abermals nach einer langen Pause fuhr er fort: »Auf einmal merkt man, dass man Schritt für Schritt die ganze Straße gemacht hat. Man hat gar nicht gemerkt wie und man ist nicht außer Puste.«[1]

Wir sprachen eingangs von dem belastenden Druck, der durch die Vorstellung ausgelöst wird, »alles auf einmal« schaffen zu müssen. Dieser Druck stellt sich häufig ein, wenn man einen unsortierten Wust von Pflichten mit sich herumträgt und sich sorgt, irgendetwas Wichtiges vergessen zu haben. Das Aufschreiben befreit von diesem Gefühl. Es verschafft Übersicht, und Übersicht verschafft Ruhe.

Umgang mit Störungen

Wir haben bereits auf die Vorzüge eines abgeschlossenen Arbeitszimmers hingewiesen. Bei der »Heimarbeit« ist es immer eine Quelle von Konflikten, wenn für die Mitbewohner nicht erkennbar ist, wann gearbeitet wird. Ständig unterbrochen zu werden erzeugt Stress. Ein bekannter Wissenschaftsautor gewöhnte sich an, eine Kapitänsmütze aufzusetzen, um seiner Ehefrau zu signalisieren »Ich arbeite, bitte störe mich nicht«. Man muss nicht zu solchen Verkleidungstricks greifen, um die gleiche Wirkung zu erzielen. Sie schließen die Tür. Das könnte, nach Absprache mit Ihrer Familie, genügen. Oder Sie heften zusätzlich einen Zettel an »Ich arbeite bis … Uhr«. Nun sind Sie nur noch von einem Eindringling gefährdet, dem Telefon. Auch dagegen können Sie sich wehren. Sie schalten den Anrufbeantworter an und gehen dann auch wirklich nicht ans Telefon. Sie leiten – wenn Sie eine komfortable Telefonanlage im Haus haben – das Gespräch auf einen anderen Apparat um. Nun können Sie ungestört arbeiten.

Es macht einen Unterschied, ob Sie Ihren Unterricht von einem Tag zum anderen vorbereiten oder ob Sie dies ein, zwei oder drei Tage früher erledigen. Je kürzer die Zeitspanne zwischen »Produktion« und »Auslieferung«, desto größer ist für Sie der Stress. Es kann immer etwas Unvorhergesehenes passieren. Weil Sie das

wissen, wird Sie bei einer »Just-in-time-Produktion« unterschwellig immer die Sorge begleiten, dass diese Situation eintreten könnte und Sie mit Ihren Vorbereitungen nicht rechtzeitig fertig werden. Und es verursacht höchste Aufregung, wenn die Situation dann tatsächlich eintritt. Der Arbeitsaufwand ist der gleiche, ob Sie sich unmittelbar vorbereiten oder ob Sie dies ein paar Tage früher tun. Aber wenn Sie sich früher vorbereiten, wenn Sie zeitliche Puffer einbauen, dann können Sie sich gelassen zurücklegen und unvorhergesehene Ereignisse werden bei Ihnen nicht zu Magenschmerzen führen. Zu solch beruhigenden Vorarbeiten gehört auch, alle Unterrichtsunterlagen, Brieftasche, Schlüssel, Uhr am Vorabend zurechtzulegen. Sie schlafen ruhiger und ihr nächster Arbeitstag wird nicht durch eine hektische Suche belastet.

Aufgaben delegieren

Müssen Sie eigentlich alles selber machen?

- An gutwilligen Kolleginnen und Kollegen bleibt immer alle Arbeit hängen. Sind sie solch ein gutwilliger Kollege, solch eine Kollegin? Wenn ja und wenn Sie das Gefühl haben, dass sie dadurch ausgenutzt werden, dann üben Sie sich doch einmal darin, »Nein« zu sagen. Das geht nicht immer. Aber es kann helfen sich hin und wieder klarzumachen, welche der an Sie gerichteten Anforderungen Sie erfüllen können – und überlegen Sie dann, welche Aufgaben Sie ablehnen wollen und können. Entlastung können Sie auch dadurch erfahren, dass Sie im Unterricht Aufgaben an Schüler delegieren, so z.B. Texte vorzulesen, Materialien zu verteilen etc. Was könnten Sie in Ihrem Unterricht delegieren?
- Speziell für weibliche Lehrkräfte: Machen Sie im Haushalt alles selbst oder haben Sie eine Haushaltshilfe? Nur etwa 10% aller Ehepartner arbeiten regelmäßig im Haushalt mit. In Lehrerhaushalten ist dies nicht anders als bei der übrigen Bevölkerung. Es erzeugt zweifellos Stress, Kämpfe auszutragen um etwas, was gesellschaftlich nicht verbreitet ist. Dennoch haben Sie ein Anrecht auf Entlastung. Lehrerinnenarbeit ist ein Ganztagsberuf. Wären Sie Ärztin oder Architektin, wäre dies unmittelbar evident und Sie hätten schon längst eine Haushaltshilfe engagiert. Wenn sich die Entlastung durch innerfamiliäre Absprachen nicht befriedigend regeln lässt und wenn Sie sich eine stärkere Entlastung im Haushalt wünschen, dann wäre die Beschäftigung einer Hilfskraft die logische Konsequenz.

1   Aus: Michael Ende, Momo, Stuttgart 1973.

Den Respekt vor der Technik überwinden

Wir haben in diesem Kapitel wiederholt empfohlen, sich moderner Bürotechniken zu bedienen. Wir sind uns der Tatsache bewusst, dass für viele Kolleginnen und Kollegen ein PC als ein Gerät erscheint, für dessen Gebrauch umfangreiche Kenntnisse erworben werden müssen. Inzwischen sind die Geräte und die Programme so komfortabel und benutzerfreundlich geworden, dass jegliche Art von Scheu unbegründet ist.

- Texte mittels PC und einem Textverarbeitungsprogramm anzufertigen, ist technisch kaum anspruchsvoller als ein Manuskript auf der Schreibmaschine zu tippen.
- Eine Mitteilung per Fax oder E-Mail zu verschicken, ist kaum schwieriger als zu telefonieren.

Wichtig ist beim Erstzugang zum Computer, dass man in die Grundlagenkenntnisse eingewiesen wird. Sind die Anfangsgründe gelegt, wird man selbst immer weitere Möglichkeiten entdecken. Wenn man einen Kurs belegt, sollte man einen uneingeschränkten Zugang zu einem PC haben, damit man parallel zum Kurs weiter üben kann. Es gibt auch spezielle PC-Kurse für Frauen. Manche mögen das als eine überflüssige Schonmaßnahme ansehen oder gar als eine besonders subtile Form der Diskriminierung. Wir haben jedoch immer wieder Rückmeldungen erhalten, dass Kolleginnen, für die die Computer-Technologie Neuland war, sich in solchen Kursen besonders gut bedient fühlten.

Technik-Laien sollten sich nicht damit aufhalten, Programme oder Gerätekomponenten selbst zu installieren. Sie sollten auch nicht Bekannte mit technologischer Halbbildung an Ihrem PC herumwerkeln lassen. Häufig ist das Ergebnis unbefriedigend. Dann können Sie nicht einmal reklamieren, sondern müssen sich auch noch bedanken. Suchen Sie einen preiswerten Computerservice in Ihrer Nähe, einen Kleinbetrieb, dessen Mitarbeiter auch schnell einmal kommen, wenn Sie überhaupt nicht mehr weiterwissen.

Das Leben besteht nicht nur aus Arbeit

Arbeit ist das halbe Leben, aber eben nur das halbe. Es kann entlasten, das Arbeitsleben gut zu organisieren. Es kommt aber ebenso darauf an, die andere Hälfte mit befriedigenden Aktivitäten anzureichern bzw. sie nicht durch die Ausweitung von Arbeitsaufgaben aufbrauchen zu lassen. Wobei wir durchaus davon ausgehen, dass Lehrerarbeit befriedigend ist oder befriedigend sein kann. Aber es gibt noch andere Lebensbereiche und Lebenszusammenhänge, die es wert sind, »gepflegt« zu werden. Daher empfehlen wir immer wieder, regelmäßig Pausen zu machen, sich Besinnungs- und Erholungszeiten zu gönnen und auch das Privatleben befriedigend zu gestalten. Anregungen dazu finden sich u.a. auch in den Kapiteln 4 und 10.

Die Ausführungen dieses Kapitels sind noch einmal in einer Checkliste **Anregungen für eine bessere Arbeitsorganisation** zusammengefasst. Sie finden diese Checkliste im Materialteil. Wenn Sie möchten, können Sie nun diese Checkliste bearbeiten, gleichsam als Kapitelzusammenfassung, aber auch mit dem Ziel, sich klar zu machen, was Sie an Ihrer Arbeitsorganisation verändern und was Sie sich konkret vornehmen wollen.

⇨ Material: **M9**, S. 137

5.4 Auf der Suche nach der verlorenen Zeit

Vielleicht bedienen Sie sich dieser Techniken schon und kommen trotzdem mit Ihrer Zeit nicht aus. Das kann an zwei Dingen liegen:
a) Ihr Plan ist zu voll und/oder
b) Sie haben kein System, wann Sie Ihre Arbeiten erledigen.

In dem Fall kann es sinnvoll sein, einmal Ihren persönlichen Stundenplan zu durchforsten.

Sie finden im Materialteil **zwei** Pläne (M12 und M13). Einer gilt der Bestandsaufnahme, der andere, um neu zu planen. Vielleicht nutzen Sie nach dieser Lektüre oder am Wochenende eine stille Stunde, um in den ersten Plan einzutragen,

- wann Sie für die Schule arbeiten,
- wann Sie Hausarbeiten erledigen,
- wann Sie Hobbys nachgehen oder sich entspannen,
- wann bei Ihnen **verlorene Zeiten** vorherrschen, d.h. wann Sie **mit ungutem Gefühl** weder das eine noch das andere richtig machen und stattdessen alles undefinierbar miteinander vermengen.

Wir unterscheiden zwischen

- R = Regeneration,
- PM = Produktive Mischzeit und
- VZ = Verlorene Zeit

Der wesentliche Unterschied zwischen **PM** und **VZ** besteht in dem Gefühl, welches Ihre Aktivitäten begleiten. Wenn Sie, ohne groß zu planen, dies und jenes erledigen, wenn Ihnen die Arbeit gut von der Hand geht oder Sie vielerlei Tätigkeiten locker nebeneinander erledigen, dann sind Sie produktiv. Dann tragen Sie **PM** (Produktive Mischzeit) ein. Wenn Sie sich aber unbehaglich fühlen, lustlos zwischen verschiedenen Aktivitäten springen, wenn sich Erfolge Ihrer Bemühungen nicht oder nur mühsam einstellen, wenn Sie in Gedanken immer woanders sind, dann notieren Sie bitte **VZ** (Verlorene Zeit).

Was vermuten Sie? Ist Ihr Plan übervoll? Kommt in Ihrem Plan der Buchstabe **R** (Regeneration) noch vor? Und gibt es bei Ihnen auch Phasen **VZ – verlorener Zeit**? Und wann pflegen Sie zu arbeiten: häufig in der Nacht? Finden Sie dann, auf die Woche gerechnet, auch noch genügend Schlaf? Wenn Sie häufig verlorene Zeiten haben, Ihr Freizeitkontingent gegen null geht oder wann immer Sie das Gefühl haben, dass Sie Ihre Lebenszeit befriedigender verwenden könnten, haben Sie mehrere Möglichkeiten, etwas zu verändern:

1. die Möglichkeit der Neubewertung Ihrer Aktivitäten,
2. die Möglichkeit des Weglassens,
3. die Möglichkeit des Entmischens und
4. die bewusste Planung von Freizeitaktivitäten und Regeneration.

Wenn Sie regelmäßig zu wenig Schlaf finden und damit gleichsam Raubbau an Ihrer Gesundheit treiben, finden Sie in Kapitel 10 Ausführungen, die sich eingehender mit der Problematik beschäftigen.

Möglichkeit 1

Neubewertung: Eine junge Kollegin, eine Teilnehmerin an einem Workshop, hatte in den frühen Nachmittagsstunden durchgehend VZ eingetragen. Befragt, was sie konkret tue, äußerte sie: »Ich beschäftige mich mit meinen Kindern, habe aber ein schlechtes Gewissen, weil ich glaube, in der Zeit für die Schule arbeiten zu müssen.« Hier kann man sich fragen, ob man als Lehrerin wirklich alle außerunterrichtliche Zeit für den Beruf aufbringen muss oder ob die Beschäftigung mit den eigenen Kindern nicht auch eine Kraftquelle sein kann, wenn man sie freudig genießt. Eine andere Teilnehmerin meinte: »Man muss sich auch einmal Absolution erteilen können für Tätigkeiten, die nicht mit der Schule zu tun haben.«

Möglichkeit 2

Weglassen: Wenn Ihr disponibles Zeitkontingent gegen null geht: Überprüfen Sie doch einmal, ob Sie alle die Aktivitäten, in die Sie eingespannt sind oder in die Sie sich hineinbegeben, wirklich leisten **müssen.** Viele der gestressten Lehrerinnen und Lehrer sind wahre Multifunktionäre: in der Gewerkschaft aktiv, in der Kirchen-

gemeinde und im Sportverein. Offenbar gab es schon zu Wilhelm Buschs Zeiten dieses Problem. Manchmal liegt die Weisheit auch im Verzicht. Stress ist nicht selten auch die Folge der Unfähigkeit, Prioritäten zu setzen. Dabei sein oder nicht dabei sein – worin liegt letztendlich der größere Gewinn?

Keine Stunde hatt' er frei

Wirklich, er war unentbehrlich!
Überall, wo was geschah
Zu dem Wohle der Gemeinde,
Er war tätig, er war da.
Schützenfest, Casinobälle,
Pferderennen, Preisgericht,
Liedertafel, Spritzenprobe,
Ohne ihn, da ging es nicht.
Ohne ihn war nichts zu machen,
Keine Stunde hatt' er frei.
Gestern, als sie ihn begruben,
war er richtig auch dabei.

Wilhelm Busch

Möglichkeit 3

Entmischen: Gelegentlich kann es sinnvoll sein, die Aktivitäten zu **trennen,** d.h. **festzulegen,** wann Sie in etwa Ihre schulischen Vorbereitungen durchführen wollen, wann Sie Ihre Hausarbeit erledigen und wann Sie sich erholen wollen. Es ist im Prinzip gleich, ob man auf der linken Straßenseite fährt oder auf der rechten. Wollten die Verkehrsteilnehmer dies jedes Mal aufs Neue aushandeln, auf unseren Straßen ginge nichts mehr. Entsprechend kann es entlastend sein, sich für ein paar Wochen die Arbeitszeiten im Voraus festzulegen, mit Puffern und Ausweichmöglichkeiten. Es ist ein Experiment. Die Vorbereitungszeiten immer wieder sich selbst und anderen gegenüber »erkämpfen« zu müssen, kostet zusätzlich zu der zu erledigenden Arbeit Kraft. Diese Kräfte fehlen uns dann an anderem Ort.

Möglichkeit 4

Die **Freizeit und die Regenerationsphasen bewusst planen:** In jüngeren Jahren sind Freizeitaktivitäten etwas, was sich ergibt. Es wird hier telefoniert und von dort kommt ein Anruf und dann steht fest, wir gehen ins Kino. In späteren Lebensabschnitten ergeben sich Freizeitaktivitäten immer weniger von selbst. Die eigene Lebenszeit wird immer mehr von Arbeit »aufgefressen«, die Kraft zu eigener Initiative für »Privates« sinkt. Und da es anderen genau so geht, kommen auch immer weniger Anregungen von außen. Kontakte beschränken sich dann auf ritualisierte Ereignisse wie Geburtstage, Familienfeste etc. oder auf die Ferien. Es kommt jedoch auch in den Schulwochen darauf an, Arbeit und Freizeit miteinander auszubalancieren. Daher kann es sinnvoll sein, das früher einmal erfolgreiche Verhaltensmuster (»mal abwarten, was sich ergibt«) aufzugeben und durch ein neues zu ersetzen: die bewusst geplante Freizeit. Und so, wie Sie in Ihren Plan Arbeitsphasen eintragen, wäre es – wenn dies Ihr Problem ist – angezeigt einzutragen, wann Sie sich schlicht erholen wollen, aber auch und vor allem, welche Aktivitäten (mit anderen) Sie wann aufnehmen wollen, um einem wachsenden Arbeitstrott zu entkommen.

Wählen Sie dafür den Wochenplan II: Analyse und Planung der Zeiteinteilung. Wenn Sie Ihre Zeiteinteilung planvoll gestalten wollen, können Sie diesen Wochenplan wie folgt verwenden:

- Legen Sie mehrere Kopien an. Tragen Sie ein bis drei Wochen lang ein, was Sie konkret tun (auch an den Wochenenden).
- Ziehen Sie danach Bilanz, welche der Aktivitäten befriedigend oder zunehmend notwendig sind bzw. welche unbefriedigend und zeitraubend oder gar vermeidbar und belastend sind.
- Füllen Sie dann einen neuen Plan aus und legen Sie fest, wann Sie welche Aktivitäten erledigen wollen. Achten Sie dabei darauf, Arbeitsphasen und Regenerationsphasen in ein ausbalanciertes Verhältnis zu bringen und Ihre Unterrichtsvorbereitung zu Zeiten zu erledigen, in denen Sie fit und ungestört sind.

Betrachten Sie das Vorgehen als ein Experiment. Wenn es Ihre Lebensqualität erhöht, können Sie den Versuch von Zeit zu Zeit wiederholen.

⇨ Material: **M10**, S. 139; **M11**, S. 141

5.5 Klassenarbeiten korrigieren – die ungeliebte Tätigkeit

Menschen gehen mit Zeit sehr unterschiedlich um. Auch das Gefühl, keine Zeit zu haben, unter Zeitdruck zu arbeiten, kann verschiedene Ursachen haben. So ist es z.B. gar nicht selten, dass Lehrerinnen und Lehrer über Zeitprobleme klagen und gleichzeitig die Erfahrung machen, dass sie unter Zeitdruck gut und effektiv arbeiten können. Das Zeitproblem beinhaltet also Ambivalenzen. Das Arbeiten unter Zeitdruck kann zu guten Ergebnissen führen, die die eigene Leistungsfähigkeit, das Selbstwertgefühl und die Gewissheit von Kompetenz bestätigen. Andererseits ist mit dem Zeitdruck

auch das Risiko des Scheiterns verbunden, wenn die Zeitplanung unrealistisch ist oder etwas Unvorhergesehenes dazwischen kommt. In der Regel ist es das Risiko des möglichen Scheiterns, das von den Betroffenen als so unangenehm empfunden wird. Wir wollen dies am Beispiel der Korrektur von Klassenarbeiten veranschaulichen.

Beispiel:

> Herr Z., Deutschlehrer, leidet unter den Korrekturarbeiten. Häufig stapeln sich mehrere Klassensätze auf seinem Schreibtisch, obwohl diese Arbeiten nicht zur gleichen Zeit geschrieben wurden. Herr Z., ein verantwortungsbewusster, sehr gewissenhafter und zuverlässiger Lehrer, schiebt die Korrektur der Aufsätze besonders lange vor sich her. Obwohl er ständig im Kopf hat, dass diese Arbeit getan werden muss, fällt es ihm schwer, sich daran zu setzen. Erst, als die Schülerinnen und Schüler immer ungeduldiger nachfragen, nach etwa vier bis sechs Wochen, korrigiert Herr Z. die Aufsätze zügig, konzentriert und zum Teil in den späten Abendstunden unter dem Verzicht von Feierabendmuse und Nachtschlaf. Im Nachhinein ist es für ihn geradezu unverständlich, warum er die Arbeit so lange aufgeschoben hat, zumal sie nicht so problematisch zu korrigieren war, wie er gedacht hatte.

Für den selbst gemachten Zeitstress von Herrn Z. können mehrere Faktoren verantwortlich sein:

- **Mehrere verschiedene Dinge gleichzeitig erledigen wollen**
  Viele verschiedene Tätigkeiten im beruflichen Aufgabenfeld (z.B. Material für das Unterrichtsprojekt XY zusammenstellen, Konferenzleitung vorbereiten, Elterngespräche führen, Hausaufgabenhefte kontrollieren, Grammatiktests durchsehen usw.) konkurrieren miteinander und stehen darüber hinaus in Konkurrenz zu privaten Pflichten und Freizeitbeschäftigungen.

- **Zeitspareffekt bei einer ungeliebten Tätigkeit**
  Gerade bei einer ungeliebten Tätigkeit (wie im o.g. Beispiel das Korrigieren) kann Zeitdruck zur Erfahrung führen, dass sich unter Druck zügiger und effektiver arbeiten lässt und man am Ende Zeit »gespart« zu haben glaubt. Von vielen Lehrerinnen und Lehrern werden Korrekturen gehasst, weil sie mit der ungeliebten Tätigkeit des Beurteilens und Bewertens verbunden sind, d.h., weil mit Noten im Bewusstsein der Kolleginnen und Kollegen u.a. auch immer die Zuteilung von Lebenschancen verknüpft ist und der Notengebung ein nicht unerhebliches

Maß an Subjektivität anhängt. Ein ausgeprägtes Bedürfnis, zu 100 Prozent gerecht sein zu wollen, kann dazu führen, dass (da man unbewusst weiß, dass dies ohnehin nicht gelingt) die Arbeit des Korrigierens immer wieder aufgeschoben wird. Oder das Gegenteil davon erfolgt, dass die Arbeiten wieder und wieder durchgesehen werden. Zuzuwarten bis ein Zeitdruck eintritt, mag für manche Kollegen ein Mittel sein, ihre Hemmschwellen zu überwinden. Hat man erst bis zum letztmöglichen Zeitpunkt gewartet, bahnt sich eine Reaktion nach dem Muster »Augen zu und durch«. Der Heftestapel kann dann aus Zeitmangel nicht mehr mehrfach durchgesehen werden, sondern nur noch einmal. Dieses Instrumentalisieren des Zeitdrucks wird allerdings mit einem hohen Maß an innerer Anspannung erkauft. Auch wenn die Strategie mitunter erfolgreich ist, ist doch die Zeit vorher angefüllt mit belastenden Gedanken an die noch zu erledigenden Aufgaben und unter Umständen vergällt das »schlechte Gewissen« den unbeschwerten Genuss von Freizeit und Entspannung. Tritt dann zu dem »letztmöglichen« Korrekturzeitpunkt ein unvorhergesehenes Ereignis ein, kann der Stress unkontrollierbar werden.

● **Selbstdarstellung, Angst vor Kritik**
Da Schülerleistungen u.a. auch immer etwas über Lehrerleistungen aussagen, sind viele Tätigkeiten der Lehrkräfte mit einer gewissen Selbstdarstellung verbunden. Mit jedem Lernentwicklungsbericht, jeder Note, jedem Kommentar zu einer Note, jeder Bemerkung am Rand einer Klassenarbeit präsentieren sich Lehrerinnen und Lehrer einer Öffentlichkeit. Sie sind der Zustimmung und Ablehnung von Schülern, Eltern, Kollegen, Schulleitung usw. ausgesetzt. Manche Lehrkräfte haben manifeste Ängste bei der Bewertung von Abiturarbeiten, wenn diese von Lehrkräften, womöglich von Kolleginnen und Kollegen anderer und vielleicht konkurrierender Schulen beurteilt werden.
Kollegen erleben immer wieder Schülerreaktionen, die die Rückgabe einer Klassenarbeit, die Bekanntgabe der mündlichen Noten belastend werden lassen. Zum einen ist es zu begrüßen, wenn Schüler nach ausführlichen Begründungen und Benotungskriterien fragen und sich kritisch damit auseinander setzen, zum anderen wird der Rechtfertigungsdruck als belastend erlebt, besonders, wenn die emotionalen Wogen bei solchen Gesprächen enorm hoch sind, so dass eine sachliche Klärung nicht möglich ist.

● **Perfektionsanspruch**
Treffen die Erfahrungen mit kritischen Schülern und Eltern auf einen selbst gesetzten Perfektionsanspruch, dann kann die Korrektur einer Klassenarbeit, z.B. eines Deutschaufsatzes, zu einer unangenehmen, wenn nicht gar in hohem Maße belastenden Tätigkeit werden.

● **Falsche Zeitschätzungen**
Zeitprobleme sind immer auch ein Ausdruck von fehlerhafter Zeiteinteilung. Die für die Arbeit benötigte Zeit wird meistens unterschätzt, manchmal aber auch überschätzt, wie z.B. im obigen Beispiel. Der Kollege hatte mehr Zeit für die Korrektur veranschlagt, als er tatsächlich benötigte. Wenn eine Arbeit vorab als besonders schwierig eingeschätzt wird, wenig beliebt ist oder wenn die eigenen inneren Widerstände groß sind, wird der Zeitaufwand meistens überschätzt, was sie u.U. noch ungeliebter werden lässt. Zugunsten scheinbar schneller zu erledigender Dinge wird diese Tätigkeit aufgeschoben und kann so zu einem riesigen, vermeintlich nicht zu bewältigenden Berg werden. Meist birgt aber die Unterschätzung des Zeitaufwands Probleme, wenn am Ende die zur Verfügung stehende Zeit nicht ausreicht und Hetze und Eile die Tätigkeit begleiten.

Haben Sie Probleme mit dem Korrigieren von Klassenarbeiten? Vielleicht helfen Ihnen die folgenden **Tipps:**

– Viele Entscheidungen müssen keine einsamen Entscheidungen sein. In kollegialen Diskussionen und in Fachkonferenzen können Kriterien für Korrekturen und Benotungen erarbeitet werden, die Schülern und Eltern offengelegt werden sollten.
– Bei vielen Klassenarbeiten, auch bei Deutschaufsätzen, bewähren sich Korrekturblätter. Sie bestehen aus einer Auflistung aller zu berücksichtigenden Bewertungskriterien, die je nach Sachlage mit zu vergebenden Punkten oder Prozentanteilen gewichtet sein können.
– Eine Binsenweisheit, die wir aber dennoch wiederholen wollen: Eine gut konzipierte Klassenarbeit mit einem vorab entworfenen Erwartungshorizont verringert den Korrekturaufwand erheblich.
– Und auch dies sollte trotz zunehmender Routine nicht in Vergessenheit geraten: Eine gute Unterrichtsnachbereitung mit genauen Aufzeichnungen ist die beste Unterrichtsvorbereitung.

6. Stress reduzierende Maßnahmen in der Schule

Mit Entspannungsübungen und einer bewussten Regeneration an den Nachmittagen und an den Wochenenden können Sie die Folgen von Belastungen am Arbeitsplatz verringern. In diesem und dem folgenden Kapitel beschreiben wir, wie Lehrerinnen und Lehrer durch gemeinschaftliches Handeln den Arbeitsplatz stressfreier gestalten können.

Derartige Bestrebungen gewinnen eine besondere Bedeutung vor dem Hintergrund des Arbeitsschutzgesetzes von 1996: Orientierte sich der Arbeitsschutz früher fast ausschließlich an Schädigungen und Gefährdungen physikalischer, chemischer und biologischer Art, so ist die normative Orientierung in den neuen Arbeitsschutzregelungen Gesundheit, Gesundheitsförderung, Aufrechterhaltung von Produktivität sowie Vereinbarkeit von persönlicher Disposibilität mit den Arbeitsanforderungen. Hier einige Auszüge:

§1/1
Der Arbeitgeber ist verpflichtet, die erforderlichen Maßnahmen des Arbeitsschutzes unter Berücksichtigung der Umstände zu treffen, die Sicherheit und Gesundheit der Beschäftigten bei der Arbeit beeinflussen. Er hat die Maßnahmen auf ihre Wirksamkeit zu überprüfen und erforderlichenfalls sich ändernden Gegebenheiten anzupassen. Dabei hat er eine Verbesserung von Sicherheit und Gesundheitsschutz der Beschäftigten anzustreben.
§ 4/1
 Die Arbeit ist so zu gestalten, dass eine Gefährdung für Leben und Gesundheit möglichst vermieden und die verbleibende Gefährdung möglichst gering gehalten wird;
*§ 4/4 Maßnahmen sind mit dem Ziel zu planen, Technik, **Arbeitsorganisation, sonstige Arbeitsbedingungen, soziale Beziehungen** und Einfluss der Umwelt auf den Arbeitsplatz sachgerecht zu verknüpfen.*

Abgesehen von naturwissenschaftlichen Fächern sind es im Lehrerberuf nicht in erster Linie die technisch-physikalischen Bedingungen, die gesundheitsgefährdend sind, sondern v.a. – daher haben wir den entsprechenden Passus in dem Gesetzestext hervorgehoben – Probleme **Arbeitsorganisation, sonstige Arbeitsbedingungen, soziale Beziehungen,** die zu Stress und damit

zu Gesundheitsgefährdungen führen. Mobbing z.B. soll angeblich am weitesten verbreitet sein in der öffentlichen Verwaltung, im Gesundheitswesen und im Bildungsbereich. Wenn wir Ihnen mit den folgenden Ausführungen aufzeigen, wie die Bedingungen am Arbeitsplatz Schule gesundheitsförderlicher gestaltet werden können, dann bedeutet die Gesetzeslage, dass es nicht mehr nur die Aufgabe einer Schule ist oder der einzelnen Lehrperson ist, auf die Optimierung des Systems hinzuwirken. Zwar wird Ihnen niemand abnehmen können, diesbezüglich immer wieder tätig zu werden. Aber der Arbeitgeber ist seit der Verabschiedung des Gesetzes von Rechts wegen dazu verpflichtet, die Schulen bei solchen Bemühungen zu unterstützen. Der Arbeitgeber ist. u.a. auch verpflichtet, Gefährdungsstudien vorzunehmen, um bei unzuträglichen Belastungen für Abhilfe zu sorgen. Wir wollen mit unseren Ausführungen den umgekehrten Weg gehen und uns zunächst einmal Gedanken machen, was an förderlichen Bedingungen an einer Schule vorhanden sein müsste, damit zwischen Lehrenden und Lernenden sowie zwischen den Lehrenden untereinander ein möglichst positives soziales Klima entsteht.

Rudolf Kretschmann/Jürgen Thal

6.1 Betriebsklima und Arbeitsorganisation

Stress wird u.a. erzeugt durch Störungen. Störungen können zwischen den verschiedensten Interaktionspartnern entstehen: zwischen Lehrer und Schüler, unter Kollegen, in der Interaktion mit Eltern. Wir sprechen hier von Störungen, wenn die Interaktionen zwischen den handelnden Personen

- die Lehr-Lern-Situation des Kollektivs (Schulklasse) beeinträchtigen und/oder
- für den Lehrer oder die Lehrerin belastend sind und, last, not least,
- Lernende in ihrer Persönlichkeits- und Lernentwicklung behindern.

Wir sprechen nicht von gestörten Kindern und Jugendlichen, da Störungen aus systemischer Sicht keinesfalls immer Folgen einer Persönlichkeitsbeeinträchtigung sind, sondern in vielen Fällen ein unglückliches Zusammentreffen von Ereignissen und situativen Bedingungen: Interessengegensätze zwischen Lehrern und Schülern oder unterschiedliche pädagogische Konzepte der Mitglieder eines Kollegiums Meinungsverschiedenheiten zwischen Eltern und Lehrern, wobei Interessengegensätze als solche nicht gleichbedeutend mit Störungen sind und auch nicht notwendig zu Störungen führen müssen. Störungen – und damit Stress – sind zu erwarten, wenn die handelnden Personen

- keine Versuche unternehmen, zu einem Interessenausgleich zu kommen, wenn sie womöglich gar versuchen,
- ihre Interessen auf Kosten von anderen mit Macht oder mit unfairen Mitteln durchzusetzen, oder
- die Versuche mangels hinreichender Kommunikationskompetenz zu keinem Ergebnis oder zu weiteren Verhärtungen führen.

Es geht uns hier daher nicht um die Frage, mit welchen Verhaltens- oder Therapiemaßnahmen Persönlichkeitsstörungen von wem auch immer abgebaut werden können. Es geht uns um die Frage, wie schulische unterrichtliche Bedingungen so gestaltet werden können, dass Störungen in der oben ausgewiesenen Bedeutung minimiert werden.

Primäre, sekundäre und tertiäre Prävention

In der Medizin gewinnt immer mehr der Gedanke an Boden, dass es sinnvoller ist, Krankheiten vorzubeugen als Krankheiten zu kurieren. Die Weltgesundheitsorga- nisation (WHO) hat vor Jahren schon eine Unterscheidung getroffen zwischen primärer, sekundärer und tertiärer Prävention. Unter primärer Prävention werden Programme zur gesundheitlichen Aufklärung und zur Gesundheitsvorsorge für alle verstanden, unter sekundärer Prävention Vorsorgeprogramme für Risikogruppen (z.B. Bluthochdruck- oder Diabetesgefährdete), während die traditionellen medizinischen Programme erst an dritter Stelle als tertiäre Prävention aufgeführt werden.

Wenn wir den Gedankengang auf die Institution Schule übertragen, dann können wir für Schüler wie für Lehrkräfte eben solche Ebenen der Prävention unterscheiden, wobei aus systemischer Sicht das eine von dem anderen abhängt: Je besser die Angebote für die Schülerinnen und Schüler konzipiert und gestaltet sind, desto entspannter und befriedigender – und damit stressfreier – wird sich die Arbeit der Lehrkräfte gestalten. Je besser die Arbeitsbedingungen für die Lehrerinnen und Lehrer und enger die Kooperation, desto mehr werden die Schüler von diesen Systembedingungen profitieren.

Wir erleben z.Z. ein Umdenken, was die pädagogischen Angebote und die Gestaltung der schulischen Lebens- und Lernbedingungen für Schülerinnen und Schüler betrifft. So standen für die traditionelle Pädagogik die Bedingungen und die schulischen Anforderungen des Systems gleichsam unverrückbar fest. Schüler, die mit diesen Bedingungen nicht zurechtkamen, waren gehalten, in eine andere Schulform zu wechseln, es sei denn, dass sie es auf Umwegen wie Nachhilfe doch noch schafften, den definierten Anforderungen zu genügen. Im Sinne primärer Prävention werden dagegen – zumindest in der Primarstufe – zunehmend mehr die Be-

Tabelle 12: Ebenen der Optimierung der Lern- und Arbeitsbedingungen in der Schule

	für Schülerinnen und Schüler	für Lehrerinnen und Lehrer
Primäre Prävention	Angemessene Gestaltung schulischer Lebens- und Lernbedingungen für alle Lernenden	Zureichende materielle und personelle Ausstattung, zulängliche und gerechte Organisationsstrukturen und Lastenverteilungen, motivierende und effizienzsteigernde Kooperationsprozesse und pädagogische Programme
Sekundäre Prävention	Unterstützungsangebote für Lernende, die von Entwicklungsstörungen bzw. Schulversagen bedroht sind	Unterstützungsangebote (z.B. Supervision) für Kolleginnen und Kollegen in schwierigen Situationen, z.B. Berufsanfänger, beim Wechsel der Schulstufe oder fachfremdem Unterricht, Kollegen mit schwierigen Klassen
Tertiäre Prävention, Förderung, Therapie	Unterstützungsangebote bei manifesten Störungen	Bereitstellung von Schonarbeitsplätzen oder Umschulungsprogrammen für beruflich überforderte oder gesundheitlich beeinträchtigte Lehrkräfte

dingungen und die Anforderungen des Systems hinterfragt und ggf. den Lernvoraussetzungen der Lernenden angepasst. Augenfälligstes Beispiel ist eine Gestaltung der schulischen Angebote, die sogar die Unterrichtung behinderten Kinder und Jugendlicher an der Regelschule ermöglicht.

Unter Bezug auf mehrere amerikanische Untersuchungen stellt Rudow (1995) fest, dass Lehrerinnen und Lehrer, die an ihren Arbeitsplätzen fachliche und soziale Unterstützung erfahren oder Supervision in Anspruch nehmen können, weniger häufig Burnout-Reaktionen ausbilden als andere, die nicht auf solche Unterstützungssysteme zurückgreifen können. Demgegenüber belegen die hohen Raten vorzeitiger Pensionierungen bei Lehrkräften (vgl. Kapitel 2), dass der Schutz- und Unterstützungsgedanke für die Arbeitnehmer in deutschen Schulen noch weitgehend unterentwickelt ist. Um diesbezüglich Verbesserungen herbeizuführen, bedarf es einer Zielprojektion. Wir möchten Sie daher einladen, mit uns gemeinsam eine Vision zu entwickeln einer Schule, in der nicht nur nach bestmöglichen Lebens- und Lernbedingungen für Schüler gesucht wird, sondern auch die Arbeitsbedingungen für Lehrerinnen und Lehrer so gestaltet sind, dass man den Arbeitsplatz gerne aufsucht bzw. gerne dort verweilt. Könnte dies solch eine Schule sein?

- Das Kollegium operiert hoch synergetisch, d.h. es bemüht sich um pädagogischen Konsens mit dem Ziel, den Schülern bestmögliche Entwicklungsbedingungen zu schaffen.
- Teamarbeit wird vom Kollegium in hohem Maße genutzt.
- Die Schule ist als Lebensraum für Schüler und Lehrer konzipiert. Es gibt z.B. Ruheräume für Schüler und Lehrer.
- Der bauliche Zustand des Gebäudes ist zufrieden stellend, es gibt einen gestalteten Pausenhof und sogar Pausenangebote.
- Es erfolgt eine intensive Zusammenarbeit mit den Eltern, v.a. bei der Gestaltung des Schullebens.
- Es werden Schulprogramme geplant und durchgeführt zur Verbesserung des sozialen Klimas in der Schule.
- Die Lehrerinnen und Lehrer geben sich in Gesundheitszirkeln und Arbeitsgruppen wechselseitige Unterstützung.
- Es werden gemeinsam Unterrichtsangebote geplant und Materialien erarbeitet.
- Kommunikationsprobleme im Kollegium werden kollektiv bearbeitet.
- Gewaltprobleme an der Schule werden kollektiv bearbeitet.
- Die Lehrer nehmen regelmäßig Fortbildungsangebote zu ihrer Weiterqualifizierung wahr.

- Die Angebote sind hochgradig binnendifferenziert, bzw. individualisiert und Schüler werden dort abgeholt, wo sie entwicklungsmäßig stehen.
- Schüler haben Gelegenheit, Bereiche, in denen sie über Stärken verfügen, besonders zu entfalten.
- Es gibt Eingliederungshilfen, Sprachförderung, muttersprachlichen Unterricht etc. für Immigrantenkinder.
- Es gibt Unterstützungsangebote für Schüler in kritischen Lebenssituationen bzw. bei Lernproblemen.
- Für die Betreuung von Schülern aus schwierigen häuslichen Verhältnissen ist ein Sozialarbeiter beschäftigt.
- Es gibt Patenschaften älterer Schüler für jüngere.
- Die Schüler können – über die verbindlichen Unterrichtsstunden hinaus – in Arbeitsgemeinschaften weitgehend selbst gesteuert lernen.
- Bei den Unterrichtsangeboten bemühen sich die Lehrkräfte um objektive wie subjektive Bedeutsamkeit.
- Die Leistungsbewertung erfolgt in Form von Lernentwicklungsberichten.
- Die Unterrichtsangebote ermöglichen Eigenaktivität, Bewegung, Kommunikation der Schüler untereinander und eine gleichgewichtige Beteiligung aller Schüler.

Was wurde vergessen?

Einer Schule wie dieser könnte man attestieren, dass sie in hohem Maße Möglichkeiten der Optimierung ihrer Angebote im Sinne primärer Prävention und von Gesundheitsförderung genutzt hat. Auch in solch einer Schule werden Probleme auftreten. Schüler wie Lehrer verbringen mehr Zeit außerhalb als innerhalb der Schule und allein dadurch werden Probleme in die Schule hineingetragen, die sich in Störungen niederschlagen können. Es ist jedoch leicht vorstellbar, dass an solch einer Schule Probleme und Störungen weniger häufig und vielleicht weniger intensiv und weniger lange bestehen werden. In einer Untersuchung von Rutter u.a.

(1980) wurde festgestellt, dass die Lernzuwächse am höchsten, Kriminalität, Wandalismus und Fehlzeiten am geringsten waren an Schulen, in denen die Lehrkräfte sich um einen pädagogischen Konsens bemühten und intensiv miteinander kooperierten. Das Gegenteil war der Fall an Schulen, in denen alle Lehrkräfte beziehungslos nebeneinander operierten.

Lehrerinnen und Lehrer sind mit ihren Angeboten in Systeme eingebunden und die Wirkungen ihres pädagogischen Handelns sind von den Systembedingungen mitbestimmt. Das bedeutet, dass Fehlentwicklungen im eigenen Wirkungsbereich nicht immer Folgen eigenen beruflichen Unvermögens sind. Wir stellen solche Visionen auch als Zielprojektionen vor, um zu verdeutlichen, dass Entlastungen auch durch Maßnahmen auf Schulebene erreicht werden können.

Wir haben die Merkmale einer für das körperliche und seelische Wohl zuträglichen Schule noch einmal in einer Checkliste (Materialteil M12, S. 143) zusammengestellt. Mit deren Hilfe können Sie sich vergegenwärtigen, was an Ihrer Schule bereits erreicht ist – und wo ggf. noch kollektiv Veränderungs- und Verbesserungsmaßnahmen ergriffen werden müssen. In den Folgekapiteln erhalten Sie Tipps und Hinweise, wie entsprechende Realisierungen aussehen und wie sie erreicht werden können.

▷ Material: **M12**, S. 143

Reinhold Miller

6.2 Entlastung durch gemeinsames Tun

Ein Teil der Lehrerinnen und Lehrer hält überhaupt nichts von Kooperation, betrachtet die notwendigen gemeinsamen Tätigkeiten als lästige Pflicht, ja sogar als Zeitverschwendung und sieht sich nach wie vor als Einzelkämpfer(in), vielleicht auch als »verhinderter Professor«, dessen Aufgabe die Stoffvermittlung ist. Für sie ist der Gedanke, gemeinsames Tun könnte Entlastung bedeuten, fremd. Der andere Teil der Lehrerschaft hat (inzwischen) die Erfahrung gemacht, wie hilfreich und förderlich ein kollegiales Miteinander ist und dass es spürbar berufliche Entlastung bringt. Als Schreiber dieser Zeilen habe ich deshalb nur folgende Möglichkeit: den einen zu zeigen und vielleicht schmackhaft zu machen, dass und wie gemeinsames Tun Entlastung bringen kann – ohne zu missionieren – und die anderen zu unterstützen, gemeinsames Tun fortzuführen, und zwar durch

- die Supervision,
- die Unterrichtshospitation,
- den Pädagogischen Tag.

Supervision

Entstehung: Der Begriff entstammt dem Wirtschaftsbereich und meint ursprünglich Kontrolle durch Führungskräfte; später wurde er vor allem im Zusammenhang mit der sog. Balint-Methode verwendet (zurückgehend auf den englischen Arzt M. Balint, dem es in den Gruppen um die Klärung der Arzt-Patienten-Beziehung ging) und in Fortführung in die Psychotherapie und Sozialarbeit übernommen. Für den Bereich der *Pädagogik* bedeutet Supervision die praxisbegleitende Arbeit von Lehrerinnen und Lehrern.

Ziel ist die Sensibilisierung eigener Anteile in schwierigen beruflichen Situationen und deren Klärung, die Stärkung der Person und der Gewinn von Sicherheit im beruflichen Handeln, um eine erfolgreiche und befriedigende Ausübung des Berufs zu erreichen.

Inhalt: In der Supervisionsgruppe werden von den Teilnehmenden Anliegen aus dem beruflichen Alltag zur Sprache gebracht, erörtert, reflektiert und ggf. durch »Probehandeln« nutzbar gemacht. Im Mittelpunkt steht jeweils der Protagonist mit seinen Schwierigkeiten, seinen Klärungswünschen und Veränderungsabsichten, wobei ihm die Gruppenmitglieder und die Gruppenleitung hilfreich zur Seite stehen. Die Hauptarbeit in der Supervisionsgruppe besteht also aus Klärung und Probehandeln, während die eigentliche Lösung jeweils vor Ort geschieht.

Die *Realisierung* hat folgende Phasen:

Anfang:	Begrüßung, Kontaktaufnahme: sich in der Gruppe zurechtfinden
Problemdarstellung:	nach Vereinbarung Darstellung des Anliegens/Problems eines Gruppenmitglieds
Verständigung:	Informationsfragen der Teilnehmenden zur Klärung
Feed-back:	Rückmeldung der Zuhörenden: Wirkungen, Eindrücke, Assoziationen, Gefühle, Gedanken…
Analyse:	Erörterung von Modellen, Ideen, Betrachtungsweisen, Zusammenhängen; Erklärungen von Verhaltensweisen …
Bearbeitung:	Probehandeln durch Übungen, Interventionsalternativen, Simulations- und Rollenspielen …
Reflexion:	Bewertung der Interaktionen; Überprüfung hinsichtlich der Umsetzung im Schulalltag
Abschluss:	Rückblick über die Sitzung, Feedback der Teilnehmenden

Wirkung: Die steigende Nachfrage nach Supervisionsgruppen im schulischen Bereich weist auf die hohe Wirksamkeit hin, die mit einer Zunahme der Berufszufriedenheit, einer Verbesserung der Berufsqualität und damit einer Gesamtentlastung beschrieben werden kann

Stimmen:
- »Meine wichtigste Erfahrung: Ich fühle mich nicht mehr als Einzelkämpfer, seit ich in der Supervisionsgruppe bin. Dort habe ich Möglichkeiten, meine Probleme, die ich im Schulalltag habe, aufzuarbeiten.« (Lehrer, RS)
- »Ich werde in der Gruppe ernst genommen und habe keine Hemmung mehr, über meine schulischen Schwierigkeiten zu reden.« (Lehrerin, GS)

- »Die Teilnahme an einer Supervisionsgruppe bringt mir spürbare Entlastung und Sicherheit im beruflichen Alltag.« (Lehrer, GHS)

Hinweis: Anstelle der »klassischen Supervision« gibt es auch die sog. Fallbesprechungsgruppen. Sie sind eine Sonderform der Supervision und »pädagogische Selbsthilfegruppen«, die aus dem Bedarf heraus entstanden sind, ein Forum (nämlich die Gruppe) für die Aufarbeitung von Problemfällen zu haben. (Der oft sehr hohe Anspruch einer Supervisionsgruppe wird in einer FBG relativiert, aber nicht minimiert.)

Einschätzung: Den Lehrerinnen und Lehrern wird bewusst, dass sie mit ihren Schwierigkeiten im Beruf nicht alleine sind und dass sie sich durch die Arbeit in Grup-

---

Reflexion

- **Ich brauche noch mehr Informationen. Deshalb werde ich Folgendes tun:**

  _____

  _____

- **Ich bin noch sehr skeptisch, weil ...**

  _____

  _____

- **Was die Arbeit in Gruppen betrifft, so habe ich bisher folgende Fantasien/Vorstellungen:**

  _____

  _____

  (Ein Teilnehmer sagte mir einmal zu Beginn einer Supervisionsteilnahme: »Ich habe gehört, dass man hier diskutiert, auf die anderen schimpft und Tempotaschentücher braucht, falls man Heulen muss ...«)

- **Eigentlich möchte ich gerne an einer Supervisionsgruppe teilnehmen, habe aber innerlich noch folgende »Hürden«/Bedenken/Fragen:**

  _____

  _____

- **Ich werde an einer Supervisions- /Fallbesprechungsgruppe teilnehmen und Folgendes unternehmen:**

  a) _____

  b) _____

  c) _____

  Liebe Leserin, lieber Leser! Dass die Teilnahme an Supervisionsgruppen Entlastungen bringt, kann nur *erfahren* werden. (Rad fahren lernt man nur durch Rad fahren!) Deshalb: Mut zum Anfangen ...

pen persönlich weiterentwickeln, für die gegenseitigen Belange einfühlsamer werden, besser mit ihren Gefühlen umgehen lernen, handlungssicherer werden und durch die gemeinsame Arbeit Entlastung in ihrem beruflichen Alltag erfahren.

Stimmen:
- »Ich hätte nie gedacht, dass es möglich ist, mit Kollegen aus anderen Schularten so intensiv zusammenzuarbeiten. Wir geben einander Rückhalt.« (Lehrer, Berufl. Schule)
- »Am Anfang war für mich alles neu; ich war noch nie in einer Fallbesprechungsgruppe. Inzwischen kann ich sehr offen über meine Probleme in der Schule reden.« (Lehrerin, GS)
- »Durch die Erfahrungen in der Gruppe bin ich sicherer geworden im Umgang mit anderen und ich finde rascher zu einer Lösung in schwierigen Situationen.« (Lehrer, Gym.)

Unterrichtshospitation

Entstehung: Die Unterrichtshospitation wurde zunächst in der Lehrer*aus*bildung unter der Leitung von Fachprofessoren praktiziert, bevor sie als Baustein der schulinternen Lehrer*fort*bildung im Schulalltag Beachtung gefunden hat.

Ziel ist die Verbesserung des unterrichtlichen Handelns durch bewusste Wahrnehmung, präzise Beschreibung, vertiefte Reflexion und Auswertung des Unterrichtsgeschehens.

Inhalt ist jede unterrichtliche Tätigkeit der Lehrerin/des Lehrers bzw. des Teams, sei es in einer einzelnen Fachstunde oder in einem fächerübergreifenden Projekt.

Die *Realisierung* geschieht in drei Phasen:

a) *die Vorbereitungsphase:* Die Gruppe einigt sich auf die lehrende Person auf, Ort, Stunde und Fach/Projekt, in dem der/die Unterrichtende beobachtet wird. Dabei ist ein förderliches Lernklima, basierend auf Vertrauen, Offenheit und gegenseitiger Achtung, besonders wichtig. Es geht nicht um Fehlersuche, sondern darum, die Beobachtungen auszutauschen und Entwicklungsmöglichkeiten auszuloten. Es ist müßig, über einen »objektiv guten Unterricht« zu streiten; zu vielfältig sind die Ansichten. Vielmehr ist es sinnvoll, jedem Unterrichtenden eine »subjektive Didaktik« zuzugestehen, die entsprechenden didaktisch-methodischen Schritte nach ihrer Wirksamkeit zu beleuchten und zu sehen, wie die »Modellierung von Unterricht« gelun-

gen ist. Dies setzt die *Suche nach didaktischen Gemeinsamkeiten* voraus, die durch Vereinbarungen zustande kommen. Ferner wird im Vorfeld entschieden, worauf sich der Blick richten soll, z.B. auf die Lehrperson, auf die Lehrer-Schüler-Interaktionen, auf den Stoff, die Sache oder auf die Unterrichtsorganisation: Je präziser die Beobachtungsaufgaben gestellt werden, desto wirksamer gelingen Beobachtung und Auswertung.

b) *die Durchführungsphase:* Die Unterrichtsbeobachtungen werden beschreibend und nicht bewertend notiert. Statt: »Es ist ziemlich viel Unruhe in der Klasse.« konkret: »Die meisten hören zu; zwei reden miteinander, einer verlässt den Raum, zwei lesen in einem Buch …« Ergänzend können bereits Vermutungen, Wirkungen, Zusammenhänge, Interpretationen notiert werden: »Lehrer macht einen ruhigen Eindruck, indem er … Die Schüler wirken desinteressiert, denn sie … Ich empfinde …« (Kurzum: Unterscheidung zwischen subjektiver Wahrnehmung, Beschreibung, Wirkung auf den Beobachter und Interpretation.)

c) *Auswertungsphase:* Ein Vorgehen in fünf Schritten hat sich als hilfreich erwiesen: In einem ersten Schritt äußert sich die Lehrkraft über ihren Unterricht (Eindrücke, Begründungen, Änderungsvorhaben) und bekommt Rückmeldungen der beobachtenden Personen: »Ich habe notiert, mir fiel besonders auf …« In einem zweiten Schritt werden die Ausführungen aller reflektiert und auf dem Hintergrund der didaktischen Vereinbarungen, Ziele und Absichten eingeschätzt. In einem dritten Schritt überprüft die beobachtete Person alle Aussagen und zieht Schlüsse im Sinne einer Selbstbewertung (Lerngewinn, Erkenntnisse, Veränderungsabsichten). Im vierten Schritt teilen die Beteiligten ihre Schlussfolgerungen mit und probieren – vor allem in Form von gespielten Unterrichtssequenzen – Alternativen aus. Im fünften und letzten Schritt begeben sich alle Teilnehmenden auf die Ebene der Metakommunikation und beleuchten ihre gemeinsame Auswertungsarbeit.

Wirkung: Durch die Beobachtung erhöht sich die Wahrnehmungsfähigkeit, was sich wiederum auf die Selbstwahrnehmung im eigenen Unterricht auswirkt. Die vielfältigen Rückmeldungen der Beobachtenden verhelfen zum Perspektivenwechsel und zu Einsichten und erleichtern Veränderungen von eingeschliffenen Verhaltensweisen. Es entsteht ein Klima des Vertrauens und der Solidarität und anstelle von Konkurrenz Kooperation. Und schließlich: Sich persönlich, fachlich-sachlich und didaktisch-methodisch – mithilfe der anderen (= Unterrichtshospitation als *kollegiale* Beratung) – weiterzubilden, motiviert und bestärkt: Unterrichten macht (wieder) mehr Freude.

Reflexion

- **An unserer Schule wird es wohl keine Unterrichtshospitation geben, weil ...**

_____

_____

(In diesem Falle bitte weiterlesen S. 54: Pädagogischer Tag!)

- **Ich habe folgende Bedenken (Ängste?):**

_____

_____

- **Ich bin neugierig geworden. Deshalb werde ich eine Hospitationsgruppe ins Leben rufen – und dabei folgendermaßen vorgehen:**

_____

_____

- **Wenn Sie selbst nicht recht weiterkommen; hier mein Angebot:**
  a) mit der Schulleitung Kontakt aufnehmen und das Vorhaben erläutern,
  b) Kolleginnen und Kollegen ansprechen oder
  c) Einladung zu einem Erstgespräch am schwarzen Brett veröffentlichen,
  d) ein Erstgespräch durchführen: Vorhaben erläutern, Interessen aufnehmen, Verlauf planen, Organisatorisches klären, Ort, Datum, Fach ... vereinbaren, beginnen ...

  VIEL ERFOLG!

Stimmen:
- »Anfangs erlebte ich die Unterrichtshospitation als Prüfungssituation; im Laufe der Zeit wurde ich immer lockerer und empfand die Rückmeldung meiner Kollegen als sehr hilfreich.« (Lehrer, GHS)
- »Die gemeinsamen Gespräche nach dem Unterricht halte ich für besonders wichtig, weil ich dadurch viele Alternativen und Ideen bekomme.« (Lehrerin, RS)

Pädagogischer Tag

Entstehung: Er ist im Rahmen der schulinternen Lehrerfortbildung – neben der überregionalen und regionalen Fortbildung – Mitte der 70er-Jahre entstanden und hat sich in der Zwischenzeit als »SCHILF-Königsweg« entwickelt. Kollegien nehmen sich ein bis zwei Tage Zeit, um pädagogisch und fachlich miteinander zu arbeiten.

Ziel ist die Erhaltung, Aktualisierung und Verbesserung der pädagogischen, fachlichen, didaktischen und methodischen Qualifikationen und Kompetenzen der Lehrerinnen und Lehrer.

Inhalt:
Jedes Kollegium bestimmt die Lerninhalte selbst, z.B.: fachliche und überfachliche Themen; Lernen und Lehren im Unterricht; Erziehung und Erziehungsprobleme; Kommunikation, Interaktion, Kooperation; Schule, Schulleben, Kollegium.

Die _Realisierung_ besteht aus folgenden Schritten:

1. Aus den Erfahrungen Einzelner, aus informellen Gesprächen, aus Hinweisen und Impulsen ergeben sich Fortbildungswünsche der Lehrerinnen und Lehrer (»Wir sollten, wir müssten, wir wollen ...«).
2. In einer Gesamtlehrerkonferenz werden die verschiedenen Wünsche angesprochen, diskutiert, geordnet und strukturiert, um ein Thema für den PT zu finden.
3. Ein Vorbereitungsteam erhält den Auftrag einer näheren Planung (Organisatorisches, Inhalte, Suche nach Experten, nach Gruppenleitern ...), die wiederum in einer GLK besprochen und vom Plenum bestätigt wird.
4. Gemäß der Planung erfolgt die Durchführung, die meist folgenden Verlauf hat:

a) Einführung, Erstellung von Meinungsbildern, Impulsreferat,

b) Arbeit in Gruppen zu arbeitsgleichen oder -verschiedenen Themen (unter Einsatz vielfältiger Methoden),

c) Präsentation der Ergebnisse,

d) Aussprache, Schlussfolgerungen, Vereinbarungen.

5. Ein Team (meist die Vorbereitungsgruppe) wertet die Arbeit aus und teilt die Ergebnisse dem Kollegium mit: Erfolg, Misserfolg, Bewertung, Eindrücke, erwünschte Änderungen …

6. Dokumentation der Arbeit und der Gesamtergebnisse.

7. Nach einiger Zeit: Ein neuer Pädagogischer Tag kann geplant werden …

Wirkung: Die Fortbildung an Pädagogischen Tagen zeigt hohe Wirksamkeit in fachlich-sachlicher Hinsicht und bringt Entlastung für die Beteiligten (»gemeinsam, statt einsam«), wenn die am PT begonnene Arbeit gezielt und systematisch *fortgeführt* wird; sie verliert ihre Wirkung, wenn die Kontinuität ausbleibt und wenn sich der »Muttertagseffekt« einstellt: Einmal im Jahr – und sonst nichts!

Stimmen:

– »Mir ist klar geworden, wie wichtig eine gute Kommunikation ist und dass wir auch lernen müssen, mit der Vielfalt von Meinungen, mit gegensätzlichen Vorstellungen und mit Spannungen umzugehen, die letztlich produktiv genutzt werden können.« (Schulleiter, GHS)

Reflexion

- **Meine Erfahrungen hinsichtlich der Entlastung durch Pädagogische Tage:**

  _____

  _____

- **Ich wünsche mir noch folgende Veränderungen:**

  _____

  _____

- **Meine Bilanz »Input – Output« (Aufwand – Entlastung, Preis – Gewinn):**

  _____

  _____

* * * * * *

Was Sie zur Entlastung gemeinsam tun können:

- Verantwortung verteilen und die Arbeit teilen
- Unterrichtsstunden vorbereiten
- Projekte planen und durchführen
- fächerübergreifend unterrichten
- im Team unterrichten
- Konferenzen in der Gruppe vorbereiten
- Probleme besprechen und Lösungen suchen
- Unterstützung bekommen
- Verständnis geben und bekommen
- sich gegenseitig beraten, ermutigen, unterstützen
- Ideen mit anderen umsetzen, nicht alleine sein …

_____

_____

– »Ich habe persönlich viel gelernt und mich in meiner Arbeitsgruppe sehr wohl gefühlt. Der Aufwand der Vorbereitung hat sich gelohnt.« (Lehrerin, GS)
– »Ich halte den PT für einen wichtigen Fortbildungsbaustein: Zeit zum Innehalten und Reflektieren der eigenen Arbeit, Bestandsaufnahme, Klärung der Beziehungen im Kollegium und Bearbeitung bestimmter Probleme.« (Lehrer, Gym.)
– »Ich bin sehr zufrieden – und froh über die gute Zusammenarbeit im Kollegium.« (Lehrerin, GS).

Wenn Sie Ihre Teamfähigkeit und die Wirkung gemeinsamen Tuns im Kollegium feststellen wollen, dann spielen Sie doch

a) das »Karten-Bleistift-Anspitzer-Spiel«

1. Sie brauchen einen Spielleiter (Aufgaben stellen, beobachten, vermitteln, kontrollieren …) und je einen Umschlag mit a) 11 Kärtchen, b) einem abgebrochenen Bleistift, c) einem Bleistiftspitzer. Der Spielleiter gibt bekannt, was sich in den drei Umschlägen (A, B, C) befindet.

Überprüfen Sie sich: Bin ich eher ein(e) Einzelgänger(in) oder eher ein Gruppentyp?					
	trifft sehr zu	trifft zu	trifft teilweise zu	trifft etwas zu	trifft nicht zu
Ich bereite meinen Unterricht alleine vor					
Ich behalte meine Notizen, Materialien … für mich					
Nach dem Unterricht verschwinde ich rasch aus dem Schulgebäude					
Ich halte mich nicht gerne, nicht lange im Lehrerzimmer auf					
Ich beteilige mich nicht an Gesprächen (z.B. GLK)					
Teamarbeit ist unnütz und Zeitverschwendung					
Ich mag kein fröhliches Beisammensein					
In Gruppen fühle ich mich unwohl					

● **Fragen Sie einige Kolleginnen/Kollegen, die Sie gut kennen:**
  Wie siehst du mich? Eher als Einzelgänger(in) oder als Gruppentyp?

  Antworten: _____

  _____

  _____

● **Mein Vorteil, alleine zu sein:** _____

  Mein Vorteil, in der Gruppe zu sein: _____

● **Meine Vorhaben »umzulernen« (vom Einzelgänger zum Teammitglied):**

  _____

  _____

Wie wär's mit folgendem »Slogan«? (Buchtitel von A. Burow):
»Suche Team – biete Ego!«

2. Es werden drei Gruppen mit gleicher Anzahl gebildet; jede Gruppe gibt sich einen Namen und zieht – verdeckt – einen Umschlag.
3. In diesem Spiel geht es darum, so viele einzelne Karten wie möglich mit dem Gruppennamen zu beschriften, wobei nur das ausgegebene Material verwendet werden darf.
4. Jede Gruppe benennt einen Abgeordneten/Vertreter, der die Verhandlungen – auf neutralem Boden – beginnt. Ziel der jeweiligen Verhandlungsrunden ist es, im Austausch Kärtchen, Bleistift und Spitzer zu erhalten, um die Kärtchen beschriften zu können.
5. Die einzelnen Runden bestehen also aus:
   - der Wahl des Abgeordneten,
   - der Verhandlung,
   - der Beschriftung in der Gruppe.
6. Das Spiel ist zu Ende, wenn Einigung erzielt worden ist oder wenn die vereinbarte Zeit abgelaufen ist.

b) das Brückenbau-Spiel

1. Sie bilden Gruppen von vier bis sechs Personen und halbieren diese wieder, sodass jede Gruppe aus zwei Teams besteht.
2. Ihre Aufgabe lautet: Bauen Sie eine Brücke aus Materialien, die Sie in der Schule zur Verfügung haben. Es kommt darauf an, dass die Brücke möglichst lang ist, originell aussieht und so tragfähig ist, dass man ein Buch darauf legen kann.
3. Beachten Sie bitte: Die Einzelteile dürfen nicht größer sein als ein DIN-A4-Format. Sie können Sie biegen, fügen, schneiden, falten, kleben …
4. Zur Ausführung haben Sie _____Minuten Zeit (gemeinsam vereinbaren). Jede Brücke wird von zwei Teams gebaut, die jeweils die linke bzw. die rechte Hälfte der Brücke herstellen. Nach Ablauf der Zeit müssen die beiden Teile zusammengefügt werden. Das Brückenbauen der Partnergruppe darf nur aus der Entfernung beobachtet und über »Botschafter« besprochen werden. Zeichnungen oder Muster dürfen nicht ausgetauscht werden.
5. Nach Ablauf der Zeit werden die beiden Brückenteile zusammengefügt, im Plenum präsentiert und auf ihre Tragfähigkeit hin überprüft.

Hinweis: Sie können zusätzlich einige Kolleginnen/Kollegen bitten, als »Außenbeobachter« zu fungieren, um nach dem jeweiligen Spiel Rückmeldung über das Verhalten in Gruppen zu bekommen: Wie haben sich die Akteure verhalten? Wer war führend, dominant, zurückhaltend, passiv, destruktiv, hilfreich …?

Die beiden Spiele sind von W. Amler/Chr. Egerding-Krüger veröffentlicht in: R. Miller: 99 Vertretungsstunden ohne Vorbereitung. Weinheim 2. Aufl. 2000.

Reinhold Miller

6.3 Entlastung durch geglückte Kommunikation

Im privaten wie im beruflichen Bereich werden Gespräche des Öfteren als sehr belastend empfunden: Aus Streitlust wird Gesprächsfrust, aus Meinungsverschiedenheiten entstehen Anklagen, Vorwürfe, Beschimpfungen – und aus Partnern werden Sieger und Verlierer …

Es gibt einige bedeutsame Erkenntnisse der Kommunikationswissenschaft, die das »Miteinander-Reden« erleichtern, die zur Entspannung und Entlastung beitragen und die geglückte Kommunikation ermöglichen:

(1) Kommunikationen als Konstrukte verstehen

Beispiel I:
Während einer Tagung frage ich im Speisesaal eine mir fremde Lehrerin, die ich alleine an einem Tisch sitzen sehe: »Ist das hier der Tisch für Vegetarier?« und bekomme – im Ton für mich schnippisch – zur Antwort: »Warum, sehe ich so aus?«
– Ich hatte ein »Ja«, ein »Nein« oder »Weiß ich nicht« erwartet …

Beispiel II:
Als junger Lehrer sagte ich nach einigen Wochen Zugehörigkeit zur neuen Schule, zu meinem Rektor: »Herr M., mir gefällt es sehr gut an der Schule.« Seine Antwort: »Warum sagen Sie mir das? Wollen Sie heute eine Freistunde von mir?«
– Ich hatte ein »Das freut mich aber« erwartet …

Beispiel III:
Sonntagnachmittag: Ein Vater sagt zu seiner Tochter (die sehr appelllastig erzogen worden ist): »Ich gehe jetzt spazieren«, worauf die Tochter antwortet: »Ich gehe aber nicht mit.«
– Was er als Antwort wohl erwartet hatte?

Bestimmt haben Sie ähnliche Beispiele oder Erfahrungen in Gesprächen mit Menschen gemacht: Sie äußern sich – und sind völlig verblüfft, überrascht, verärgert … über die Antworten, die Sie bekommen. Aus kommunikativer Sicht bedeutet dies: Nicht-Verstehen ist normal, Verstehen ist »Arbeit«.

– *Zu Beispiel I:* Die Lehrerin sagte mir im Gespräch, dass sie seit einiger Zeit dabei ist, sich auf eine vegetarische Ernährung umzustellen und von manchen deshalb belächelt oder »blöd angeredet« würde. Meine Frage löste bei ihr »Schon wieder so ein Blödmann« aus …
– *Zu Beispiel II:* Mein Schulleiter sagte mir in einem späteren Gespräch, dass er kaum die Erfahrung ge-

macht habe, *ohne* Hintergedanken gelobt zu werden. Seine Erfahrung: »Wenn mich jemand lobt, dann will er bestimmt was von mir.«

– *Zu Beispiel III*: Die Tochter hörte nicht »Ich sage dir, was ich vorhabe«, sondern »Er sagt mir, was ich tun muss«.

Botschaften von Menschen sind immer die »Konstrukte der *Empfänger*«, die manchmal sehr ähnlich, manchmal völlig anders sein können als die abgeschickten Nachrichten der Sender (»Ich hab das *so* doch gar nicht gesagt.«).

Weil die Empfänger »konstruieren«, wissen wir auch nicht, was wir mit unseren Nachrichten bei ihnen auslösen, weil wir den »Hintergrund« meist nicht oder nur zum Teil kennen, zum Beispiel deren

- Persönlichkeitsstruktur,
- Kontext,
- Lebensgeschichte,
- Fantasien/Interpretationen,
- Erfahrungen,
- Einstellungen/Haltungen,
- momentane Befindlichkeit,
- Konditionierungen.

Wir wissen also nicht, ob wir es beim Gegenüber mit einem (nach P. Watzlawick) »Elefanten« oder mit einer »Maus« zu tun haben, wobei alles noch erschwert wird durch die Tatsache, dass es auch »dünnhäutige Elefanten« und »dickhäutige Mäuse« geben kann … Deshalb:

Erkenntnisse 1–3

1. **Botschaften sind das Konstrukt der Empfänger.**
2. **Ich weiß nicht, was ich beim Gegenüber mit meinen Botschaften auslöse.**
3. **Ich bin »nur« für mein Aussenden verantwortlich.**

Über die Vielfalt von Antworten
(= Was andere aus unseren Botschaften machen/konstruieren)
Was hören Sie aus den nachfolgenden Botschaften heraus – und was antworten Sie?

Kontext	Gehörtes	Antwort
Kurz vor Schulbeginn sagt ein Kollege zu Ihnen auf dem Gang: »Du hast dein Auto im Parkverbot geparkt.«		
Nach dem Unterricht läuft Ihnen eine Schülerin hinterher und sagt: »Ich komm bei Ihnen im Unterricht prima mit.«		
Eine Mutter sagt zu Ihnen: »Ihr Kollege aus der Parallelklasse ist in Mathematik aber schon weiter als Sie.«		
Ein Vater: »Schade, dass mein Sohn Sie im kommenden Schuljahr nicht mehr als Lehrer hat.«		

- **Sie können diese vier Beispiele mehreren Personen mitteilen und sie um ihre »Hörgewohnheiten« und Antworten bitten: Wie unterschiedlich werden sie sein?**

- **Probieren Sie Folgendes aus: Sagen Sie verschiedenen Personen Botschaften und notieren Sie sich anschließend deren Antworten: Wie vielfältig werden sie sein?**

  a) Zu einem Kollegen: Mit der Klasse 7 b komme ich überhaupt nicht klar.
  b) Zu Eltern: Sie müssen wissen, im Gymnasium stellen wir hier sehr hohe Anforderungen.
  c) Zu einer Kollegin: Ich habe mit meinen Schülern nie Probleme.
  d) Zu einem Schüler (Kl. 13): Mit dieser Leistung werden Sie kaum Karriere machen.

- **Was lösen folgende Aussagen von Personen bei Ihnen aus:**

  a) Schüler: »Hoffentlich spielen wir heute wieder Volleyball.« _____

  b) Vater: »Mein Sohn erzählt ganz begeistert von Ihnen.« _____

  c) Kollegin: »Sie bewerten die Arbeiten viel zu gut.« _____

  d) Mutter: »Meine Tochter mag Sie sehr.« _____

Für mich sind diese Erkenntnisse entlastend, weil ich

- die Antworten, die ich bekomme, gelassener betrachten kann (Es gibt nichts, was nicht geantwortet/konstruiert werden könnte.),
- weiß, dass Missverständnisse normal sind,
- mich auf mein Aussenden konzentrieren kann,
- mehr Zeit habe, mein Gegenüber wahrzunehmen,
- nicht mehr alles wortwörtlich höre/nehme,
- weiß, dass Botschaften mehr-/vielschichtig sind,
- Verantwortung abgeben kann.

Weil wir allerdings nicht wissen, wie unsere Botschaften ankommen, brauchen wir Rückmeldungen im Sinne eines »kommunikativen Ping-Pong«. Dadurch erhalten beide Seiten *Klarheit* in der Kommunikation. Deshalb:

Förderliches Gesprächsverhalten 1–3

1. **Ich sage dir, was ich meine …,**
2. **und du sagst mir, wie es bei dir angekommen ist …,**
3. **und dann sage ich dir, ob ich es so gemeint habe.**

   (Unbekannter Autor: »Ich weiß, dass ihr glaubt, ihr verstündet, was ihr denkt, was ich gesagt habe. Aber ich bin mir nicht sicher, ob ihr begreift, dass das, was ihr gehört habt, auch das ist, was ich meine …«)

Auf den ersten Blick scheint alles etwas kompliziert zu sein. Durch Vertiefung und Übung jedoch wird das »Miteinander-Reden« entspannter.

(2) Botschaften »übersetzen« (= entschlüsseln)

Menschen haben unterschiedliche Gesprächserfahrungen und -fähigkeiten. Die einen sind in der Lage, klare Mitteilungen beispielsweise über ihre Person, Gedanken, Gefühle, Handlungen … zu geben. Andere verschanzen sich hinter Fassaden, machen Vorwürfe, klagen an, senden versteckte Nachrichten. Um förderlich zu kommunizieren, ist es deshalb wichtig zu wissen:

Erkenntnisse 4–6

4. **Jede Kommunikation hat – mindestens – vier Seiten.**
5. **Das Gesagte ist nicht immer das wirklich Gemeinte.**
6. **Botschaften sind mehrschichtig.**

Zu Punkt 4: Nach F. Schulz von Thun enthalten Nachrichten von Menschen immer (mindestens) vier Seiten. Erinnern Sie sich bitte an das Beispiel auf S. 58. Die Mutter sagt (Nachricht):

> *»Ihr Kollege aus der Parallelklasse ist in Mathematik aber schon weiter als Sie.«*

Die vier Seiten der Mutter könnten lauten:
a) Ich mache mir Sorgen … Ich bin unzufrieden … *Selbstmitteilungsseite*
b) Ich wende mich an Sie, den Fachmann, die Fachfrau … *Beziehungsseite*
c) Mathematik ist ein wichtiges Fach. *Sachseite*
d) Bitte nehmen Sie den Stoff rascher durch. *Appellseite*

So entsteht also untenstehendes »Nachrichtenquadrat«.

Entlastend ist hier:
a) Botschaften werden klarer, wenn mit »vier Zungen« geredet wird.
b) Verstehen erhöht sich, wenn mit »vier Ohren« gehört wird.
c) Die Sensibilität in Gesprächen nimmt zu, die »Missverständnisquote« und die »blühenden Fantasien« nehmen ab.

Selbstmitteilungsseite
(= Wie es *mir* geht)

Sachseite　　　　　　　　　　　**Nachricht**　　　　　　　　　　　**Appellseite**
(*Worum* es geht)　　　　　　　　　　　　　　　　　　　　(Was ich *veranlassen* möchte)

Beziehungsseite
(Wie ich zu *dir* stehe)

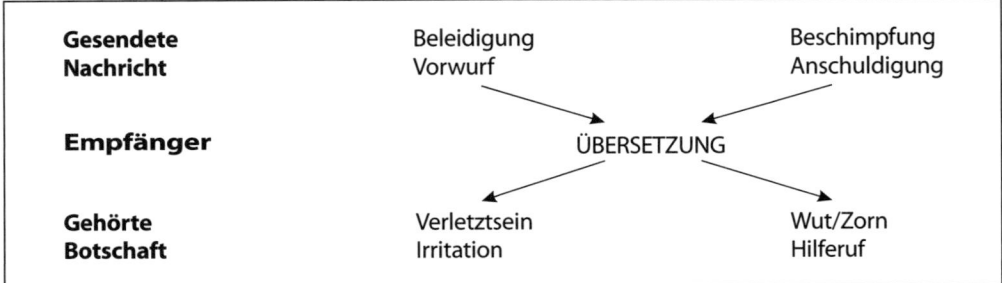

Zu Punkt 5: Weil das Gesagte nicht immer das Gemeinte ist, müssen Botschaften bisweilen »übersetzt« werden (= herausfinden/-hören, was der Sender *wirklich* meint, was hinter den – oft vordergründigen – Mitteilungen steckt), wobei die Rückfrage/Vergewisserung besonders zur Klärung beiträgt.

Entlastend ist hier:

a) Das Übersetzen kann den Empfänger vor psychischen Belastungen schützen (= Ich höre etwas anderes als das Gesagte. – Ich entscheide, was ich höre. – Von wem ich mich beleidigen lasse, bestimme ich!):
- »Du bist aber komisch.« kann dann heißen: »Ich komme mit dir nicht zurecht.«
- »Du bist arrogant.« kann dann heißen: »Ich fühle mich dir gegenüber unterlegen, minderwertig.«
- »Du Blödmann, du Versager.« kann dann heißen: »Ich bin enttäuscht von dir; ich habe von dir mehr erwartet.«

b) Das Übersetzen fördert aber das gegenseitige Verstehen.

Zu Punkt 6.: »Botschaften sind mehrschichtig« heißt: Was Menschen vordergründig sagen ist das eine, was dahinter liegt, das andere:

Beispiel I:
Andreas hat sich über eine schlechte Note geärgert und sagt im Schulhof laut zu seinen Mitschüler/innen: »Der Miller ist doch das größte Arschloch der Schule…« (Was möchte er noch alles mitteilen?)

Beispiel II:
Ein Vater, Rechtsanwalt, beschimpft eine Lehrerin der Grundschule, weil diese seinem Sohn keine Übergangsempfehlung für das Gymnasium gegeben hat und droht mit »weiteren Schritten«. (Was steckt alles hinter seinen Beschimpfungen und Drohungen?)

Beispiel III:
Ein Lehrer ist sehr verärgert über die schlechten Leistungen in der Klasse und brüllt: »Ihr faulen Säcke! Ich treibe euch eure Faulheit schon noch aus!« (Wie geht es ihm und was geht in ihm vor?)
Entlastend ist für mich deshalb das »Übersetzen«, weil ich

a) bei Beschimpfungen, Vorwürfen, Anklagen, Aggressionen, Beleidigtsein, Rückzug… anderer über die folgende vier »Stufen« Bescheid weiß

b) die vier Stufen dezidiert anspreche und deutlich mache (Klärung):

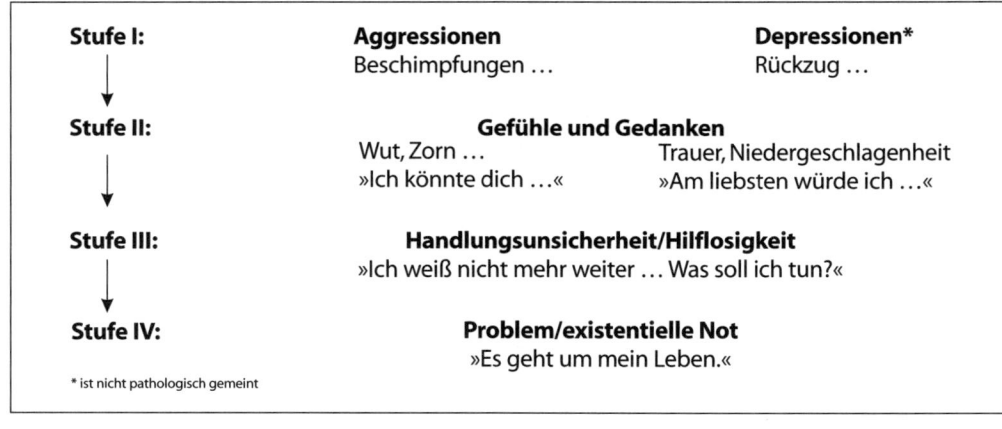

Im Gespräch mit den drei Personen, Beispiel I–III, erfuhr ich Folgendes:

Andreas,	*Stufe III:*	Ich traue mich nicht mehr nach Hause …
	Stufe IV:	Mein Vater schlägt mich zusammen …
Vater,	*Stufe III:*	Was soll ich nur machen?
	Stufe IV:	Ich bin verzweifelt. Wer soll denn später meine Kanzlei übernehmen?
Lehrer,	*Stufe III:*	Ich bin mit meinem Latein am Ende …
	Stufe IV:	Ich bin zutiefst gekränkt und habe Zweifel, ob ich meinen Beruf überhaupt noch ausüben soll.

Förderliches Gesprächsverhalten 4–6

4. **Mit vier Ohren hören, mit vier Zungen reden.**
5. **Botschaften »übersetzen« (entschlüsseln).**
6. **Das Gesagte mehrschichtig hören/die vier Stufen beachten.**

Vier-Seiten«-Übungen

- **Bitte teilen Sie die folgenden Nachrichten vierseitig mit:**

  a) Sie sind Schulleiter(in) und sagen (in strengem Ton) nach der großen Pause im Lehrerzimmer:
  »Meine Damen und Herren, es ist jetzt schon 10.30 Uhr vorbei!«

  Selbstmitteilungsseite: _____

  Beziehungsseite: _____

  Sachseite: _____

  Appellseite: _____

  b) Sie sind Lehrerin/Lehrer und sagen (etwas zögerlich) zu einem Kollegen/einer Kollegin:
  »Gell, Sie unterstützen mich doch beim Elternabend!?«

  Selbstmitteilungsseite: _____

  Beziehungsseite: _____

  Sachseite: _____

  Appellseite: _____

  c) Sie sind Vater/Mutter und sagen (in vorwurfsvollem Ton) zu einer Lehrerin/einem Lehrer:
  »Finden Sie nicht, dass Sie in der Klasse zu hohe Maßstäbe anlegen?«

  Selbstmitteilungsseite: _____

  Beziehungsseite: _____

  Sachseite: _____

  Appellseite: _____

- **Geben Sie bitte – in verschiedenen Rollen – auf die folgenden Aussagen seitenkonträre Antworten (um das Bewusstsein für Kommunikationsstörungen zu schärfen)**

Aussage:

Antwort:

a) Kollegin: »Sei doch nicht immer gleich so aggressiv!« (Appellseite)

Kollege: »Gefühle muss man ausleben, das ist gesund.« (Sachseite, seitenkonträr)

b) Lehrer: »Mit mir ist heute gar nicht gut Kirschen essen, das sag ich euch gleich.« (Selbstmitteilungsseite)

Schüler: _____
_____
_____

c) Schulleiter: »In der Zeitung wird das Schulfest als sehr gelungen bezeichnet.« (Sachseite)

Lehrerin/Lehrer: _____
_____
_____

d) Vater/Mutter: »Unser Kind geht gerne zu Ihnen in die Schule.« (Beziehungsseite)

Lehrerin/Lehrer: _____
_____
_____

e) Schülerin: »Sie haben ja doch immer das letzte Wort.« (?)

Lehrerin/Lehrer: _____
_____
_____

- **Bitte geben Sie auf die gleichen Aussagen nun verständnisvolle Antworten**

- **»Übersetzungs«-Übung**

Was hören Sie heraus, was »übersetzen« (= entschlüsseln) Sie?

Versteckte Botschaften

Was ich heraushöre /übersetze:

Schulleiter: »Sie sind genauso unpünktlich wie Ihre Schüler!«

Er meint wohl: Bitte kommen Sie pünktlich zum Unterricht.

Kollegin: »Da muss ich Ihnen aber aufs Heftigste widersprechen.«

Sie meint wohl: Ich habe da ganz andere Erfahrungen/Ansichten.

Eltern: »Ihre Vorgängerin hat das aber ganz anders gemacht.«

Sie meinen wohl: _____
_____
_____

Schüler: »Scheiß Schule« (und wirft die Schultasche der Lehrerin vor die Füße.

_____
_____
_____

Schülerin (freundlich): »Ich trage Ihnen die Tasche zum Lehrerzimmer.«

_____
_____
_____

Lehrer: »Mensch, kapierst du das denn nicht? Hat du dein Hirn beim Hausmeister abgegeben?«

_____
_____
_____

Klassensprecherin: »Hoffentlich bekommen wir Sie wieder im nächsten Schuljahr!?«

_____
_____
_____

- **Klare Mitteilungen geben**

Anstatt …

besser so:

– »Ihr seid die blödste aller Klassen, die ich bisher hatte …«

   a) »Ich bin enttäuscht …«
   b) »Ich möchte mit euch über eure Leistungen reden …«

– »Du mit deinem Psychogesoße…«

   a) »Ich halte nicht viel von Psychologie, weil …«
   b) _____
      _____

– »Warum kommst du denn schon wieder zu spät?«

   a) »Mich stört es, wenn du …«
   b) _____
      _____

– »Finden Sie nicht, dass Ihre Unterrichtsmethoden veraltet sind?«

   a) »Ich halte Ihre Unterrichtsmethoden nach dem heutigen Stand nicht mehr für angemessen.
   b) _____
      _____

- **»Vier-Stufen«-Übungen**

a) Bitte versuchen Sie die nachfolgenden Aussagen »vierstufig« zu hören:

Aussage

Die vier Stufen

Vater (brüllt): »Du Faulpelz, streng dich an; das muss ich auch den ganzen Tag.«

Aggression: _____
Gefühle: _____
Hilflosigkeit: _____
Problem: _____

Mutter (den Tränen nahe): »Meine Tochter macht ja doch nur, was sie will …«

Depression: _____
Gefühle: _____
Hilflosigkeit: _____
Problem: _____

Lehrer (wirft ein Schülerheft auf den Boden): »Deine Sauklaue kann ja niemand lesen.«

Aggression: _____
Gefühle: _____
Hilflosigkeit: _____
Problem: _____

b) Äußern Sie bitte eine oder mehrere der vier Stufen:

Die Situation

Ihre vier Stufen

- Im Schulhof liegen nach der Pause eine Menge Getränkebüchsen.

Aggression: _____
Gefühle: _____
Hilflosigkeit: _____
Problem: _____

- Einige Kollegen/Kolleginnen nehmen Materialien aus dem Lehrmittelzimmer, ohne ihren Namen in die Kartei einzutragen:

Aggression: _____
Gefühle: _____
Hilflosigkeit: _____
Problem: _____

- Am Elternabend bekommen Sie eine Menge Vorwürfe der Eltern zu hören. Tenor: Zu hohe Anforderungen!

Aggression: _____
Gefühle: _____
Hilflosigkeit: _____
Problem: _____

- Situation X (selbst wählen):
_____
_____

Aggression: _____
Gefühle: _____
Hilflosigkeit: _____
Problem: _____

(3) (Sogar) mit unsympathischen Menschen auskommen

Es ist normal, dass es in Schulen (von einem kleinen Grundschulkollegium mit annähernd hundert Schülerinnen bis zu einem Großkollegium mit ein- bis zweitausend Schülern/Schülerinnen) Sympathie und Antipathie zwischen den Menschen gibt.

Unsympathischsein – unter dem Aspekt der Professionalität im Lehrberuf – darf allerdings nicht dazu führen, dass die uns anvertrauten Kinder und Jugendlichen unter Benachteiligung zu leiden haben (auch wenn dies in Einzelfällen durchaus vorkommt).

Das *Gefühl*, andere unsympathisch zu finden – und die damit in Verbindung stehenden *Handlungen* – können verändert werden, und zwar durch die untenstehende Übung

Erkenntnisse 7–9

7. **Unsere Sichtweisen und Bewertungen verändern unsere Gefühle und Handlungen.**
8. **Sympathie und Antipathie sind zwei Seiten unserer eigenen Persönlichkeit.**
9. **Zur Persönlichkeit eines Menschen gehören seine Stärken *und* Schwächen.**

Für mich sind diese Erkenntnisse entlastend, weil ich
a) meinen Stimmungen und Gefühlen nicht ausgeliefert bin,
b) meine Handlungen steuern/beeinflussen kann,
c) Stärken *und* Schwächen zu meiner Persönlichkeit gehören.

Förderliches Gesprächsverhalten 7-9

7. **Antipathien anderen gegenüber bei sich wahrnehmen.**
8. **Hinter die unsympathischen Verhaltensweisen sehen.**
9. **Umbewerten ... (so weit möglich).**

Umbewertung = Wechsel von Sichtweisen

- Stellen Sie sich jemanden vor, den Sie unsympathisch finden, und *bewerten* Sie diese Person bewusst (z.B. arrogant, abweisend, überheblich …).
- Machen Sie sich jetzt Ihre Gefühle bewusst, die Sie dieser Person gegenüber haben (z.B. Ärger, Ablehnung, Missachtung …).
- Überlegen Sie, was Sie jetzt am liebsten bezüglich dieser Person tun würden (z.B. nicht mehr mit ihr reden, ihr ausweichen, sie meiden …).

Wechsel

- Betrachten Sie die vorgestellte Person nochmals: Vielleicht entdecken (oder vermuten) Sie hinter der Arroganz andere Verhaltensweisen (z.B. Unsicherheit, Minderwertigkeitsgefühl, Hilflosigkeit …, kurzum, vielleicht sogar etwas Liebenswertes – manchmal muss man sehr lange suchen!).
- Machen Sie sich jetzt – aufgrund Ihrer neuen Sichtweise – Ihrer Gefühle bewusst (z.B. Mitleid, Nähe, Verstehen …).
- Überlegen Sie, was Sie jetzt am liebsten bezüglich dieser Person tun würden (z.B. mit ihr reden, ihr zuhören …).

Folgender Zusammenhang wird deutlich:

Aus	Bewertung	entstehen	Gefühle	und daraus	Handlungen
Ihrer	(negativ/positiv)	bestimmte	(negativ/positiv)	entsprechende	(negativ/positiv)

Die Umbewertung ist dann notwendig, wenn *Bewertungen* den Zugang zu einer Person verhindern. Denn: Bewertungen/Sichtweisen sind veränderbar. Das heißt jedoch nicht, dass Handlungen/Tätigkeiten der bewerteten Person akzeptier- oder entschuldbar sind. Ein Boxhieb bleibt ein Boxhieb, aber die dahinterliegende Motivation/Lebensgeschichte… kann unterschiedlich gesehen/bewertet werden …)

Aufgaben

- **Stellen Sie sich eine Person aus Ihrem beruflichen Umfeld vor, die Sie nicht mögen und unsympathisch finden:**
  a) Notieren Sie, was diese Person *tut* (= was Sie ablehnen).
  b) Notieren Sie, wie die Person auf Sie *wirkt* (= *weshalb* Sie sie unsympathisch finden).
  c) Notieren Sie Ihre *Fantasien*, die Sie über diese Person haben (= Was Ihre Antipathie *verstärkt*).

- **Betrachten Sie Ihre Notizen und überlegen Sie:**
  a) Was davon ist Ihnen bereits bei anderen Personen – und immer wieder – begegnet (= Was Sie *grundsätzlich* unsympathisch an Menschen finden)?
  b) Was davon mögen Sie an sich selbst nicht (= Was Sie als *Teil Ihres Selbst* ablehnen)?
  c) Gehen Sie nun auf die Suche, das *Angenehme und Liebenswerte* in Ihnen und im Anderen zu finden – und versuchen Sie, das *Unangenehme in sich selbst* zu akzeptieren: Wir sind alle Menschen mit Ecken und Kanten, Stärken und Schwächen!

- **Notieren Sie, wenn Sie an unsympathische Menschen denken, was Ihnen wirklich schwer fällt zu akzeptieren (= Ich mag nicht, weil …/ wenn …)**
  a) Aussehen/Kleidung: _____
  b) Körperhaltung: _____
  c) Stimme/Sprache: _____
  d) Bewegung/Gestik: _____
  e) Ansichten: _____
  f) Tätigkeiten: _____

- **Notieren Sie, was Sie tun können, um mit unsympathischen Menschen – dennoch – auszukommen:**
  a) umbewerten, Sichtwechsel vornehmen
  b) sich mit Dritten beraten, im Gespräch nach Lösungen suchen (z.B. durch Supervision)
  c) _____
  d) _____
  e) _____

Elke Rabens/Margret Zitzner

6.4 Zukunftswerkstatt – ein Kollegium macht sich auf den Weg

Praxisbericht mit Anregungen zur Umsetzung im Kollegium

Ein Esel, der mit Salz beladen war, musste durch einen Fluss. Er fiel hin und blieb einige Augenblicke in der kühlen Flut liegen. Beim Aufstehen fühlte er sich um einen großen Teil seiner Last erleichtert, weil das Salz im Wasser geschmolzen war. Langohr merkte sich diesen Vorteil und wandte ihn gleich am folgenden Tage an, als er, mit Schwämmen belastet, wieder durch diesen Fluss ging. Diesmal fiel er absichtlich nieder, sah sich aber arg getäuscht. Die Schwämme hatten nämlich das Wasser angesogen und waren bedeutend schwerer als vorher. Die Last war so groß, dass er erlag.
Ein Mittel taugt nicht für alle Fälle.[1]

Wie Sie lesen, taugt nicht jedes Mittel für jede Situation, und manche Aufgaben lassen sich besser gemeinsam lösen.

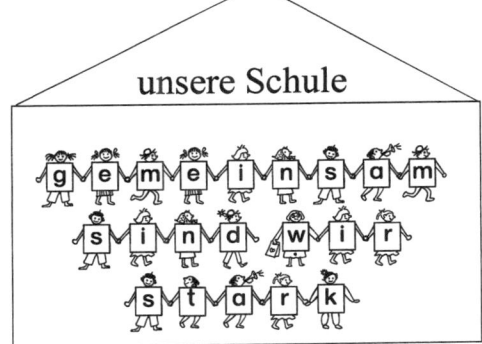

unsere Schule

gemeinsam sind wir stark

1 Langenmaack, B./Braune-Krickau, M.: Wie die Gruppe laufen lernt. 1987.

Haben Sie Kolleginnen und Kollegen,
– die an der Verbesserung ihres Arbeitsplatzes interessiert sind?
– die offen für kreative Zugangsweisen sind?
Dann machen Sie sich **gemeinsam** auf den Weg.

Eine geeignete Methode, diesen Weg zu gehen, ist die Zukunftswerkstatt:

- Sie lässt sich in eigener Regie durchführen,
- hebt Hierarchien zeitweilig auf,
- knüpft an den individuellen Sichtweisen an,
- ist ausgesprochen kommunikativ,
- aktiviert die kreativen Potenziale der Beteiligten,
- fördert den kollegialen Zusammenhalt und
- berücksichtigt den professionellen Kenntnisstand der Betroffenen.

Wie sich mit dieser Methode ein Grundschulkollegium auf den Weg gemacht hat, für die vielen kleinen und großen Stress erzeugenden Situationen, Gegebenheiten und Bereiche in dem System Schule Lösungen zu finden, zeigt nachfolgendes Beispiel.

Im Rahmen einer $2^1/_2$-tägigen schulinternen Fortbildung zum Thema: Mehr Freude am Beruf, war für einen dreistündigen Arbeitsblock das Thema angesetzt: Stress reduzierende Maßnahmen in Schule und Unterricht.

Die Offenheit, das Engagement und die Bereitschaft des Kollegiums, sich auch auf kreative Wege einzulassen, ermutigte uns als Moderatorinnen, die Methode Zukunftswerkstatt einzusetzen.

Neugierde auf die Methode überwog bei den Kolleginnen gegenüber auch geäußerten Vorbehalten und Zweifeln hinsichtlich der Wirksamkeit.

Nach einer kurzen **Information** zu den grundlegenden Ideen der Methode Zukunftswerkstatt und dem methodischen Vorgehen forderten wir die Kollegen auf, **Kritik zu üben (Kritikphase).**

Zum Gedanken der Zukunftswerkstatt

Zukunft und Werkstatt sind zwei Begriffe, die jeder für sich Assoziationen hervorrufen. Was hat die Werkstatt mit der Zukunft bzw. die Zukunft mit der Werkstatt zu tun?
Die Zukunftswerkstatt wurde von R. Jungk (Zukunftsforscher) ins Leben gerufen mit dem Ziel, Ideen und Probleme, Wünsche und Veränderungen durch Fantasie und Kreativität neu zu formulieren.
Jungk erkannte, dass die Mehrzahl der Menschen keinen Einfluss auf für sie wichtige, existenziell betreffende Zukunftsentscheidungen hat, die von Politikern und Experten interessensbedingt bestimmt werden. Mithilfe der Zukunftswerkstatt sollen »Betroffene« selbst zu Wort kommen, um eigene Konzepte einer lebenswerten Zukunft zu entwickeln. Die Zukunftswerkstatt ist ein Ort, an dem Teilnehmerinnen und Teilnehmer als Experten in eigener Sache anzusehen sind.
Die Zukunft dient hier als wegweisende Gegenwartsveränderung. Zukunftsvisionen verändern den Blickwinkel – der Perspektivenwechsel findet statt – die Gegenwart weist neue Ausblicke auf.
Berufs- und Alltagserfahrungen fließen in den Prozess mit ein. Der Erfahrungs- und Wissensschatz der beteiligten Menschen erlangt Bedeutung, individuelle Fähigkeiten und Fertigkeiten werden der Sache zur Verfügung gestellt.
Expertenmeinungen von außen werden erst dann einbezogen, wenn Fragen bzw. Probleme bei der Umsetzung der entwickelten Vorschläge, Ideen, Verfahrensweisen auftauchen.

Historische Einordnung der Zukunftswerkstatt

Die »methodischen« Anfänge der Zukunftswerkstatt in den Sechzigerjahren waren meist relativ kurze, spontane Standort-Zusammentreffen (Schule, Betrieb, Straße) von Teilnehmern aus studentischen Gruppen.
Die Artikulation von Problemen und Wünschen der eigenen Vorstellungen und Zukunftshoffnungen stand im Vordergrund.
Mitte der Siebzigerjahre wurde die Arbeit mit der Methode Zukunftswerkstatt stärker strukturiert. Die Arbeitsweise der im Dreierschritt angelegten Verlaufsplanung (Kritik, Utopie, Strategien), die Moderation und die Dokumentation wurden Bestandteil der Zukunftswerkstatt. Die integrierte Kleingruppenarbeitsform verlängerte die Werkstatt auf zwei bis vier Tage.
Die vormals überwiegend verbalen und intellektuellen Zukunftswerkstätten wurden in den 80er-Jahren durch die Integration von Elementen der humanistischen Psychologie (künstlerische, musische, therapeutische, meditative Verfahren) ergänzt. Kopf, Herz und Hand standen und stehen jetzt im Mittelpunkt der Methode Zukunftswerkstatt.

(Aus: Pallasch, R./Reimers, H.: Pädagogische Werkstattarbeit. Weinheim und München 1990)

Verlauf einer Zukunftswerkstatt

Eine Zukunftswerkstatt gliedert sich in drei Phasen:

- **1. Phase: Kritikphase (Istzustand)**
  Auseinandersetzung mit dem Vorhandenen
  In dieser Phase wird von den Beteiligten alles benannt, was als störend, als unangenehm empfunden wird, was wütend oder ärgerlich macht.

- **2. Phase: Fantasiephase (Wunschzustand)**
  Artikulation einer Wunschvorstellung, einer Vision
  Hier werden Wunschvorstellungen gedacht, formuliert und präsentiert.

- **3. Phase: Strategiephase (Wegbestimmung)**
  Handlungsplanung für die Umsetzung (kurzfristig, mittelfristig, langfristig)
  Welche, von den genannten Veränderungen lassen sich mit wenig Kosten und Mühen z.B. kurzfristig umsetzen?

Kritikphase

Über folgenden **Impuls** regten wir die Kritikphase an:
Denken Sie an Ihre Schule,
- an das schrille Klingeln zu Stundenbeginn und -ende,
- an den Unterricht in verschiedenen Klassen,
- an die Pausen, das Lehrerzimmer, die Flure, den Schulhof.
Denken Sie
- an Räume, Menschen, Geräusche, Gerüche, Situationen.
Schreiben Sie alles auf,
- was Sie nervt, stört, belastet, stresst, wütend macht …
- was Ihnen in den Sinn kommt.
Schreiben Sie
- jeweils eine Aussage auf eine Karte.

Eine durchaus angenehme Erfahrung, persönlich belastende Wahrnehmungen schriftlich festzuhalten, ohne Vorbehalte und ohne die Grenzen der Veränderbarkeit immer gleich einschränkend mitzudenken.

Das Verschriftlichen hat eine andere Qualität im Vergleich zu dem, was ich vielleicht schon häufig gedacht, einer Kollegin gesagt oder in der Konferenz vorgestellt habe.

Die Karten wurden von uns

- eingesammelt, gemischt,
- an alle Beteiligten (im Kreis) verteilt und in gemeinsamer Runde

- einzeln verlesen, gegebenenfalls geklärt,
- thematisch strukturiert,
- an einem Klebeband fixiert und
- mit einem thematischen Oberbegriff versehen.

Ein lebendiger, kommunikativer Prozess, der die vielen kleinen und großen alltäglichen Belastungen und Störungen aufzeigt.

Die Entdeckung, dass viele der als individuell erlebten Probleme und Situationen von den Kolleginnen und Kollegen auch so oder ähnlich wahrgenommen werden, wirkt förderlich auf die Gruppe zurück.

Die thematische Bündelung gibt den vielen individuellen Äußerungen eine Struktur, wird überschaubarer und ist somit in der Bewertung hinsichtlich der Bearbeitungschancen leichter zu akzeptieren.

Mit einer Vielzahl an konkreten Äußerungen versehen, entstanden so folgende Themenstreifen: Aggressionen, Raumbedingungen, Betriebsklima, Lärm, Behörde, Organisation, fehlende Ressourcen (s. S. 68).

Probleme und Themen, die Ihnen als Leserin/Leser wahrscheinlich ebenfalls vertraut sind.

Ausgehend von den subjektiven Interessen bzw. Bedürfnissen ordneten sich die Kolleginnen den Themenbereichen zu, an denen sie weiterarbeiten wollten.

Es bildeten sich drei Gruppen zu den Bereichen: Raumbedingungen, Betriebsklima, Aggressionen und Lärm. Mit der Bestandsaufnahme, der thematischen Bündelung und der Gruppenbildung für die Weiterarbeit ist die Kritikphase beendet.

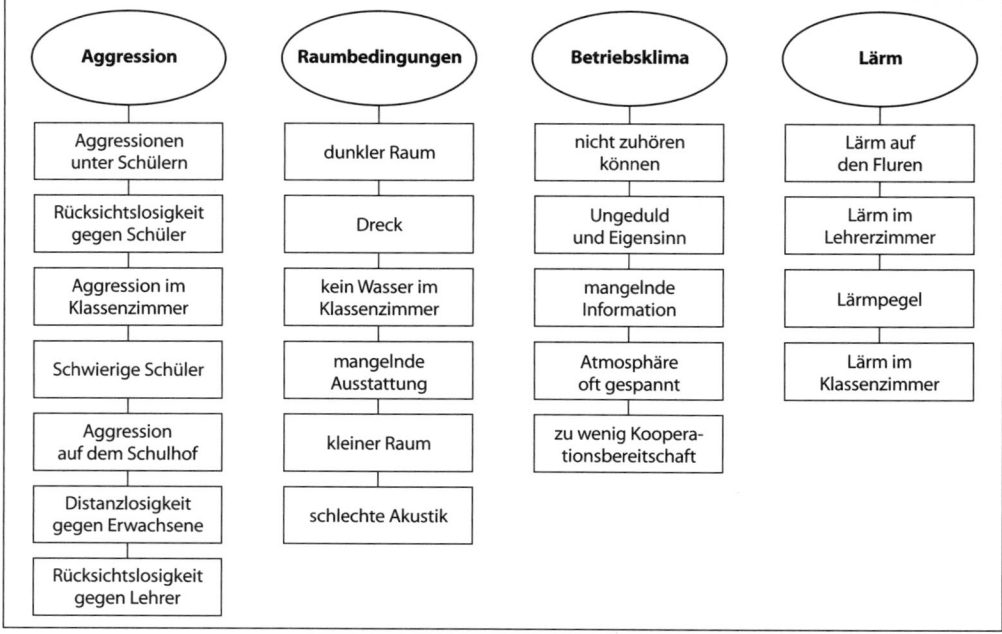

Aggression	Raumbedingungen	Betriebsklima	Lärm
Aggressionen unter Schülern	dunkler Raum	nicht zuhören können	Lärm auf den Fluren
Rücksichtslosigkeit gegen Schüler	Dreck	Ungeduld und Eigensinn	Lärm im Lehrerzimmer
Aggression im Klassenzimmer	kein Wasser im Klassenzimmer	mangelnde Information	Lärmpegel
Schwierige Schüler	mangelnde Ausstattung	Atmosphäre oft gespannt	Lärm im Klassenzimmer
Aggression auf dem Schulhof	kleiner Raum	zu wenig Kooperationsbereitschaft	
Distanzlosigkeit gegen Erwachsene	schlechte Akustik		
Rücksichtslosigkeit gegen Lehrer			

Abb. 5: Beispiele aus der Kritikphase

Fantasiephase

Als Einstieg in die **Fantasiephase** forderten wir die Kolleginnen auf, die konkret benannten Mängel, Belastungen und Unzulänglichkeiten

- positiv umzuformulieren und
- auf der Karten**rückseite** zu notieren (Beispiel: rücksichtslose Schüler – rücksichtsvolle Schüler).

Diese Bearbeitungsform ermöglicht einerseits, positive Denkrichtungen zu aktivieren und knüpft andererseits an gewohnte Handlungsstrategien an, nämlich Probleme auf der kognitiv-sprachlichen Ebene anzugehen.

Die Formulierung positiver Wendungen in den Gruppen und ein kurzer Austausch über die Gruppenarbeit hat wohltuende Wirkung und ermöglicht, aus verkrusteten Resignationen, Denkrichtungen auszusteigen.
  Wen beflügelt nicht der Gedanke: In einer Schule zu arbeiten und zu leben, in der Menschen – Lehrerinnen Schülerinnen

- Rücksicht nehmen,
- freundlich sind,
- geduldig und mit Respekt miteinander umgehen,
- sich zuhören, Regeln einhalten,

die Räume
- hell, groß, sauber, duftend und mit Material ausgestattet sind und
die Zusammenarbeit
- mit Kollegen, Eltern, Schülern und Behörde klappt.

Die vertiefende Entwicklung und Gestaltung einer Zukunftsvision erfolgte über eine **Fantasiereise.**

Als Vorbereitung

wurde das Verfahren vorgestellt:
- Einstimmung über eine Fantasiereise
- Bearbeitung und Dokumentation in den Gruppen
- Präsentation der Gruppenergebnisse im Plenum

Regeln vereinbart:
- keine Kritik an oder Bewertung von
- auch Ungewöhnliches aufgreifen
- Offenheit
- an den Ideen der anderen anknüpfen

Präsentationsmöglichkeiten benannt:
- malen, schreiben, darstellen …

Die angebotene Fantasiereise mit Musikuntermalung ist nur ein Beispiel, um Teilnehmerinnen zu entspannen und sich für kreative Ideen zu öffnen.

Einladung in die Wunschschule

1

Setzen Sie sich bequem hin.
Ihre Füße stehen fest auf dem Boden.
Ihre Hände liegen auf den Oberschenkeln.
Sie sitzen aufrecht und entspannt.
Wenn Sie mögen, schließen Sie die Augen.
Prüfen Sie noch einmal, ob Sie bequem sitzen.

Sie spüren Ihren Atem.
Sie spüren, wie der Atem gleichmäßig
durch Ihren Körper fließt.
Sie sind mit den Gedanken ganz bei sich
und spüren den Atem.
Ein und aus … Ein und aus.

Sie betreten einen Ort, der angenehm ist.
Sie fühlen sich leicht und frei.
Sie sehen Farben, die Sie mögen.
Sie treffen Menschen, auf die Sie sich freuen.
Es ist freundlich und geräumig.
Sie sind ganz ruhig und entspannt.

2

Sie freuen sich, hier zu sein.
Die Atmosphäre ist Ihnen angenehm.
Sie fühlen sich wohl.
Sie sind gerne hier.

Sie durchschreiten langsam die Räume.
Manchmal verweilen Sie,
um in Ruhe alles zu betrachten oder
um auf etwas zu lauschen.

Die Zeit, um an diesem Ort zu verweilen,
ist schneller um, als Sie es wünschen.
Sie müssen Abschied nehmen von diesem Ort.
Blicken Sie noch einmal zurück.
Nehmen Sie all das Schöne und Angenehme mit.
Die Farben, die Düfte, die Klänge.

Schließen Sie jetzt die Tür hinter sich.
Bleiben Sie noch so lange sitzen, wie Sie mögen,
um die Dinge in sich wirken zu lassen.

Kommen Sie langsam hier wieder an,
indem Sie sich strecken, räkeln und recken.

In Distanz zum belastenden Alltag, entspannt, offen und positiv eingestimmt durch die Fantasiereise und angeregt durch die entwickelten eigenen Bilder im Kopf, gestalteten die Kolleginnen zu den von ihnen ausgewählten Themenbereichen ihre Version von Schule.

In der Präsentation im Plenum durch die Gruppenmitglieder wurde sowohl der Arbeitsprozess reflektiert als auch das Ergebnis mit seiner Vision einer humanen Schule kommentiert.

Da alle Ergebnisse, Darstellungen und Aussagen den gemeinsamen Arbeitsplatz Schule betrafen, hatte jede Gruppe eine interessierte Zuhörerschaft, die über klärende Nachfragen beteiligt war.

Strategiephase

Für die sich anschließende **Phase der Entwicklung von Strategien und Umsetzungen** stand an diesem Nachmittag nur noch wenig Zeit zur Verfügung.

Um die angeregte Kreativität der Gruppe konstruktiv zu nutzen und um die Frage: Was hat diese angestrebte Vision mit der Veränderung meiner konkreten Praxis am nächsten Morgen zu tun, nicht unbeantwortet zu lassen, baten wir die Kolleginnen, sich ein Minielement auszuwählen, um für diesen Aspekt Möglichkeiten der Umsetzung zu konkretisieren. Der Hinweis,

zwischen kurz-, mittel- und langfristigen Zielen zu unterscheiden, ist an dieser Stelle hilfreich, um sich erfolgreich auf den Weg zu machen, denn der Weg ist das Ziel und das Ziel ist der Weg.

Angeregt durch den konstruktiven und atmosphärisch positiven Austausch ohne einschränkende Vorbehalte aller Beteiligten über Wünsche und Visionen, über Ideen und Vorstellungen entstand eine spontane Arbeitsdynamik, die für die Bereiche Betriebsklima, Raumgestaltung, Lärm erste kleine Lösungsansätze konkretisierte.

Nach einer Reflexionsrunde zum Veranstaltungstag, einer Verabredung für drei Termine zur inhaltlichen Weiterarbeit wurde die Veranstaltung beendet.

An konkreten Handlungsimpulsen für den nächsten Tag haben die Kollegen mitgenommen
– die visionären Bilder einer humanen Schule aus der Fantasiephase (sie sollen im Lehrerzimmer als Anregung zur weiteren Diskussion aufgehängt werden),
– die Schulleiterin bringt Musik mit, um das morgendliche Ankommen atmosphärisch entspannter zu gestalten.

An den folgenden drei Terminen
– wurden jeweils die in Angriff genommenen Vorhaben in ihrer Entwicklung dargestellt,
– bei Bedarf Sachinformationen eingegeben,

Im Laufe der Fortbildung wurden folgende Veränderungen umgesetzt	
Situationsbeschreibung	Gestaltete Veränderung
Die langen Flure verleiten Kinder zum Rennen und Rutschen, was häufig mit erheblichem Lärm verbunden ist.	Es werden Pflanzen und Ausstellungsangebote aufgestellt, sie dienen der Verkehrsberuhigung und verleiten zum Verweilen.
Wir sehen uns als Kollegium zu wenig.	Wir bemühen uns, mindestens einmal täglich ins Lehrerzimmer zu gehen.
Der Informationsfluss ist unbefriedigend.	Pro Jahrgang ist jeweils eine Person für die Weiterleitung von Informationen zuständig.
Es findet zu wenig pädagogische Konferenzarbeit statt.	In gemeinsamer Verantwortung planen drei Kollegen eine pädagogische Konferenz zum Thema: Entspannungsübungen im Unterricht.
Das Lehrerzimmer verhindert in seiner Möblierung Kommunikation.	Nach gemeinsamer Beratung übernehmen Kolleginnen die Aufgabe, die Möbel im Lehrerzimmer anders anzuordnen.
Wir finden unseren Umgang miteinander nicht immer förderlich.	Über eingeschobene Übungen zum Zuhören, zum Feedback überprüfen wir unsere Wahrnehmungsgewohnheiten

– für Teilaspekte in Gruppenarbeit nach Lösungen gesucht und
– personelle Verantwortlichkeiten und Termine für die Bearbeitung bzw. Umsetzung festgelegt.

Entspannungsübungen, Meditationen waren integrierter Bestandteil dieser Nachmittage.

Eine Rücksprache mit dem Kollegium nach Monaten ergab, dass der Impuls, der spezifische Zugang und das Stück Wegbegleitung
– im kommunikativen Bereich noch nachwirken,
– pädagogische Konferenzen (Schulanfang) anstehen und
– die umgesetzten Veränderungen sich positiv auswirken.

Diese Aussagen verdeutlichen, dass gemeinsame Veränderungen im Interesse aller Beteiligten möglich sind, dass aber dieser initiierte Gestaltungswille sorgfältig gepflegt werden muss, damit er im Gestrüpp der aktuellen Anforderungen von außen und dem täglichen Kraftaufwand für Unterricht und Erziehung nicht verkümmert oder verloren geht.

Gemeinsam auf den Weg machen

Wenn Sie sich selbst mit Ihrem Kollegium auf den Weg machen wollen, können folgende Hinweise hilfreich sein.

Zur Vorbereitung
● Suchen Sie Verbündete (Kollegen, Schulleitung, Abteilungsleiter, Eltern).

● Haben Sie nicht den Anspruch, es müssen alle mitmachen (mögliche Gruppierungen können auch sein: Fachkonferenz, Jahrgangskonferenz, Stufenkonferenz).
● Haben Sie nicht den Anspruch, alle müssen begeistert sein.
● Stellen Sie die Methode auf einer Konferenz vor.
● Wählen Sie ein Thema, das vielen unter den Nägeln brennt.
● Setzen Sie Ihre Zielerwartung nicht zu hoch.

In der Durchführung der Methode
(eine Verlaufsstruktur finden Sie auf der folgenden Seite):
● Achten Sie darauf, dass alle ihre subjektiven Sichtweisen einbringen können.
● Achten Sie darauf, dass alles visualisiert wird.
● Bereiten Sie die erforderlichen Materialien und Medien vor.

In der Umsetzungsphase
● Gestatten Sie sich die Zeit, die Veränderungen brauchen.
● Nehmen Sie auch kleine Veränderungen/Bereitschaften als einen Schritt in die richtige Richtung wahr.
● Sorgen Sie dafür, dass die Übernahme bzw. die Bearbeitung von Aufgaben personell und zeitlich fest verabredet werden.
● Der Veränderungsprozess bedeutet, erfolgreiches Handeln zu erleben, aber auch Kraft zu investieren.
● Holen Sie sich von außen Hilfe, wenn es erforderlich ist.
● Sitzungen, in denen auch etwas für das leibliche Wohl angeboten wird (Kaffee, Tee), sind entspannter.

Übersicht für die eigene Umsetzung		
Inhalt	**Methode**	**Material**
1. Methode Zukunftswerkstatt 2. Verlauf der Zukunftswerkstatt im Überblick	Information mit Visualisierung	Plakat
3. Kritikphase *Achtung:* Keine Bewertungen, Klärungsfragen erlaubt!	1. Information zur Bedeutung und zum Vorgehen 2. in Einzelarbeit Belastungen und Stressoren auf Moderationskarten schreiben 3. Stuhlkreis: – Karten einsammeln, mischen an TN verteilen, – Karten einzeln verlesen, thematisch gruppieren, – übergeordnetes Themengebiet aufschreiben, – Einvernehmlichkeit herstellen, – Einzelaussagen mit Themengebiet auf Kreppband kleben und aufhängen 4. Teilnehmerinnen entscheiden sich für Themengebiet und bilden Gruppen für die weitere Bearbeitung	Moderationskarten, Kreppband
4. Fantasiephase	1. Informationen zur Bedeutung und zum Vorgehen mit Visualisierung 2. positive Umformulierung der Überschriften und Einzelaussagen, positive Seite auf Kreppband kleben, betrachten, kommentieren 3. Einstimmung über Musik, Fantasiereise 4. Gruppenarbeit 5. Präsentation des Ergebnisses, Reflexion des Prozesses	Plakat beschriebene Moderationskarten, Papiere, Stifte, Bilder, Pappen
5. Strategiephase	1. Information zur Bedeutung und zum Vorgehen 2. Festlegung der Bearbeitungsreihenfolge 3. Formulierung kurz-, mittel- und langfristiger Ziele 4. Entwicklung konkreter Umsetzungsaktivitäten 5. Verantwortlichkeiten für die Umsetzung benennen 6. Zeitpunkte für Informationen über gelaufene Aktivitäten und deren Ergebnisse festlegen	

Jürgen Thal

6.5 Die gesundheitsfördernde Schule

Wir haben dieses Kapitel eingeleitet mit dem Hinweis auf die Bestimmungen des Arbeitsschutzgesetzes. Wir haben verschiedene Hinweise gegeben, wie ein befriedigendes Zusammenleben und -arbeiten in der Schule aussehen und gestaltet werden kann. Wir möchten zum Schluss noch einmal auf den Schutz- und Gesundheitsgedanken eingehen, indem wir ein Konzept vorstellen, das sich explizit auf die Gesundheitsförderung an der Schule bezieht und das u.a. mit Methoden der Zukunftswerkstatt und mit den Maßnahmen, wie sie in den Beiträgen von Miller beschrieben wurden, an einer Schule herbeigeführt werden kann.

Trotz einer guten materiellen Lebenssituation, eines leistungsfähigen medizinischen Versorgungssystems usw. treten erhebliche Gesundheitsbeeinträchtigungen auf – bei Kindern und Jugendlichen, auch bei Lehrerinnen und Lehrern.

● Kinder und Jugendliche sind in veränderter Weise von Gesundheitsstörungen betroffen. Es gibt eine Verlagerung von den akuten Erkrankungen hin zu chronischen Gesundheitsbeeinträchtigungen: chronisch körperliche Erkrankungen, diffuse psychosomatische Beschwerden, psychische Auffälligkeiten, Haltungsauffälligkeiten und Rückenbeschwerden. Gesundheitsriskante Verhaltensweisen spielen eine immer größere Rolle.

● Viele Lehrerinnen und Lehrer geben in Umfragen zwar an, im Beruf zufrieden zu sein. Die Zahl derjenigen Lehrkräfte mit ernsthaften gesundheitlichen Beeinträchtigungen hat allerdings ein hohes Ausmaß erreicht.

Die Folgerungen, die die gesundheitsfördernde Schule aus dieser gesundheitlichen Situation der in der Schule arbeitenden Personen zieht, unterscheidet sich deutlich vom mittlerweile nicht mehr aktuellen Ansatz der Gesundheitserziehung. Dessen Verständnis war Wissensvermittlung, Abschreckung und Anleitung zu einem oft medizinisch erwünschten Verhalten. Es basierte auf dem Ansatz einer risikoorientierten Verhaltensprävention mit den Fragen wie »Was macht uns krank? Was müssen wir machen, damit wir nicht krank werden?«

Dieses Konzept war nur in Teilbereichen erfolgreich, da es die Gesamtpersönlichkeit und ihr psychosoziales Wohlbefinden im Zusammenhang gesunder Lebenswelten zu wenig berücksichtigt. Auf diesem Hintergrund hat sich seit einigen Jahren eine weiterführende Sichtweise von Gesundheit in der Lebenswelt Schule entwickelt, deren zentrales Anliegen nicht mehr die Gesundheitserziehung, sondern die Gesundheitsförderung ist. Gesundheitsfragen lassen sich nicht mehr auf einzelne Themen beschränken, der Begriff »Gesundheit« wird viel breiter gefasst. Leitfragen eines so verstandenen Gesundheitsbegriffes sind:

- Wie entsteht Gesundheit?
- Wie können Menschen gestärkt werden, um sich gesund zu entwickeln?
- Welche Verhältnisse müssen geschaffen werden, damit Menschen gesund bleiben können und wollen?
- Welche Voraussetzungen tragen dazu bei, dass alle an einer Schule tätigen Personengruppen sich an ihrem Lern- bzw. Arbeitsort wohl fühlen?

Das Konzept der gesundheitsfördernden Schule zieht damit ganz andere Konsequenzen aus den Daten zum Gesundheits- und Belastungserleben von Lehrkräften und Schülerinnen und Schülern und geht einen entscheidenden Schritt weiter. Hier soll nicht nur auf das gesundheitsrelevante Leben vor den Schultoren und im späteren Leben vorbereitet werden, im Mittelpunkt steht vielmehr die Verbesserung der Bedingungen von Gesundheit am alltäglichen Arbeitsplatz Schule. Es geht um eine Veränderung der Schule im Rahmen einer gesundheitsfördernden Schulentwicklung mit dem Ziel, die Gesundheit der an Schule beteiligten Personen im schulischen Alltag zu fördern.

Dabei stellt sich für die gesundheitsfördernde Schule die Frage nach dem Wohlbefinden derjenigen, für die das »Setting Schule« Arbeitsplatz, Lernort und sozialer Erfahrungsraum ist. Sie muss sich fragen, ob die Schule nicht selbst mit zu den gesundheitlichen Belastungen und dem gesundheitlichen Risikoverhalten beiträgt. Sie muss sich angesichts aktueller bildungspolitischer Diskussionen mit der Frage auseinander setzen, ob das Lehren und Lernen nicht effizienter werden kann, wenn

dafür die Schule ein gesundheitsförderliches Umfeld bietet. Und sie muss ein Konzept entwickeln, damit die Schule auch dadurch etwas zur Gesundheit beitragen kann, indem sie sich als Organisation zu einer gesunden Schule wandelt.

Im Einzelnen geht es immer um folgende Dimensionen beim Ausbau der gesundheitsfördernden Schule:

- die Förderung persönlicher Kompetenzen zu einer gesundheitsförderlichen Lebensgestaltung für Schüler und Lehrer. Dazu gehören z.B. neue Formen der Suchtprävention und Persönlichkeitsentwicklung im Unterricht ebenso wie beispielsweise Fortbildungsveranstaltungen zum Stressmanagement und somit zum Erlangen von mehr Freude im Beruf;
- die Entwicklung der Lehrpläne und Methoden. Gesundheitsrelevante Inhalte können als Bestandteil verschiedener Unterrichtsfächer stärker berücksichtigt werden. Eine der tragenden Säulen in der gesundheitsfördernden Schule ist die Veränderung des Unterrichts durch Einsatz verschiedener Lernformen und Methoden, die z.B. Bewegung und Entspannung ermöglichen, Spaß am Lernen fördern und dabei die Effektivität nicht beeinträchtigen;
- die Veränderung der Lebens- und Arbeitsbedingungen in der Schule. Die beiden beschriebenen Aspekte werden ergänzt durch verschiedene Maßnahmen, z.B. die Einrichtung eines Entspannungsraumes, die Gestaltung von Schulhöfen, die erweiterte Nutzung der Cafeteria als Ort der Begegnung im Stadtteil auch am Nachmittag oder durch niedrigschwellige Angebote zur Beratung von Schülern mit Problemen (vgl. Thal/Ebert 1999).

Mittlerweile gilt die gesundheitsfördernde Schule als tragfähiges und innovatives Schulentwicklungskonzept. Auf der Suche nach Antworten auf die gesundheitlichen Belastungen von Kindern, Jugendlichen und Lehrkräften ist die gesundheitsfördernde Schule auf einem viel versprechenden Weg. Natürlich ist es wichtig, dass verschiedene Maßnahmen an der Schule durchgeführt werden, aber immer deutlicher wird die Bedeutung, wie die Schule und das Schulleben gestaltet werden. Der Umgang miteinander und untereinander, die Wertschätzung und Akzeptanz, die Beteiligung an Entscheidungsprozessen spielen anscheinend eine entscheidende Rolle für das Gesundheitserleben der an Schule beteiligten Personen.

Die gesundheitsfördernde Schule bietet für alle Beteiligten viele Chancen zu einer positiven Veränderung. Schülerinnen und Schüler können mehr Lernfreude erleben und ihre Lernleistungen steigern durch aktivierende Unterrichtsgestaltung mit Bewegungs- und Entspannungspausen, durch Maßnahmen zum Stressmanagement, durch gesunde Ernährung und Bewegungs-

und Entspannungsangebote im Unterricht und in den Pausen.

Lehrerinnen und Lehrer können durch Maßnahmen zur Stressprävention und zum Umgang mit Stress, durch Anregungen zur gesundheitsförderlichen Arbeitsplatzgestaltung und durch Beteiligung an schulischen Entscheidungsprozessen ihre Arbeitszufriedenheit steigern.

Im Sinne einer ökologischen Sichtweise von Schule ist der Weg zu einer gesundheitsfördernden Schule und damit zu mehr Wohlbefinden von Lehrern und Schülern besonders dann effektiv, wenn an vielen Bereichen im schulischen Alltag Veränderungen vorgenommen werden.

Literaturempfehlungen

Zum Thema Supervision

Ehinger, W./Hennig, C.: Praxis der Lehrersupervision. Leitfaden für Lehrergruppen mit und ohne Supervisor. Weinheim 1994.

Lange-Schmidt, I.: Supervision auf tiefenpsychologischer Grundlage in der pädagogischen Ausbildung. In: Zeitschrift für Individualpsychologie 2, 18. Jg. 235–251, Reinhardt Verlag, München 1993.

Lange-Schmidt, I.: Hätte ich das schon früher gelernt …, In: Pädagogik 6, 27–32, Beltz Verlag, Weinheim 1994.

Lange-Schmidt I.: Supervision: Psychohygiene oder Kompetenzerweiterung? In: Schulleitung – eine psychologische Herausforderung, Dr. Joseph Raabe-Verlags-GmbH, Bildungsmanagement, Berlin 1997.

Zum Thema Kooperation und Kommunikation verbessern

Miller, R.: Beziehungsdidaktik. Weinheim. 3. Aufl. 1998.

Miller, R.: »Das ist ja wieder typisch!«. Kommunikation und Dialog in Schule und Schulverwaltung. 25 Trainingsbausteine. Weinheim 1997.

Miller, R.: Unterrichtshospitation als kollegiale Beratung. In: Pädagogik 1996/10, S. 32–34.

Miller, R.: Schilf-Wanderung. Wegweiser für die praktische Arbeit in der schulinternen Lehrerfortbildung. Weinheim, 3. Aufl. 1992, S. 101–106.

Miller, R.: »Halt's Maul, du dumme Sau!« Von der Beschimpfung zum fairen Gespräch. Lehrerheft zum Schülerarbeitsheft (Sek.I/II). AOL-Verlag. Lichtenau 1998.

Mühlhausen, U.: Gegenseitige Hospitation im Unterricht. Ein (un)heimlicher Fortbildungswunsch von Lehrerinnen und Lehrern. In: Die Deutsche Schule 1991/2, S. 199–215.

Schulz von Thun, F.: Miteinander reden. Störungen und Klärungen. Bd. 1 u. 2. Reinbek 1989.

Schreyögg, A.: Supervision. Ein integratives Modell. Lehrbuch zu Theorie und Praxis. Paderborn 1992.

Thal, J./Ebert, U.: Methodenvielfalt im Unterricht. Neuwied 1999.

Zum Thema gesunde Schule

Paulus, P.: Die gesundheitliche Situation der Kinder und Jugendlichen – Was folgt daraus für die Gesundheitsfördernde Schule? Vortragsmanuskript 1999.

Landesinstitut für Schule und Weiterbildung: Opus – Reader der Netzwerkschulen in NRW. Soest 1999.

Philipp, E.: Gute Schulen verwirklichen. Ein Arbeitsbuch mit Methoden, Übungen und Beispielen der Organisationsentwicklung. Weinheim 1994/2.

Zum Thema Zukunftswerkstatt

Langenmaack, B./Braune-Krickau, M.: Wie die Gruppe laufen lernt. Weinheim 1987.

Jung, R./Müller, N.R.: Zukunftswerkstätten. Phantasie gegen Routine und Resignation. München 1990.

Pallasch, R./Reimers, H.: Pädagogische Werkstattarbeit. Weinheim und München 1990.

Kornelia Kirschner-Liss / Rudolf Kretschmann / Ingrid Lange-Schmidt /
Elke Rabens / Jürgen Thal / Margret Zitzner

7. Stressprävention im Unterricht

Im vorigen Kapitel haben wir dargestellt, wie eine Schule als Ganzes sich organisieren kann, um für Lehrer und Schüler höhere Qualitätsstandards zu erreichen, wozu auch die Lebensqualität gehört, so etwa die Befriedigung, die man mit der täglichen Arbeit verbindet. In diesem Kapitel wollen wir darüber informieren, was Sie darüber hinaus oder unabhängig davon realisieren können, um Stress am Ort des Geschehens zu verringern, also u.a. in Ihrem Unterricht.

Unser Organismus folgt seinen eigenen Gesetzen und jedes Individuum hat biologische und psychische Grundbedürfnisse. Störungen und persönliche Überlastung im Unterricht werden umso wahrscheinlicher, je sträflicher man die biologischen und psychischen Grundbedürfnisse der Lernenden – und auch die eigenen – vernachlässigt. Wir haben einige dieser Funktionsweisen und Bedürfnisse ausgewählt und wollen im Folgenden darstellen, welche Anteile sie am Zustandekommen von Stressreaktionen und störenden Schüleraktivitäten haben können – und wie man dem durch einen bedürfnisgerechten Unterricht vorbeugen kann. Im Einzelnen geht es um

- Angebote zum Sammeln, Beruhigen oder, wenn es angezeigt ist, zum Aktivieren der Schüler,
- den Nutzen von Regeln und Ritualen,
- Unterrichtsmethoden, welche den physischen und psychischen Bedürfnissen der Lernenden entgegenkommen und Sie als Lehrkräfte von der ständigen mentalen Präsenz entlasten.

7.1 Reizzufuhr und Informationsaufnahme – Übungen zum Sammeln, Beruhigen und Aktivieren

Wir erleben uns selbst als informationsoffene Systeme. Tatsächlich sind wir weitaus mehr mit uns selbst beschäftigt als mit dem, was von außen an uns herankommt: Beim Menschen entfällt der Hauptteil der neuronalen Aktivität auf den Austausch zwischen den Zellgruppen. Nur ein vergleichsweise geringer Teil der Aktivitäten wird durch den sensorischen Input (also durch wahrnehmungsbedingte Reizaufnahme) bestimmt. »Da wir nur über rund 100 Millionen Sinnes-

zellen verfügen, unser Nervensystem aber an die 10000 Milliarden Synapsen enthält, sind wir gegenüber Änderungen unserer inneren Umwelt 100000-mal empfänglicher als gegenüber Änderungen in unserer äußeren Umwelt.« (v. Foerster 1981, S. 51) Im Klartext: Jedes Kind, jeder Erwachsene hat den Kopf voller Bilder und Gedanken. Und wir sind keineswegs immer bereit, von diesen Gedanken abzulassen, wenn etwas Neues auf uns zukommt. Eine Frage, eine Aufforderung, eine Information, die an uns herangetragen wird, muss immer mit den bereits vorhandenen Gedanken und Vorstellungen konkurrieren. Maturana und Varela kleiden sie in folgendes Bild:

> »Ein Reiz **moduliert** nur die permanent vorhandene Aktivität – **wie eine Stimme, welche zu den vielen Stimmen bei einer heftigen Diskussion in einer großen Familie hinzukommt.**«
> (Maturana und Varela 1987)

Unser Gehirn wartet nicht gerade auf sensorischen Input. Zumindest nicht immer. Mitunter ist dem Individuum das, was es gerade in seinem Bewusstsein bewegt, so wichtig, dass Impulse, die von außen kommen, als Störungen erlebt und ignoriert bzw. abgewiesen werden.

Und hier liegt eines der fundamentalsten pädagogischen Missverständnisse: Lehrende erwarten, dass mit Unterrichtsbeginn **ihre** Botschaften und Angebote **alle anderen** neuronalen Aktivitäten der Schülerinnen und Schüler zum Schweigen bringen; dass die neuronalen Aktivitäten der Schülerinnen und Schüler auf den **Lerngegenstand** ausgerichtet sind und auf nichts sonst. Aber ist das eine realistische Annahme? Vergegenwärtigen Sie sich, welche neuronale Aktivität bei Schülerinnen und Schülern am Beginn einer Unterrichtsstunde vorhanden ist

- nach einem Fernseh-Wochenende,
- nach einer Rangelei auf dem Schulhof,
- wenn er/sie dauernd Streit mit den Eltern hat,
- wenn er/sie Angst hat vor einem Lerngegenstand.

Dann ist ein Kind womöglich gänzlich mit sich selbst beschäftigt und eine Aufforderung wie »Schlagt euer

Buch auf S. 23 auf« verhallt ungehört! 25 Schulkinder warten nicht gerade auf unsere Botschaften. Manchmal, vielleicht; einzelne, vielleicht. Prinzipiell aber sind wir als Lehrende in der Rolle von Vertretern, die einen Fuß in die Tür setzen müssen, damit die pädagogische Botschaft überhaupt das Bewusstsein der Lernenden erreicht. Was aber könnten, müssten Sie tun, um Ihrer Botschaft im Chor der neuronalen Aktivitäten der Schülerinnen und Schüler Beachtung zu verschaffen?

Wir haben bisher nur von den **Lernenden** gesprochen. Wie ist es wohl mit der neuronalen Aktivität von **Lehrerinnen und Lehrern** bestellt, die vor Schulbeginn

- hastig die Wäsche in die Waschmaschine geworfen haben,
- mit viel Gezänk ihre eigenen Kinder auf den Weg gebracht haben,
- unter wiederholtem Überschreiten der Geschwindigkeitsgrenzen in letzter Minute in der Schule ankommen?

Was passiert, wenn zu den vielen aufgewühlten »inneren« Stimmen der Lehrerin die Stimmen eines Pulks von Schülerinnen und Schülern oder einer Gruppe ähnlich erregter Kolleginnen und Kollegen hinzukommen?

Sie sehen: Ohne einen Akt der Sammlung, der Beruhigung, ohne eine Ankommensübung werden Sie über lange Phasen des Unterrichts gegen innere und äußere Unruhe der Schülerinnen und Schüler anzukämpfen haben und möglicherweise auch gegen die eigene.

Die Bedeutung der Aktivierung für das schulische Lernen

Eine der ältesten Erkenntnisse der Psychologie stellt einen Zusammenhang her zwischen dem Erregungsniveau und der Leistungsgüte. Der Zusammenhang ist bekannt als Yerkes-Dodson-Gesetz aus dem Jahre 1908.

Obwohl aus heutiger Sicht der Zusammenhang nicht so stringent ist, wie ursprünglich angenommen, gibt es doch Wechselbeziehungen. Die Leistungsgüte ist am höchsten bei einem mittleren Maß an Erregung bzw. Aktivierung. Überaktivierte Schülerinnen und Schüler sind praktisch nicht lernfähig. Aber nicht nur das: Ihre Erregung macht sich Luft in motorischer Unruhe, möglicherweise auch in Form von Übersprunghandlungen wie Reden, Umherlaufen, Rangeln, Boxen, Treten, Schreien – einige der hinlänglich bekannten Ursachen von Stress im Unterricht. Um überhaupt eine Lehr-Lern-Situation herstellen zu können und um das Stresspotenzial zu senken, kann es notwendig sein, das

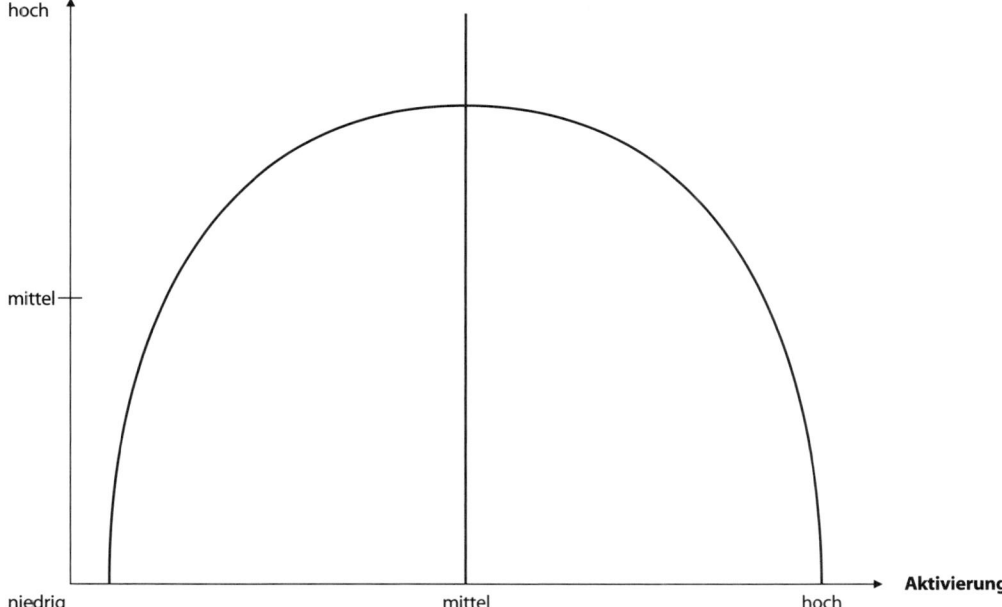

Abbildung 6: Yerkes-Dodson-Gesetz (1908)

Erregungsniveau abzusenken. Damit neue Information aufgenommen werden kann, gilt es zuerst, durch einen Akt der Sammlung zu erreichen, dass die Schülerinnen und Schüler von ihren aktuellen Erlebnissen ablassen und sich auf die Botschaft der Lehrerin orientieren. Früher wurde dies erreicht durch ein Gebet oder durch ein im Chor geschriebenes »Guten Morgen, Herr Lehrer«. In der DDR wurde der Unterricht mit einer Art Morgenappell eröffnet: »Klasse 3b zum Unterricht angetreten«. Wir werden uns später damit beschäftigen, welche zu heutigen pädagogischen Wertvorstellungen passenden Möglichkeiten es gibt, um bei einer mehr oder weniger erregten Schülergruppe zu erreichen, dass

- das »innere Stimmengewirr« sich beruhigt und
- die Stimme der Lehrerin oder des Lehrers in dem Gewirr der »inneren« und äußeren Stimmen der Schülerinnen und Schüler gehört wird.

Wir denken dabei v.a. an den Unterrichtsbeginn, an das Einstimmen nach einem Fernseh-Wochenende oder nach der Hofpause. Beruhigen ist jedoch nicht immer das Gebot der Stunde. Werfen wir noch einmal einen Blick auf die Kurve: Auch ein »Zuwenig« an Erregung kann fatale Folgen haben: Zu niedrig aktivierte Schülerinnen und Schüler sind zum einen nur begrenzt aufnahme- und leistungsfähig. Lernen findet nur eingeschränkt statt. Stressauslösend auf Lehrerinnen und Lehrer wirkt solch ein Zustand auf zweierlei Art.

- An unteraktivierten Schülerinnen und Schülern gehen verbale Instruktionen regelmäßig vorbei. Sie sind dann in der Klasse orientierungslos, fragen andere, fragen die Lehrerin oder machen sich ihr eigenes Programm – was von Lehrerinnen und Lehrern in der Regel als störend empfunden wird.
- Ein Zustand zu niedriger Erregung wird als unangenehm empfunden, als Langeweile, mehr noch als körperliches Unbehagen. Diesen Zustand versuchen die Individuen abzustellen durch selbst stimulierende Aktivitäten wie Stuhlkippen, mit Gegenständen klappern, Herumrennen, Reden.

Wann treten solche Zustände auf? Vorzugsweise nach langen Phasen sitzender Tätigkeit, nach monotonen Beschäftigungen und auch ganz besonders am Ende eines Schultags, wenn Ermüdung einsetzt. Eine wichtige Rolle spielt bei der Aktivierung die Skelettmuskulatur. Sind die Muskeln in Bewegung, senden sie Weckimpulse an unser ZNS und erhöhen den Wachheitsgrad. Sind die Muskeln wenig bewegt, sinkt die kortikale Erregung und damit der Grad der Wachheit. Es gibt auch immer wieder einzelne Schülerinnen und Schüler, die besonders empfindlich auf Unteraktivierung reagieren und dies durch selbst organisierte Reizzufuhr ausgleichen. Sie erscheinen uns dann als »hyperaktiv«, »hypermotorisch«.

So, wie es sinnvoll sein kann, Erregung zu **dämpfen**, kann es zu anderen Zeiten notwendig sein, **Aktivierung zu steigern**. Probate Mittel sind Bewegung, Singen, Sprechen, Übungen zur progressiven Muskelentspannung. Der Charme mancher Bewegungsübungen besteht darin, dass sie für beides taugen, für Sammlung und für Aktivierung, weil sie geeignet sind, ein mittleres Maß an Erregung herzustellen. Beruhigen und Aktivieren sind Möglichkeiten, das Erregungs- und Aktivierungsniveau von Schülerinnen und Schüler auf einem lernförderlichen Niveau zu halten – und gleichzeitig die Belastungen für die Lehrerin auf einem zuträglichen Stand.

Vorschläge zum Aktivieren und Beruhigen

Die folgenden Möglichkeiten wurden von einer Seminargruppe zusammengetragen. Einige Möglichkeiten sind ausführlicher beschrieben.

Sammeln und Beruhigen am Unterrichtsbeginn

- Gleitender Unterrichtsbeginn, Anfangszeit geben zur freien Verfügung (Möglichkeit zu Einzelgesprächen)
- Schon vor Beginn des Unterrichts können die Kinder spielen, sich in die Sofaecke setzen o. Ä. Danach Spieluhr einstellen, während sie läuft, kommen die Kinder auf ihre Plätze
- Förmliche Begrüßung der Kinder
- Durch Handzeichen Stundenbeginn signalisieren (alternativ: Klangschale, Tamburin, Triangel, Signalkarte)
- Erzählrunde
- Kurze Bewegungsübungen, in eine Geschichte verpackt
- Bewusstes gemeinsames Atmen
- Mini-Fantasiereise
- Was höre ich außerhalb vom Klassenraum? Außengeräusche bewusst wahrnehmen
- Geräusche im Klassenraum wahrnehmen: Wer hört die Uhr ticken, wer hört die Lampen brummen?
- Einen speziellen Duft (erzeugt mit Öl auf Duftlampe, Duftkerze) »erriechen« lassen
- Gegenseitige Massage, Wettermassage (s.u.)
- Konzentrationsspiele wie »Hände im Kreis« oder »Alle Vögel fliegen hoch«

Bitte vergegenwärtigen Sie sich unter Verwendung des folgenden Arbeitsblattes, welche (weiteren) Möglichkeiten des Sammelns, Beruhigens und Aktivierens Sie schon nutzen und welche Wirkungen Sie dabei erzielt haben.

Zum Nachdenken: Sammeln, Beruhigen, Aktivieren

Lernleistung und Bereitschaft zur Mitarbeit sind optimal bei einem mittleren Maß an Erregung.
Störungen im Unterricht kann vorgebeugt werden

- durch Angebote zum Sammeln und zum Beruhigen, wenn die Schülerinnen und Schüler übererregt sind,
- durch aktivierende Angebote, wenn sich bei Schülerinnen und Schülern nach langen Phasen intensiven Arbeitens Konzentrationsprobleme und Ermüdungsanzeichen einstellen.

Bitte tragen Sie in die folgende Tabelle ein, welche Angebote Sie kennengelernt haben und mit welchen Sie gute Erfahrungen gemacht haben. Es ist hilfreich, sich zuerst die Angebote zu vergegenwärtigen, die sich eher zum Sammeln und Beruhigen eignen, dann die Übungen zum Aktivieren.

Angebote zum Sammeln, Beruhigen und Aktivieren	geeignet zum Sammeln und Beruhigen	geeignet zum Aktivieren	geeignet für beides	Erfahrungen, Kommentar

⇨ Material: **M13**, S. 145

Es gibt eine umfangreiche Literatur zur Entspannung mit Kindern. Wir stellen Ihnen hier eine exemplarische Auswahl von Übungen vor. Wenn Sie möchten, können Sie beim Durchlesen schon einmal reflektieren, welche davon Sie in Ihrer Klasse oder in Ihren Lerngruppen einsetzen können.

Die in Kapitel 4 beschriebene **Blitzentspannung** lässt sich problemlos in allen Schulstufen realisieren. Es handelt sich um eine Übung, die insbesondere auch von älteren Schülern angenommen wird. Sie beruht wie auch die folgende auf den Prinzipien der progressiven Muskelentspannung. Bei jüngeren Kindern kann man zu einer spielerischen Einkleidung greifen, wie z.B. bei der Übung Kraftprotz und Schlaffi.

A Übungen für die Grundschule

Kraftprotz und Schlaffi:[1] Kraftprotz kann vor Kraft nicht laufen. Wie ein Sumo-Ringer stapft er durch die Gegend, hebt die Beine, lässt die Muskeln schwellen, gibt mächtig an, stößt dabei womöglich Urlaute aus. Immer stärker spannt er die Muskeln an, versucht die Sterne vom Himmel zu pflücken, zeigt Imponiergehabe.

Aber ach, seine Kraft ist nur begrenzt. Wenn er sich lange genug produziert hat, geht ihm die Puste aus und er sinkt ganz langsam in sich zusammen. Er schlafft völlig ab. Er ist in sich zusammengesunken. Die Arme hängen lose herab. Er ist weich wie Wackelpudding.

Aber wenn er sich erholt hat, dann beginnt er sein Spiel von neuem … (beliebig oft wiederholen) … oder er steht langsam auf, geht ruhig an seinen Platz, schlägt sein Heft auf und …

Wettermassage: Zwei Schüler stellen sich hintereinander auf. Der Spielleiter gibt Instruktionen:

- es beginnt zu tröpfeln
- es regnet heftiger
- ein kräftiger Schauer
- die Tropfen werden weniger
- es schneit
- es hagelt
- Nebel kommt auf
- die Sonne kommt hervor etc.

Der hintere Mitspieler trommelt dabei dem Vordermann mehr oder weniger intensiv auf Schultern, Kopf und Rücken. Es können die unterschiedlichsten Wetterphänomene beschrieben und mit Berührungen begleitet werden. Je nachdem, ob Sie eher eine Beruhigung oder eine Aktivierung erreichen wollen, lassen Sie die Übung mit einem eher kräftigen oder einem milden Wetterphänomen enden.

1 Nach einer Idee von M.A. Reinarz, Friedrich-Jahresheft 1994, S. 152–155.

Pferderennen: Alle Mitspieler – auch der Spielleiter – sitzen im Kreis. Sie ahmen Geräusche und Stimmen bei einem Pferderennen nach. Das beginnt damit, dass sich alle Spieler auf die Oberschenkel schlagen und dabei sprechen: »Tarab, tarab, tarab…«

Diese Bewegung und das Gemurmel werden während des ganzen Spiels beibehalten. Zusätzlich gibt der Spielleiter durch Zwischenrufe und Vormachen an, was jeweils zu tun ist:

> »Rechtskurve« – alle legen sich nach rechts;
> »Linkskurve« – alle legen sich nach links;
> »Oxer« – alle deuten mit erhobenen Armen und kurzem Aufstehen einmal eine Sprungbewegung an;
> »Doppeloxer« – alle deuten zweimal die Sprungbewegung an;
> »Zuschauertribüne« – alle jubeln;
> »Gerempel zwischen den Pferden« – alle buhen;
> »Wassergraben« – alle blubbern mit den Fingern an den Lippen;
> »Hufeisen verloren« – alle machen mit den Fingern im Mund »klong« usw.

Die Liste kann durch beliebige weitere Geräusche und Bewegungen ergänzt werden. Das Pferderennen eignet sich gut zum Abbau von verbaler und motorischer Unruhe und macht darüber hinaus – nicht nur Kindern – Spaß.

Ich bin topfit: Bei dieser kleinen Bewegungsübung stehen die Schüler im Kreis. Alle sprechen im Chor »Ich bin topfit!« und führen dazu passende Bewegungen aus. Der Satz wird mehrere Male wiederholt. Vorschläge für Bewegungen:

Ich	mit beiden Händen den Fußboden berühren
bin	mit den Händen auf die Oberschenkel klatschen
top	mit den Händen auf die Brust klopfen
fit	beide Hände nach oben in die Luft strecken

Weiterklatschen: Bei diesem kurzen Bewegungsspiel stehen die Schüler im Kreis. Der Spielleiter schickt dann nach links einen Klatsch auf die Reise, d.h., er klatscht mit beiden Händen in beide Hände des Nachbarn, die Hände klatschen etwa in Schulterhöhe gegeneinander. Dieser gibt den Klatsch an seinen linken Nachbarn weiter usw. Nach kurzer Zeit schickt der Spielleiter einen weiteren Klatsch los, und dann vielleicht noch einen. Schwieriger wird es, wenn auch ein Klatsch zum rechten Nachbarn auf den Weg geschickt wird.

Bewegung nach längerem Sitzen: Diese kleine Übungsfolge mobilisiert den Kreislauf und lockert insbesondere den Schulterbereich. Die Schüler stehen im Raum und machen folgende Bewegungen:

- Abwechselnd vom Zehenstand in den Fersenstand wechseln.

- Locker auf der Stelle laufen und weich abfedern, dabei die Arme mitführen.
- Im Stehen die Schultern langsam nach vorn kreisen lassen, nach einigen Kreisen anschließend die Richtung wechseln. Die Arme hängen dabei locker herab.
- Mit beiden Händen abwechselnd nach oben greifen.
- Langsam den Oberkörper vornüber nach unten abrollen, nach dem Abrollen die Arme und Schultern ausschütteln. Anschließend langsam die Wirbelsäule wieder aufrollen.

Ein Kuscheltier (Mockel) in den Schlaf wiegen[1]: Die Kinder sollten vorher Mockel aus Pappe gemalt, ausgeschnitten und gestaltet haben. Die Kinder sollten die Möglichkeit haben, ganz ausgestreckt auf dem Rücken liegen zu können. (Nach der Übung kann besprochen und erzählt werden, was dem Mockel passiert ist. Durch die Identifikation mit dem Fantasietier wird dem Kind Raum gegeben für eigene Ängste, die, einmal ausgesprochen, vielleicht nicht mehr ganz so bedrohlich sind. Interpretieren und bearbeiten können wir diese Ängste und Äußerungen der Kinder in der Schule sicherlich nicht.)
– Du liegst auf dem Rücken.
– Auf deinem Bauch liegt dein Mockel.
– Er ist müde und ängstlich.
– Der Mockel möchte von dir in den Schlaf gewiegt werden, ganz ruhig und gleichmäßig.
– Schau den Mockel auf deinem Bauch an.
– Lege beide Hände auf ihn.
– Atme ruhig ein und aus … ein und aus.
– Du wirst immer ruhiger und der Mockel auch.
– Der Mockel schläft ein.
– Vielleicht fallen dir die Augen zu.
– Wenn du ein Glöckchen hörst, wirst du wach, weckst vorsichtig den Mockel und ihr redet und streckt euch.

B Übungen für die Mittel-/Oberstufe

Joga, Tai-Chi und Qi-Gong: In höheren Schulklassen ist es schwieriger als in der Primarstufe, Übungen zu finden, die von den Jugendlichen akzeptiert werden. In diesem Alter möchten sich viele Lernenden nicht in merkwürdigen Posen wieder finden. Auf große Akzeptanz stoßen im Allgemeinen reine Atemkonzentrations-Übungen und Übungen aus den ostasiatischen Kulturkreisen: Joga, Tai-Chi, oder Qi-Gong. Diese Übungen haben gemeinsam, dass sie über langsame und fließende Bewegungen den Muskeltonus und die Atmung regulieren. Sie können ihre Wirkung auch dann entfalten, wenn man sich nicht mit dem ursprünglichen spirituellen Hintergrund identifiziert. Es kann jedoch vorkommen, dass christlich geprägte Schüler, Eltern oder Kollegen Vorbehalte gegen derartige Übungen äußern. Stellvertretend für andere stellen wir hier eine »verwestlichte« Übung vor

Den Ball aus dem Wasser heben[2]
Stehen Sie in der Grundhaltung, schulterbreit, Nehmen Sie bewusst Ihre Füße wahr, verwurzeln Sie sich … Beginnen Sie die Übung … mit kleinen lockernden Bewegungen. Lassen Sie dann den Oberkörper heruntersinken.
Heben Sie langsam einen imaginären Ball aus dem Wasser, der Oberkörper richtet sich wieder auf, aber nur so weit, dass die Knie nicht ganz durchgestreckt sind.
Ist der Ball in Schulterhöhe angekommen, drehen Sie die Handflächen Richtung Boden und drücken den imaginären Ball behutsam wieder nach unten, bis sich die Hände etwas unterhalb des Nabels befinden. Gleichzeitig mit dieser Bewegung senkt sich der Körper. Zwischen den Händen sowie zwischen Händen und Bauch bleibt ein faustbreiter Abstand. Beginnen Sie den Ablauf der Übung von neuem: Drehen Sie die Handflächen gen Himmel und heben Sie den Ball wieder nach oben. Üben Sie mindestens viermal.

Wir sind uns bewusst, dass diese kurze Demonstration alles andere als ausreichend ist. Sollte Ihr Interesse jedoch durch diesen Abschnitt geweckt worden sein, wäre es das Beste, einen Kurs zu besuchen. Entsprechende Angebote halten nahezu alle Volkshochschulen bereit.

Den Körper wachklopfen. Namentlich Jugendliche reagieren mitunter sehr unwirsch auf Fremdberührungen. Eine Aktivierungsübung, die ohne Fremdberührungen auskommt, besteht darin, sich selbst mit der flachen Hand abzuklopfen.

Sie nehmen die **Grundstellung** ein: Die Füße stehen parallel in schulterbreitem Abstand fest auf dem Boden. Der Rücken ist gerade aufgerichtet, die Schultern sind entspannt, die Arme hängen locker, die Hände sind geöffnet. Achten Sie unbedingt darauf, dass die Knie leicht gebeugt sind und kippen Sie das Becken nach vorne, um ein Hohlkreuz zu vermeiden.
Sie klopfen Ihren Körper mit der flachen Hand ab, wählen Sie dazu eine Ihnen angenehme, kräftige Dosierung!

---

1   Aus: M.A. Reinarz und F. Muzzin, Mockelgeschichten, Reihe Flamingo, Verlag Dürr und Kessler, Bonn 1995.

2   Aus: M. Schwarte, Quigong, gesund durch Bewegung, München 1995.

Sie beginnen mit der **rechten Hand** auf der linken Brustseite, gehen die **Innenseite** des Armes entlang über die Handinnenfläche bis zu den Fingerspitzen. Dort wechseln Sie von innen nach außen, klopfen über den Handrücken, den Arm aufwärts über die Schulter bis zum Nacken. Dann wechseln Sie die Seiten, indem Sie mit der linken flachen Hand auf der rechten Brustseite beginnen, die Arminnenseite bis zu den Fingerspitzen abklopfen, nach außen wechseln und die Armaußenseite über die Schulter bis zum Nacken beklopfen.

Die **Beine** werden mit **beiden Händen** gleichzeitig beklopft, man beginnt mit den **Außenseiten** und wechselt dann zu den **Innenseiten.** Setzen Sie beide Hände am Rücken an, und zwar so hoch wie möglich. Dazu ist es notwendig, für den oberen Teil des Rückens die Handinnenkanten zu benutzen. Bitte dosieren Sie die Schläge im Bereich der Nieren vorsichtig! Drehen Sie die Hände im Lendenbereich, sodass Sie wieder mit flachen Händen klopfen. Führen Sie Ihre Hände klopfend an den Außenseiten der Beine bis zu den Fußrücken hinunter und an den Innenseiten der Beine über den Bauch zur Brust herauf.

Wiederholen Sie die einzelnen Teile der Übung dreimal. Richten Sie Ihre ganze Aufmerksamkeit auf Ihr Tun und wählen Sie ein gleichmäßig ruhiges Tempo.

Anmerkung: Die Übung wurde aus dem Qi-Gong entlehnt. Sie dient der Aktivierung der Muskulatur und stimuliert den Energiefluss. Sie ist sehr wohltuend nach einer langen Arbeitsphase im Sitzen oder bringt morgens zu Unterrichtsbeginn müde Schüler/innen zu Aktivität.

Der Körper tanzt: Für diese Übung ist eine ruhige, melodische, sich im Tempo steigernde Musik zu empfehlen. Sie lässt sich aber auch ohne Musikuntermalung durchführen. Es werden nacheinander verschiedene Teile des Körpers bewegt, und zwar einzelne Gelenke in beide Richtungen. Als Regel gilt, es darf nur das angesagte Körperteil bewegt werden, der andere Teil des Körpers bleibt regungslos. Zum Schluss darf mit dem ganzen Körper getanzt werden.

Man beginnt zum Beispiel mit dem rechten **Fußgelenk,** das zuerst rechts und dann links herum bewegt wird, und wechselt dann zum linken Fußgelenk. Für die Aktivierung des Hüftgelenks gibt es mehrere Möglichkeiten: 1. Durch Anheben des nach vorne angewinkelten Beines lässt sich das **Hüftgelenk** bewegen, ohne dass Fuß- und Kniegelenk beteiligt sind. 2. Die Hüfte kann von rechts nach links gekippt werden oder 3. kreisen. Achten Sie auch hier auf den Richtungswechsel.

Die **Schultergelenke** kreisen erst einzeln und dann zusammen jeweils vorwärts und rückwärts. Die **Handgelenke** drehen jeweils einzeln rechts und links herum und werden anschließend zusammen bewegt. Der **Kopf** wird ausschließlich zur Seite nach rechts und nach links gedreht oder gegen die rechte bzw. linke Schulter geneigt. Wir raten Ihnen, mit den Kopfbewegungen besonders **vorsichtig** zu sein, sie langsam und nicht ruckartig auszuführen und nur so weit zu gehen, bis Sie eine leichte Dehnung spüren.

Je nach Länge des Musikstücks oder nach Befindlichkeit der Gruppe lassen sich einzelne Gelenkbewegungen miteinander kombinieren, zum Beispiel: Die rechte Hand und der linke Fuß werden zusammen bewegt – oder die Handgelenke und die Hüfte drehen sich. Am Schluss darf sich der ganze Körper (ohne Vorgaben) bewegen.

School-robic: Die Übung besteht aus mehreren Bewegungsabschnitten, die ohne Pausen hintereinander ausgeführt werden können. Jeder Bewegungsteil sollte maximal eine Minute dauern. Es hat sich als günstig erwiesen, die einzelnen Abschnitte kurz und immer wieder wechselnd zu präsentieren. Da mit der Übung das Ziel verfolgt wird, den Kreislauf anzuregen, und ohne dass ein erschöpfendes Fitnessprogramm gestaltet wird, sollte die Gesamtdauer fünf Minuten nicht überschreiten. Obwohl die Bewegungen auf einem begrenzten Raum ausgeführt werden, ist darauf zu achten, dass die Teilnehmer/innen nicht zu beengt stehen und genügend Bewegungsfreiheit haben. Eine schnelle rhythmische Musik erhöht die Bewegungsfreude, ist aber nicht unabdingbare Voraussetzung.

1) Auf der Stelle marschieren, dabei die Hände leicht zu Fäusten ballen und die Unterarme gleichzeitig mit Spannung in Richtung Oberkörper ziehen. In einem Rhythmus (z.B. beim Zählen auf 3 oder der Musik entsprechend) die Arme kurz sinken lassen und dann mit Spannung wieder anziehen (drei- bis viermal). Anschließend die Arme locker neben dem Körper bewegen. Anspannende Armbewegungen mehrmals wiederholen.

2) Abwechselnd das rechte und das linke Knie in Richtung Oberkörper ziehen und jeweils mit dem rechten oder linken Ellenbogen das jeweilige Knie berühren. (Bei weniger Gelenkigen reicht es, die Bewegung anzudeuten).

3) Variation von 2.: Der rechte Ellenbogen wird zum linken Knie geführt und der linke Ellenbogen zum rechten Knie, sodass eine Überkreuzbewegung entsteht.

4) Der rechte Fuß tippt nach rechts zur Seite und wird wieder neben dem linken abgestellt, anschließend

tippt der linke Fuß zur Seite und kehrt zur Mitte zurück. Mit der Bewegung des rechten Fußes wird gleichzeitig der rechte Arm nach oben gestreckt, mit der Bewegung des linken Fußes geht der linke Arm nach oben.

5) Variation zu 4.: Mit der Bewegung des rechten Beines wird der linke Arm gehoben, mit der des linken Beins der rechte Arm.

Vom Vorsatz zur Ausführung

Lehrerinnen und Lehrer höherer Schulstufen reagieren mitunter skeptisch auf die Idee, Sammlungs- oder Aktivierungsübungen mit Schülern durchzuführen. Die Schüler könnten das lächerlich finden oder sich verweigern. Je größer die innere Überzeugung ist, mit der man solche Angebote macht, desto größer ist in der Regel auch die Bereitschaft der Schüler, sich zu beteiligen. Überzeugung gewinnt man u.a. durch Kompetenz und diese wiederum dadurch, dass man das Vorgehen einige Male (in Kursen oder mit Kolleginnen und Kollegen) übt. Mitentscheidend, wie Jugendliche, insbesondere Sek.II-Schüler/innen, auf ihr Bewegungsangebot reagieren, ist auch, wie Sie es »verkaufen«. Mit dem Hinweis, dass diese Übungen auch in Management-Trainingsprogrammen enthalten sind oder Erklärungen zur physiologischen Wirkung lassen sich Abwehrhaltungen verringern und Neugier wecken.

Sollten Sie (vermehrt) Übungen zum Sammeln, Beruhigen und Aktivieren in Ihren Unterricht aufnehmen wollen, dann können Sie mit der Checkliste im Materialteil, M14, S. 147 noch einmal unsere Anregungen Revue passieren lassen und auswählen, was für Sie und Ihre Lerngruppen geeignet ist.

⇨ Material: **M14**, S. 147

Elke Rabens/Margret Zitzner

7.2 Vom Nutzen der Regelhaftigkeit – Regeln, Rituale, Transparenz

Dort, wo viele Individuen wie in einer Schulklasse auf begrenztem Raum über eine relativ lange Zeit eines Tages zusammen sind, miteinander lernen, arbeiten und spielen, macht es Sinn, gemeinsamen einen für alle verbindlichen Ordnungsrahmen festzulegen, der Klarheit und Eindeutigkeit im Umgang miteinander schafft, und einen verlässlichen Rahmen für wiederkehrende Handlungsabläufe sicherstellt.

Dies kann mit Regeln und Ritualen geschehen.

Beeindruckend ist, wie in Montessori-Schulen der Austausch zwischen der Lehrerin und einzelnen Kindern erfolgt. Die Lehrerin geht zu dem Kind, begibt sich auf die Augenhöhe des Kindes und gibt **leise** ihre Anweisung.

Verbale Anweisungen haben zwei Nachteile

1. Sie erreichen möglicherweise nicht diejenigen, für die sie bestimmt sind (Worte sind Schall und Rauch).
2. Sie stören immer diejenigen, für die sie nicht bestimmt sind, und erhöhen somit das Erregungsniveau in der Klasse.

Regeln
sind Richtlinien, Normen, Vorschriften, die sich eine Gemeinschaft verbindlich setzt und anerkennt, auf Erfahrungen beruht und/oder eine auf Konvention beruhende Verhaltensform. Regeln sorgen auf der Grundlage von Normen und Werten für verbindliche Handlungsabläufe und somit für eine verlässliche Kommunikation im sozialen System.

Rituale
Ritualisierte Handlungen und Rituale umfassen ein breites Spektrum an Sitten, Gebräuchen, Feiern, Zeremonien und Handlungsmustern. Es ist zwischen Höflichkeits-, Disziplinierungs-, Leistungs-, Festritualen zu unterscheiden.
Rituale begegnen und prägen uns in vielen Lebenssituationen. Die gleich bleibenden Abläufe, die wiederkehrenden Handlungen sind Ausdruck symbolischer Bedeutung. Rituale haben durch die Symbolhaftigkeit mit einem Wiedererkennungswert eine kommunikative, stabilisierende soziale Funktion. Die Beteiligten wissen, was zu tun ist und wie man sich verhält. Ein mühseliges »Darüberreden« entfällt.
Rituale sind auch immer vorstrukturierte Situationen, die in gleicher Form ablaufen und in denen die Beteiligten festgelegte Rollen einnehmen.
In den 70er-Jahren fand eine kritische Auseinandersetzung gerade mit dieser festgelegten Rollenzuweisung statt. Für den schulischen Bereich, insbesondere im Primarbereich, haben Rituale heute im Sinne eines reformpädagogischen Verständnisses wieder bewussten Eingang in Schule und Unterricht gefunden.
Auch in der Lehrerausbildung der 2. Phase haben Einführungs- und Verabschiedungsrituale als ein gemeinsames Anliegen der Beteiligten wieder Eingang gefunden

Signalkarten, Namensklammern, Sprechsteine u.Ä. ermöglichen einen geräuscharmen Informationsaustausch und verringern dadurch das Störungspotenzial. Als optische »Dauerreize« ermöglichen sie auch den Schülerinnen und Schülern eine Orientierung, die vielleicht einen Augenblick lang unaufmerksam gewesen sind.

Fehlende Regelungen wiederkehrende Aktivitäten verursachen lernhemmende Erregungen. Stellen Sie sich eine vergleichbare Situation im Verkehr vor. Es ist im Grunde gleich, ob man auf der Straße links oder rechts fährt. Es muss nur einmal verbindlich festgelegt werden. Müssten die Verkehrsteilnehmer die Wahl der Straßenseite jeweils einzeln aushandeln, entstünde Chaos. Chaos in der Klasse entsteht, wenn wiederkehrende Abläufe immer neu geregelt werden müssen.

Ungewissheit erzeugt ebenfalls lernhemmende Erregung. Wenn Sie einem Vortrag folgen wollen, erwarten Sie, dass der Referent eine Vorstruktur gibt. Wenn nicht, werden Sie unwillig. Schülerinnen und Schüler reagieren nicht anders. Sie werden häufig im Unklaren gelassen, was ihnen im Unterricht bevorsteht oder »worauf die Lehrerin hinauswill« Im reinen fragend-erarbeitenden Unterricht wird eine derartige Verunsicherung sogar zum methodischen Prinzip erhoben. Schülerinnen und Schülern ist diese Verunsicherung unerträglich und sie reagieren mit Übersprunghandlungen – sie werden unruhig, aggressiv oder fangen an zu träumen.

Im pädagogischen Bereich ist eine klare eindeutige Abgrenzung zwischen Regeln und Ritualen nicht durchgängig leistbar.

Regeln und Rituale können Strukturierungs-, Orientierungs-, Gestaltungs- und Organisationshilfen für ein konfliktfreieres und gestaltetes Schulleben sein, indem sie einen verlässlichen Rahmen für alle Beteiligten bilden, der Identifikation fördern kann und Gemeinschaft entstehen lässt. Dies ist immer dann sinnvoll, wenn sich die Beteiligten gemeinsam auf Regeln im Umgang miteinander verständigen und Rituale nicht unreflektiert – um ihrer selbst willen – praktiziert werden. Gerade im Bereich ritualisierter Handlungsabläufe ist immer wieder neu eine Balance zwischen Ritualen versus Individualität und Spontanität herzustellen.

Da die Bewertung von Regeln und Ritualen auch immer mit der eigenen Lebensgeschichte und den eigenen Schulerfahrungen verknüpft ist, schreiben Sie bitte **Regeln und Rituale aus Ihrer eigenen Schulzeit** auf, die Konsequenzen bei Nichteinhaltung und Ihr eigenes Erleben in der jeweiligen Situation.

Regeln aus meiner Kindheit und Schulzeit	Konsequenzen bei Nichteinhaltung	So habe ich das erlebt
z.B. nicht dazwischen rufen	in der Ecke stehen	unangemessen, beschämend
z.B. Hausaufgaben aufgeschlagen auf den Tisch legen		

Rituale aus meiner Kindheit und Schulzeit	So habe ich sie erlebt
z.B. für das Geburtstagskind wurde ein Lied gesungen.	das war angenehm, hat Spaß gemacht
z.B. an der Tafel Matheaufgaben demonstrieren	das war für leistungsschwache Schüler eine Horrorreise und für die Zuschauer auch
z.B. Arbeiten werden in der Reihenfolge der Benotung verteilt	

Meine Regeln

Bitte notieren und überdenken Sie jetzt die Regeln und Rituale in Ihrem Unterricht.

– Mit welchen Regeln und Ritualen haben Sie besonders gute Erfahrungen gemacht?
– Welche Regeln und Rituale waren weniger sinnvoll?

Wenn es mit der Einhaltung einer Regel Schwierigkeiten gibt:

– Ist die **Regel** für Schüler einhaltbar?
– Überwachen Sie die Einhaltung konsequent genug?
– Was können Sie mehr als bisher tun, um der Regel Geltung zu verschaffen?
– Oder sollten Sie auf diese Regel besser verzichten? Sie durch eine andere ersetzen?
– Gibt es Dinge, die noch nicht geregelt sind und für die Sie eine Regelung vereinbaren sollten? Wenn ja welche?

– Überprüfen Sie Ihre **Rituale** auf ihre Sinnhaftigkeit.
– Seien Sie wachsam bei Disziplinierungsritualen.
– Haben institutionalisierte Feste und Feiern einen festen Platz in Ihrer Klasse, Ihrer Schule?

An dieser Stelle möchten wir noch an einige Rituale erinnern, die sich im Schulalltag bewährt haben. Manche werden Ihnen bekannt sein. Mit manchen werden wir vielleicht Ihre Erinnerung auffrischen.

● »Guten-Morgen-Ritual«: Feststehende Begrüßung bei jedem Lehrerwechsel, akustisches Signal, mit dem der wirkliche Beginn der Stunde angekündigt wird (Musik laut, dann abstellen o.Ä.); optisches Signal (Pausenzeichen umdrehen auf Grün, bestimmte Position im Klassenraum einnehmen – z.B. sich vor den Lehrertisch stellen; TOP aufhängen; Lehrerkalender oder bestimmten Gegenstand auf den Tisch legen).

● **Wiederkehrender Tagesablauf:** Die einzelnen Phasen sollten durch Tafelanschrieb oder Wandzeitung für die Kinder im Klassenraum (als Erinnerungshilfe) deutlich sichtbar sein.

● **Einübung wiederkehrender Abläufe:** Stuhlkreis bilden, Materialien holen, Kakaotüten verteilen usw.

● **Feststehende Ämter:** Es kann die Lehrerin entlasten, wenn Schülerinnen feststehende Aufgaben (»Ämter«) übertragen werden.

● **(Optische) Signale für Tätigkeitswechsel:** Für Tätigkeitwechsel können Signale vereinbart werden: Anschlagen eines Triangels, Darstellung der zu beginnenden Aktivität durch ein Bildsymbol. (Es kann sinnvoll sein, die Bedeutung der Symbole zunächst öfter in Erinnerung zu rufen.)

● **Ruhe herstellen:** Hände heben (alle nachmachen) oder Dach über Kopf, Triangel, Glocke, »Ruheplakat« umdrehen.

● **Gruppenarbeit/Stille- und Einzelarbeit:** Optische Symbole auf farbigem Karton

● **Anforderungssturm reduzieren:** Namensklammern/Gegenstände für »Ich brauche Hilfe« »Ich bin fertig«. Schüler, die Hilfe brauchen, legen einen Stein, einen vorher vereinbarten Gegenstand auf den Tisch. Besser: Namensklammern. Jeder Schüler hat eine Klammer mit seinem Namen. Diese befestigt er

---

Meine Rituale

---

an einem Schild »Ich brauche Hilfe« oder »Bitte kommen«. Die Lehrerin kann dann diese Wünsche in der Reihenfolge der Klammern abarbeiten und die Schüler können beruhigt darauf vertrauen, dass die Lehrperson auch kommt.

● **Endritual:** Es muss deutlich werden, wann die konzentrierte stille Arbeit zu Ende sein soll. Wann genau dürfen die Schüler den Raum verlassen und lauter werden?

Mit den Checklisten im Materialteil können Sie sich noch einmal vergegenwärtigen, welche **Rituale** Sie beibehalten, auffrischen oder neu ausprobieren wollen und welche **Regeln** Sie einführen und/oder beibehalten und mit welchen Mitteln Sie auf die Einhaltung achten wollen.

⇨ Material: **M15**, S. 149; **M16**, S. 151

Rudolf Kretschmann/Jürgen Thal

7.3 Lehren, Lernen und das Bedürfnis nach Selbstwirksamkeit

Jedes Individuum hat ein Bedürfnis nach Selbstwirksamkeit (vgl. Bandura 1977; Rheinbeg 1997). Ein Kind, das im Unterricht längere Zeit sitzend und passiv zuhörend verbringen muss, erlebt sich als unwirksam. Es wird sich Wirkungsmöglichkeiten suchen: Es träumt, es redet mit dem Nachbarn, es fängt an zu zappeln, mit dem Stuhl zu kippen etc. Mit dem Zappeln verschafft sich das Kind dann auch das bereits erwähnte und dem Wohlbefinden am zuträglichsten mittlere Maß an Erregung. 45 Minuten still zu sitzen ist für Grundschulkinder eine physiologische Überforderung. Schülerinnen und Schüler, deren Bedürfnis nach Selbstwirksamkeit nicht erfüllt wird, stören. Wie müsste solch ein Unterricht aussehen, der das Bedürfnis der Schülerinnen und Schüler nach Selbstwirksamkeit befriedigt? Bei gleichen Lerninhalten können unterschiedliche Vermittlungsformen mehr oder weniger Selbstwirksamkeit ermöglichen. Die folgende Tabelle zeigt in der Gegenüberstellung von Selbstwirksamkeit ermöglichende Angebote.

Das Gegenteil der Befriedigung des Bedürfnisses nach Selbstwirksamkeit ist die permanente Fremdbestimmung beim schulischen Lernen. Wo Schülerinnen und Schüler über die Ziele und den Ablauf schulischer Prozesse uninformiert bleiben, wo ihnen Gestaltungsmöglichkeiten verwehrt sind, wo sie wenig Gelegenheit erhalten, Themen zu bearbeiten, die für sie von zentraler Bedeutung sind, bleibt die Lehrer-Schüler-Interaktion hohl, brüchig und unverbindlich. Ansprechende Darbietung der Inhalte oder materielle oder symbolische Anreize können helfen, sind aber immer nur von begrenzter Wirkung. Dagegen lassen sich oft überraschende Motivationsschübe beobachten, wenn man Lernenden, und sei es auch nur in begrenztem Umfang, Gestaltungsmöglichkeiten ermöglicht.

Man kann Unruhe und Hektik und Störungen reduzieren mit Methoden, bei denen wenigstens einige der folgenden Voraussetzungen erfüllt sind:

● Orientierung: die Schüler sollen wissen, was sie tun sollen, wie sie es tun sollen, wann sie es tun sollen und warum sie es tun sollen;
● subjektive Bedeutsamkeit des Lerngegenstands, Gebrauchs- und Erlebnisorientierung;
● Eigenaktivität, eigene Gestaltungsmöglichkeiten;
● Bewegung;
● Kommunikation (der Schülerinnen und Schüler untereinander);
● gleichgewichtige Beteiligung aller Schülerinnen.

Die sicherste Methode, im Unterricht Unruhe und Störungen heraufzubeschwören, ist ein Arrangement, bei dem immer ein Schüler über lange Zeit aktiv handeln darf, während die anderen zum passiven Rezipieren verurteilt sind. Lange Lehrervorträge oder ein stark lehrerzentrierter Unterricht haben die gleiche Wirkung.

Tabelle 13: Selbstwirksamkeit bei schulischen Angeboten

Angebote, die wenig Selbstwirksamkeit ermöglichen	Angebote mit erhöhter Selbstwirksamkeit
Auswendig lernen, welche Pflanzen an und um einen Teich wachsen	Einen Teich aufsuchen, die Pflanzen suchen und bestimmen
Alle Schüler bearbeiten das gleiche, vorgegebene Thema	Die Schülerinnen und Schüler wählen innerhalb eines Themenspektrums und bilden Arbeitsgruppen
Einen Text zum Alltagsleben im Nationalsozialismus lesen	Schüler interviewen Zeitzeugen
Der Lehrer trägt einen Info-Text über das deutsche Wahlrecht vor	Eine Schule führt eine Kommunalwahl durch, zeitgleich zu einer regulären Wahl, mit Wahlausschuss, Stimmzetteln, Urnengang etc.

Im Rahmen unserer Seminare sind wir noch auf eine andere Entlastungswirkung eines schülerzentrierten Unterrichts gestoßen. Je stärker die Unterrichtsaktivitäten an das Handeln der Lehrperson gebunden sind, desto stärker müssen Unterrichtsvorbereitungen deren Stil und deren pädagogische Vorstellungen berücksichtigen. Die unmittelbare Folge ist, dass jeder Lehrer seine, jede Lehrerin ihre Unterrichtsstunden individuell vorbereitet – das ist zwar im höchsten Maße unökonomisch, aber man könnte mit den Ausarbeitungen des Kollegen ohnehin wenig anfangen, weil sie kaum jemals zu den eigenen Mustern passen. Anders ist das bei einem schülerzentrierten Unterricht. Wenn z.B. Schüler an Stationen lernen, Planspiel durchführen oder in Projekten arbeiten – dann kostet das zwar viel an Vorbereitung, um z.B. Spielanleitungen herzustellen, Informationsbroschüren anzufertigen oder Materialien zusammenzutragen. Der Unterricht selbst aber läuft nach Einführungsphasen und Erstimpulsen über weite Strecken fast lehrerunabhängig. Die Vorarbeiten für solch ein Arbeitsvorhaben können sehr wohl arbeitsteilig vorgenommen werden, wenn das gleiche Projekt oder Stationenprogramm in mehreren Klassen ablaufen soll. Und da die Vermittlung nur im geringen Maße abhängig ist vom persönlichen Stil der Vermittlung, sind solche Ausarbeitungen personunabhängig verwendbar. Sogar Ausarbeitungen und Materialien, die in früheren Schuljahren angelegt wurden, sind verwendbar. Eine Schule oder gar eine Region kann sich so mit der Zeit einen Bestand an Unterrichtsprogrammen aufbauen, die – und darin läge die Entlastung – von einer Lehrkraft nur für die jeweilige Lerngruppe adaptiert werden müsste.

Wir wollen im Folgenden einige Anregungen geben, wie Unterricht ohne Qualitätsverlust entspannender gestaltet werden kann.

Unterrichtsmethodische Möglichkeiten

Alle Arten von Projektunterricht erfüllen die o.g. Voraussetzungen eines entspannenden Unterrichts. Es geht jedoch auch in einem kleineren Rahmen und es müssen nicht immer alle Bedingungen erfüllt sein. Es gilt, sowohl den körperlichen als auch den seelischen Anforderungen gerecht zu werden. Der natürliche Bewegungsdrang der Schüler soll berücksichtigt werden, indem immer wieder Phasen eingebaut werden, in denen Aufgaben in wechselnden Bewegungsabläufen erfüllt werden. Dadurch wird das Dauersitzen unterbrochen, die Leistungsfähigkeit und Lernfreude werden gesteigert und das Wohlbefinden in der Schule gefördert.

»Die interaktive Gestaltung der Arbeitsphasen unter Berücksichtigung sozialen Lernens, der Wechsel von Aktivität und Entspannung, die Ausbildung eines angenehmen Lernklimas, verschiedene Möglichkeiten zur mehrkanaligen Wahrnehmung und zum ganzheitlichen Lernen bewirken, dass gesundheitsfördernde Effekte bei Schülern und Lehrern auftreten können. Reduzierter Leistungsdruck, eine entspannte Lernatmosphäre und eine kreativ-spielerische Tätigkeit sowie viele Lernerfolgserlebnisse tragen dazu bei, dass vorhandene Stressreaktionen abgebaut und die physischen und psychischen Ressourcen stabilisiert werden.« (Thal u. Ebert 1999)

Die »gesunde Mischung« der Methoden hat sicherlich auch Einfluss auf die Ausbildung eines angenehmen sozialen Klimas in der Klasse. Dieses beeinflusst Leistungsbereitschaft, Arbeitsstil und Arbeitsergebnisse der Schüler entscheidend. Ein positives Miteinander ist eine der Voraussetzungen für erfolgreichen und weniger belastenden Unterricht. Auch deshalb soll die Interaktion in der Gruppe gefördert werden und die Schüler sollen zur Selbsttätigkeit angeregt werden.

Begriffespaziergang

Jeder Schüler macht sich mit einem Begriff zu einem vorgegebenen Thema vertraut und heftet sich diesen Begriff an die Brust. Alle Schüler gehen im Raum umher, suchen sich einen Partner und lassen sich von diesem den Begriff erläutern. Anschließend trennen sich die Paare wieder, alle gehen umher und suchen sich neue Partner. Gibt es Unsicherheiten, so kann in jedem Fall ein Experte nach der richtigen Erklärung befragt werden. Dies kann der Lehrer sein, aber auch Schüler, die sich vorher auf ihre Rolle vorbereiten konnten.

Chefsystem (nach Reichen)

Jeder Schüler oder eine Kleingruppe von Schülern erhält zu einer komplexen Thematik einen Teilauftrag. Er macht sich zum Experten (»Chef«) auf dem Gebiet. In einer späteren Phase sollen alle Schüler sich mit der gesamten Thematik vertraut machen. Um sich über Teilaspekte zu informieren, wenden sie sich an den jeweiligen Experten.

Silbensalat[1]

Es sind große Karten mit mehrsilbigen Fruchtnamen vorbereitet. Die Kinder lernen zunächst die komplette Frucht kennen, lesen sie und zergliedern sie dann in die einzelnen Silben, d.h., sie zerschneiden die Fruchtkarte in Stücke für einen Obstsalat. Die Obststücke kommen in eine Schüssel und werden miteinander verrührt. Jedes Kind bekommt dann ein Fruchtstück, d.h. eine Silbenkarte. Es liest seine Karte und hält sie anschließend so, dass alle übrigen Kinder sie gut lesen können. Nun

---

1 Unveröffentlicht, nach Rudolf Prahm, vormals Fachleiter in Bremen.

muss jedes Kind überlegen, mit welchen anderen Kindern es gemeinsam eine ganze Frucht bilden kann. Alle Kinder nehmen zunächst Blickkontakt auf und dann gehen sie aufeinander zu, um entsprechende Paare oder Gruppen zu bilden. Anschließend wird erneut umgerührt, d.h., alle Kinder dürfen durcheinander gehen. Auf ein Zeichen finden sich immer zwei zufällig nebeneinander stehende Kinder zu einem Silbenpaar. Das neue »Quatschwort« wird laut gelesen und anschließend wird noch einmal überlegt, zu welcher Ursprungsfrucht die jeweiligen Silben gehören.

Ausgefranst

Bei diesem Lernspiel zum Wiederholen von Lerninhalten spielen immer je zwei Gruppen gegeneinander. Zu einem Begriff, z.B. »Vitamin C« (im Biologieunterricht) oder »Goethe« (im Deutschunterricht) soll die eine Gruppe z.B. fünf Begriffe oder Sachverhalte aufschreiben, die mit dem Suchbegriff zusammenhängen. Die andere Gruppe muss dann in einer vorgegebenen Zeit eigene Assoziationen zum Suchbegriff nennen. Jede Übereinstimmung mit dem vorgegebenen Begriff wird bepunktet. Sieger ist die Gruppe mit den meisten Punkten.

Hier stehe ich

Der Grad von Zustimmung oder Ablehnung zu einer Aussage (z.B. »Haschisch sollte in Apotheken zum freien Verkauf angeboten werden«) kann durch das Einnehmen eines Standpunktes auf einer Linie im Klassenraum verdeutlicht werden. Dabei symbolisieren die beiden Enden der Linie die vollständige Zustimmung einerseits bzw. die vollständige Ablehnung andererseits. Dazwischen sind je nach Standpunkt individuelle Abstufungen möglich. Wenn jeder Schüler zu der Aussage seinen persönlichen Standpunkt einnimmt, wird schnell das Gruppenprofil deutlich. Eine Diskussion kann sich anschließen.

Mit dem Körper lernen

Im Fremdsprachenunterricht können Sie neue Vokabeln pantomimisch darstellen lassen. Dazu erhält jeder Schüler einen Bogen mit Vokabeln und ihren Übersetzungen. Alle gehen umher, auf ein Signal bilden diejenigen, die sich gerade am nächsten stehen, Paare. Die Partner haben nun die Aufgabe, sich gegenseitig abwechselnd irgendwelche der Vokabeln auf dem Bogen ohne Worte darzustellen. Da alle Schüler intensiv mit dem Thema beschäftigt sind, muss niemand fürchten, vor der Klasse bloßgestellt zu werden. Durch das Texthandeln tritt ein hoher Behaltenseffekt ein.

Ergebnissicherung: Diese methodischen Anregungen will ich einmal ausprobieren oder wieder aufgreifen:

1.

2.

3.

Elke Rabens/Margret Zitzner

7.4 Methodenvariation und Differenzierung im Unterricht

Unterricht, der vier- bis achtmal am Vormittag im 45-Minuten – Takt und das fünfmal die Woche davon ausgeht, dass Schülerinnen und Schüler

- mit unterschiedlichen kognitiven Stilen,
- individuellen Lernstrategien,
- mit sehr unterschiedlichen Vorerfahrungen und Kenntnissen,
- aus sehr unterschiedlichen kulturellen und familiären Zusammenhängen in einer medialisierten Welt

gemeinsam im Gleichschritt die gleichen Aufgaben und das vorrangig schriftlich bearbeiten und lösen, dabei konzentriert und aufmerksam mitarbeiten und auch noch Freude verspüren, produziert seine eigenen Probleme.

Unterricht, der von diesen vereinfachend dargestellten Annahmen ausgeht, kann für alle Beteiligten nicht zufrieden stellend gelingen. Kollegien, Kolleginnen und Kollegen, begegnen dieser Einsicht z.B. durch

- veränderte Unterrichtsformen,
- fächerübergreifende Vorhaben, projektorientierte Angebote, Freiarbeit, Stationslernen, Angebotslernen, innere Differenzierung,
- Aufhebung des strengen Stundenrasters,
- Berücksichtigung sinnhafter Angebote mit vielsinnigen Zugängen und
- Rhythmisierung eines Unterrichtvormittags

Die Berücksichtigung der Bedürfnisse aller in Schule Beschäftigten, die Schule auch als einen Lebensraum und eine Begegnungsstätte im Stadtteil begreifen, findet seine Umsetzung z.B. in

- anregend gestalteten Schulhöfen und Pausenhallen,
- der Einrichtung von Cafeterien,
- Angeboten über den Vormittag hinaus und
- gestalteten Räumen für Ruhe oder Gespräch und Anregung oder Entspannung.

Es ist also viel in Bewegung.

Schön, wenn Ihre Schule über ein gestaltetes Schulleben verfügt und Sie gemeinsam mit Ihrem Kollegium Unterrichtsformen praktizieren, die Schülerbedürfnisse in ihrem Jetzt und ihrer spezifischen Lebensperspektive berücksichtigen, Fachansprüche in der kollegialen Diskussion weiterentwickeln und somit auch Bedürfnisse von Lehrerinnen und Lehrern nach erfolgreichem Handeln und Berufszufriedenheit berücksichtigen.

Schön, wenn Sie sich oder Ihre Schule auf den Weg gemacht hat, dieses zu realisieren.

Wenn dem so ist, gestatten Sie sich an dieser Stelle das Vergnügen, einmal aufzulisten, was das positive Schulleben an Ihrer Schule ausmacht und was Sie ganz persönlich in Ihrer Klasse an positiven Aktivitäten, Strukturen, inhaltlicher Arbeit und Gestaltung initiiert haben und praktizieren.

Durchdenken Sie es nicht nur, sondern schreiben Sie es auf und genießen Sie den Anblick Ihrer pädagogischen Schätze. Schmeißen Sie den Zettel nicht weg, sondern ergänzen ihn zukünftig durch weitere positiv zu bewertende Aktivitäten, Aktionen, Veränderungen in Richtung einer lebendigen, humanen Schule.

Es tut gut, gerade auch in Lebens- und Berufsphasen, die als belastend empfunden werden, die von negativen Wahrnehmungen bestimmt sind und eine Eigendynamik entwickeln, den Blick für das Geleistete, Gelungene oder Gestaltete wiederzugewinnen.

Sind Sie jedoch noch auf der Suche nach Verbesserungen Ihres Unterrichts, nach Formen, die die Interessen und Bedürfnisse der Schüler stärker berücksichtigen, dann probieren Sie vielleicht gemeinsam mit interessierten Kolleginnen die Methode »Zukunftswerkstatt« (siehe Seite 65–71) zu einzelnen Themen, Bereichen, Fragen, Problemen, um gemeinsame kreative Lösungswege zu finden.

Wollen Sie für sich und für Ihre konkrete Unterrichtssituation Veränderungen überdenken, die Stress und Belastungen reduzieren, dann macht es Sinn, kurz über das eigene Lernen nachzudenken.

Notieren Sie auf Seite 88 kurz, wie Sie am besten lernen.

Sie werden feststellen, dass Ihr Aneignungsprozess nicht auf das Lesen von Betriebsanleitungen und Fachliteratur beschränkt ist, und im Austausch mit Kolleginnen werden Sie erfahren, dass noch ganz andere Strategien möglich sind.

Bei Schülern ist das nicht anders. Sie lernen unterschiedlich und die Behaltensquote ist umso größer, je mehr Sinneskanäle angesprochen werden.

Schüler behalten von dem, was sie		
lesen,	etwa	10%,
hören,	etwa	20%,
sehen,	etwa	30%,
sehen und hören,	etwa	50%,
selbst vortragen,	etwa	70%,
selbst ausführen,	etwa	90%.

Unterricht, der ausschließlich auf verbale Informationsvermittlung angelegt ist, erscheint somit fragwürdig, dies gilt für alle Altersstufen, auch für die Erwachsenenbildung.

Wenn Sie sich den Umgang mit einem neuen technischen Gerät aneignen wollen,

_____

_____

_____

_____

wenn Sie sich auf ein Referat für die nächste Konferenz vorbereiten,

_____

_____

_____

_____

wenn Sie sich in ein neues Unterrichtsthema einarbeiten.

_____

_____

_____

_____

_____

Was das Ganze jetzt mit Stressreduktion in Schule und Unterricht zu tun hat, verdeutlicht das vereinfachte Flussdiagramm auf der nächsten Seite.

Es ist nicht davon auszugehen, dass alle Störungen und Lernprobleme über vielsinnige Zugänge und Berücksichtigung der unterschiedlichen Lerntempi behoben werden können. Es kann aber eine Möglichkeit sein, diese zu reduzieren.

Prüfen Sie mithilfe der Checklisten im Materialteil Ihre unterrichtliche Situation (das wird sicherlich von Fach zu Fach und der Stufe, in der Sie unterrichten, unterschiedlich sein), ob andere Zugänge als über das gesprochene und geschriebene Wort, Abbildungen in Büchern, das Medium Tafel und Stift und Papier möglich sind.

Prüfen Sie, ob Sie Möglichkeiten sehen, durch besondere Angebote die unterschiedlichen Lerntempi in Ihrer Klasse auszugleichen. Denn immer dann, wenn ein Teil der Klasse fertig ist, die anderen aber noch mit der Aufgabe befasst sind, sind Störungen programmiert.

Wer noch einen Schritt weiter gehen will, und ganz bewusst in seinem Unterricht die individuellen Lernstrategien und -wege als auch die individuellen Lerntempi von Schülerinnen und Schülern berücksichtigen möchte, sollte es einmal mit dem **Stationslernen** probieren.

Eine Unterrichtsform, die selbstbestimmtes Lernen sowohl in der individuellen Auseinandersetzung mit dem Lerngegenstand als auch gemeinsames Handeln mit anderen ermöglicht.

⇨ Material: **M17**, S. 153

Stationslernen

- **Was ist das?**
  Stationslernen ist eine Form geöffneter Lernsituationen. Der Unterricht verläuft nicht in den traditionellen Phasen Einstieg, Erarbeitung, Anwendung, Transfer, die gemeinsam unter Anleitung des Lehrers von allen Schülern gemeinsam und nacheinander durchlaufen werden. Stattdessen werden vom Lehrer aufbereitete Teilaspekte des Lerngegenstandes mit Aufgabenstellungen an einzelnen Stationen (Tischgruppen mit Material und Arbeitsauftrag) präsentiert und von den Schülerinnen und Schülern in Einzel- oder Partnerarbeit ohne Zeitdruck, entsprechend ihrer Interessen und kognitiven Stile bearbeitet. Die konzeptionell ähnlich angelegten Lernstraßen und Lernzirkel sind stärker an eine Einhaltung der Reihenfolge der Bearbeitung gebunden.
  Der didaktische Ort von Stationslernen kann sowohl zu Beginn, in der Mitte als auch am Ende eines Vorhabens sein (Einarbeitung, vertiefende Bearbeitung bzw. Übung von Teilaspekten, Anwendung, Lernkontrolle).

- **Welche Fächer eignen sich?**
  Grundsätzlich ist diese Unterrichtsform in allen Fächern möglich. Ihren Reiz erhält sie allerdings gerade auch durch die Möglichkeit, fächerübergreifende Aspekte einzubeziehen. Die Thematik sollte sich in Teilaspekte strukturieren lassen, die exemplarisch für wesentliche Aspekte des Themas stehen und in ihrer Gesamtheit die Komplexität des Unterrichtsstoffes abbilden.

- **Wie ist das Material zu gestalten?**
  - Variationsreich in den methodischen Zugängen (z.B. experimentieren, Spielformen, aus Büchern/Atlanten heraussuchen, Wörterbücher),
  - in den Medien (nicht für ähnlich gestaltete Arbeitsblätter nur eine andere Organisationsform wählen),
  - differenziert nach Anspruchsniveau,
  - Angebote für Einzelarbeit und Partnerarbeit kombinieren,
  - in den Angeboten kann nach Pflicht- und Wahlaufgaben unterschieden werden,
  - mit Selbstkontrollmöglichkeiten

- **Wie ist die Unterrichtsorganisation?**
  Stationslernen gliedert sich in vier Phasen:
  1. Im **Unterrichtsgespräch** wird der thematische Bezug hergestellt und ein Orientierungsrahmen hergestellt.
  2. In einem **Rundgang** werden die Stationen mit ihrer Aufgabenstellung vorgestellt. Der Arbeitsauftrag sollte auch schriftlich an den Stationen ausliegen. Nach Möglichkeit erhalten die Schülerinnen auch einen Arbeitsplan mit allen Stationen, sodass sie eine Übersicht haben und jeweils bearbeitete Stationen abhaken können.
  3. **Arbeit an Stationen**
     Die Schülerinnen verteilen sich auf die Stationen (manchmal ist eine Zuweisung durch die Lehrerin/den Lehrer sinnvoll) und bearbeiten in der von ihnen gewählten Reihenfolge die Aufgaben. Es müssen nicht alle Stationen bearbeitet werden. Die Lehrerin fungiert als Lernberaterin.
  4. **Schlussgespräch**
     Hier werden Informationen, Erkenntnisse und Probleme zum Prozess und zu den Ergebnissen vorgestellt und ausgetauscht.

Tipps für die Umsetzung

- Versuchen Sie Kolleginnen oder Kollegen zu gewinnen, mit denen Sie dieses Vorhaben gemeinsam in Angriff nehmen.
- Wählen Sie ein Thema, das Ihnen sehr vertraut ist, das die Ausgliederung von Teilbereichen zulässt und das unterschiedliche Zugangsmöglichkeiten bietet.
- Wählen Sie Verfahren und Techniken aus, die von den Schülern beherrscht werden, und ergänzen Sie diese langsam durch weitere (Selbstkontrollverfahren nicht vergessen).
- Bieten Sie der Klasse als Vorbereitung auf das Stationslernen am Ende einer Erarbeitungsphase alternative Arbeitsangebote an und machen diese Form durch die Einrichtung eines Angebottisches zu einem festen Bestandteil Ihres Unterrichts.
- Beginnen Sie das Stationslernen mit drei bis vier Angeboten (je nach Altersstufe) und weiten das Angebot langsam aus.
- Begrenzen Sie den zeitlichen Rahmen zunächst auf 30 Minuten und weiten ihn langsam aus.
- Greifen Sie Ideen und Anregungen der Schülerinnen und Schüler auf.

Frontalunterricht

Der Lehrer vermittelt seine Inhalte vorrangig über Sprache. Alle Schüler bearbeiten zur gleichen Zeit das Gleiche.

Der Schüler muss vorgegebene Lernwege nachvollziehen, er behält wenig vom Stoff.

Der Schüler kann dem Unterricht nicht gut folgen, fängt an zu stören und ist in den Lernkontrollen schlecht.

Der Lehrer ist durch die Störungen belastet. Er ist unzufrieden mit den Lernergebnissen der Schüler. Er ist unzufrieden mit sich.

Stationslernen

Der Lehrer bietet seine Lerninhalte unter Berücksichtigung aller Sinneskanäle an. Schüler arbeiten in ihrem Lerntempo.

Der Schüler kann über seine individuellen Lernwege lernen, er speichert den Stoff.

Der Schüler arbeitet mit, er kommt zu Lernerfolgen.

Der Lehrer wird weniger gestört. Er ist mit sich zufrieden, weil er sein Unterrichtsziel erreicht hat. Die Schüler kommen zu angemessenen Lernergebnissen.

Lektüre zum Weiterlesen

Zum Thema Sammeln, Bewegen und Aktivieren

Seemann-Girrbach/Staudinger: Bewegung im Klassenzimmer. Wolf-Verlag, Regensburg 1995.

Lange-Schmidt: Minis machens möglich. Schnelle Entspannung für Lehrer/innen, iskopress 99, Salzhausen.

Thal, J./Ebert, U.: Methodenvielfalt im Unterricht. Neuwied 1999.

Zum Thema Regeln und Rituale

Gerdes, S.: Rituale im Unterricht. In: Grundschule 10/97.

Maschwitz, R.: Rituale für Lehrer und Lehrerinnen. In: Praxis Grundschule 1/1998.

Zum Thema Stationenlernen

Bauer, R.: Lernen an Stationen in der Grundschule. Berlin 1997.

Hegele, B.: Lernziel: Stationenarbeit. Beltz, Weinheim 1999.

Reinhold Miller

8. Mentale Unterrichtsvorbereitung

Lehrerinnen und Lehrer haben gelernt, sich didaktisch-methodisch auf den Unterricht vorzubereiten: Ziele suchen, finden und formulieren, sich fachlich/sachlich kundig machen, Inhalte und Methoden/Medien auswählen … Sie haben nicht oder kaum gelernt – und denken nur in den seltensten Fällen daran – sich selbst, also die eigene Person auf das Unterrichtsgeschehen einzustellen. Zur *sach*orientierten gehört deshalb auch die *personen*orientierte Vorbereitung, nämlich
a) Zeit zum Spüren/Fühlen und Denken,
b) ein Ort, an dem Sie ungestört sind,
c) entsprechende kurz-/langfristige Entlastungen.

8.1 Sich selbst wahrnehmen

Im Rahmen von Stressabbau und Entlastung geht es bei der mentalen Vorbereitung zunächst um die Wahrnehmung der eigenen Befindlichkeit: Überprüfen Sie sie bitte, indem Sie

a) sich eine schwierige Klasse vorstellen, die Sie derzeit unterrichten,
b) Ihre »Befindlichkeitspositionen« in nachfolgendem Raster bestimmen,
c) körperliche Symptome wahrnehmen.

Ich denke jetzt an die Klasse_____

a) Ich fühle mich, ich bin…..

	8	7	6	5	4	3	2	1	
angespannt									entspannt
angstvoll									angstfrei
unruhig									ruhig
unausgeglichen									ausgeglichen
unmotiviert									motiviert
wütend									gelassen
gelähmt									topfit
kraftlos									kraftvoll
freudlos									freudig
instabil									stabil
genervt									gelöst

b) Ich nehme folgende körperlichen Symptome/Beschwerden wahr:

Kopfschmerzen, Augenbrennen	
Muskelverspannungen der Schulter	
Rückenschmerzen	
Herzklopfen, Verspannung im Brustbereich	
rascher Atem, Atemnot	
Magendrücken, Übelkeit	
Verspannungen im Bauchraum	

c) Meine Körperhaltung/mein Gang auf dem Weg in die Klasse ist

	8	7	6	5	4	3	2	1	
nach vorne gebeugt									aufrecht
schwer									leicht
schlapp									straff
schleppend									zügig
zögerlich									forsch
langsam									rasch
gebremst									ungebremst

Meine Wahrnehmungen sagen mir … Ich deute meine Symptome folgendermaßen:

_____

_____

_____

Um stabil, stressfrei/stressreduziert und entspannt(er) unterrichten zu können, brauche ich deshalb:

a) jetzt, kurzfristig

- eine kurze Entspannungsübung
- ein Gespräch mit einer Kollegin/einem Kollegen
- eine Tasse Kaffee/Tee
- ein paar Minuten nur für mich
- Musik, Bewegung
- _____
- _____

c) generell, langfristig

- Autogenes Training
- Teilnahme an einer Supervisionsgruppe
- Teilnahme an einer Gymnastik-/Sportgruppe
- veränderte Lebensweise, nämlich _____

  Fortbildung: _____

  und: _____

Wenn Sie sich wahrnehmen, d.h. auf Ihre Empfindungen, Gefühle und körperlichen Symptome achten (ohne in hypochondrische Zustände zu geraten) und entsprechende Vorsorge treffen (= was brauche ich, damit ich fit werde/bin …), dann sind Sie bereits einen wichtigen Schritt der mentalen Unterrichtsvorbereitung gegangen. Ein weiterer besteht darin, den Blick auf die Schüler/innen zu richten.

8.2 Sich auf die Schüler/innen einstellen

Sie haben es mit sehr unterschiedlichen Personen zu tun: vertraute, weniger vertraute, freundlich und weniger freundlich gesinnte, aktive, passive, renitente, provozierende, sympathische, unsympathische … Überprüfen Sie bitte deshalb

a) Ihre Stimmung/Gefühle den Schülern/Schülerinnen gegenüber (keine »Handbremse; es darf alles »hochkommen«!),

b) Ihre Einstellung/Haltung zu ihnen:

Ich denke jetzt an die Klasse _____

Ich denke besonders an die Schülerin/den Schüler _____

a) Ich habe folgende Stimmung/Gefühle ihnen (ihr/ihm) gegenüber:

wohl wollend	☐	verärgert	☐	abwartend	☐
zugewandt	☐	sauer	☐	skeptisch	☐
aufgeschlossen	☐	wütend	☐		☐
freundlich	☐	verhalten	☐		☐
hilfsbereit	☐	gebremst	☐		☐

b) Meine Haltung/Einstellung ist folgende:

Ich komme eigentlich mit der ganzen Klasse gut zurecht.	
Bei einigen (N.N. …) weiß ich nicht, wie ich dran bin.	
Auf P. und K. habe ich eine Wut, weil …	
S. kann mir gestohlen bleiben, weil …	
Um F. und R. werde ich mich besonders kümmern	
A und S mag ich sehr, weil …	
Oder:	

Erst wer sich der eigenen Stimmungen und Gefühle, der Einstellung und Haltung bewusst ist, kann sie ggf. verändern. Dabei ist es hilfreich, wenn Sie *hinter* die Verhaltensweisen derjenigen Ihrer Schülerinnen und Schüler sehen, die Sie besonders belasten, z.B.:

- Ich kann die Unlust von S. verstehen, wenn ich an sein Zuhause/seine familiären Verhältnisse denke …
- Mir macht die Aggression von P. nicht mehr so viel aus, seitdem sie mir von ihren Belastungen erzählt hat …

- Ich bin geduldiger mit K., seitdem ich mehr von seiner Lebensgeschichte weiß.
- _____
  _____
  _____
  _____

So wie wir uns auf die »Sachlage« (Sachlogik) im Unterricht einstellen, so können wir uns auch auf die »Beziehungslage« (Psychologik) einstellen und uns mit ihr vertraut machen.

Was die Beziehung (Einstellung, Haltung) zu meinen Schülerinnen/Schülern betrifft, so werde ich Folgendes in Zukunft beachten:

_____

_____

_____

_____

_____

8.3 Sich der Ziele und Anforderungen bewusst werden

Lehrerinnen/Lehrer sind häufig frustriert, weil Schülerinnen/Schüler Ziele nicht erreichen, die *sie* für diese ausgesucht haben. Ich unterscheide deshalb:

a) Ziele der Lehrerinnen/Lehrer

Es geht um diejenigen Ziele, die *Sie* selbst erreichen wollen – und nicht um diejenigen, die Sie für *andere* haben. (Wir können nicht für andere Menschen Ziele haben; die müssen diese schon selbst suchen und finden – aber wir können ihnen helfen, sie zu erreichen!)

Ziele (z.B.): für den Unterricht gut vorbereitet sein, die Übersicht behalten, für Klarheit sorgen, in unvorhergesehenen Situationen flexibel bleiben, sich an den Unterrichtsverlauf halten, auf Schülerfragen eingehen usw. Wenn wir Ziele für *andere* haben, sind wir abhängig von ihnen – und frustriert, wenn diese sie nicht erreichen:

In Seminaren und Kursen zum Thema »Belastung/Stress« äußern Lehrer/innen immer wieder, wie frustriert, enttäuscht, sauer, gekränkt, fertig ... sie sind, wenn Schülerinnen/Schüler nicht das erreichen, was sie von ihnen erwarten, wenn die Arbeiten schlecht ausgefallen sind, wenn die Schülerinnen/Schüler »faul« sind ... Es ist gesundheitsschädlich, wenn wir unser Befinden, unsere Stimmungen und Gefühle von den Leistungen, den Erfolgen/Nichterfolgen der *anderen* abhängig machen. Gerade als Lehrerinnen/Lehrer kämen wir dann aus diesem Teufelskreis nie heraus. Hier ist die Fähigkeit der *Disidentifikation* von großer Bedeutung, nämlich zwischen den eigenen Leistungen und denen der anderen zu trennen. Wir sind nur Herr über unser eigenes Tun, nicht aber über das der anderen, wir sind verantwortlich für unser eigenes Verhalten, nicht aber für das der anderen. **Wir können bewirken, aber nicht bestimmen.**

b) Wünsche, Anforderungen an die Schüler/innen

Selbstverständlich ist es in der Schule legitim, dass Lehrerinnen Wünsche, Erwartungen, Anforderungen, Aufgaben etc. an Schülerinnen/Schüler haben – und diese entscheiden dann, ob sie sie erfüllen oder nicht. (Würde die Entscheidung fehlen, würde es sich um Befehle handeln, bei denen es ja keinen Entscheidungs- und Spielraum gibt!). Ich kann mir also wünschen, dass die Schülerinnen/Schüler motiviert und offen für meine Angebote sind, Interesse zeigen, selbstständig lernen, mit anderen zusammenarbeiten, eigene Gedanken entwickeln, sozialverträglich sind ... Ich tue das Meine – und falls die Schülerinnen/Schüler meine Wünsche oder Anforderungen nicht (kaum, wenig, anders) erfüllen, so komme ich nicht sofort aus dem Gleichgewicht. (In Kapitel 8 setzen wir uns ausführlich mit dem Problem der unerfüllbaren Wünsche auseinander und beschreiben, wie man sie durch optimistisch-realistische Zielvorstellungen ersetzten kann.)

Zum Nachdenken: Wir sind – beispielsweise – nicht verantwortlich für die Pünktlichkeit unserer Schülerinnen/Schüler, für deren Konzentration, deren Lernen ... – wir sind nur verantwortlich für unser eigenes Tun, für die Art und Weise, wie wir dieses Tun »aussenden« und dafür, welche Bedingungen wir für andere schaffen ... Es entzieht sich jedoch unserer Verantwortung, wie dies bei den anderen ankommt und was diese daraus machen.

Was die Unterscheidung »eigene Ziele« und »Anforderungen an andere ...« betrifft, so habe ich

a) *noch folgende Fragen:*

_____

_____

b) *bin ich noch sehr skeptisch, weil*

_____

_____

c) *werde ich in Zukunft beachten:*

_____

_____

Beobachten Sie sich bitte während einer Unterrichtsstunde (oder lassen Sie sich beobachten, z.B. auch von Schülern/Schülerinnen) und notieren Sie

a) *Ihre Aktivitäten*

_____

_____

_____

b) *Ihre Befindlichkeit (von fit bis erschöpft):*

_____

_____

_____

Ergebnisse/Erkenntnisse/Fazit:

_____

_____

_____

_____

_____

8.4 Die eigene Lehrerinnen-/Lehrerrolle überdenken

Beispiel I:
Im Rahmen eines Stressseminars notieren Grundschullehrerinnen und -lehrer ihre Tätigkeiten während eines Schulvormittags. In der gemeinsamen Analyse wird deutlich:

- Sie sind *pausenlos* im Einsatz: vor Schulbeginn noch *rasch* Vorbereitungen treffen,
- während der Unterrichtsstunden *dauernd* aktiv (informieren, erklären, beobachten, korrigieren, ermahnen, zurechtweisen usw.),
- während der kleinen Pausen *immer* ansprechbar,
- in der großen Pause *im Gespräch mit anderen, schnell* noch Materialien beschaffen … Nach dem Vormittag: Erschöpfung!

Beispiel II:
Ich beobachte eine Biologiestunde (5. Klasse) und ordne dem Lehrer zu: Hauptakteur, Dauerredner, Animator, (Ab-)Frager, Impulsgeber, Anweiser, Antwortgeber, Helfer, Tröster, Kontrolleur, Polizist … (Wie lange wird er diese Rollen noch »spielen« können – ohne zusammenzubrechen?)

Beispiel III:
- Geschichtsunterricht in einer 11. Klasse Gymnasium. Ich notiere: Verlauf: 6 Minuten Einleitung (Hinführung zum Thema); 4 Minuten fragender Unterricht (frontal); 4 Minuten Stillarbeit (Text lesen); 30 Minuten fragender Unterricht (frontal).
- Einzelheiten: 23 Minuten Lehrersprechzeit; 6 Minuten Sprechzeit für insgesamt 22 Schülerinnen und Schüler (pro Schüler ca. 20 Sekunden); 125 Lehrerfragen, 82 Schülerantworten, 0 Fragen an den Lehrer, 0 Interaktionen.
- Fazit: Stoffvermittlung pur durch Frage- und Antwortspiel; der Lehrer agiert 45 Minuten »auf der Bühne« und dies eventuell fünfmal am Tage, 25-mal pro Woche, 1000-mal pro Jahr … Der Lehrer im Totaleinsatz und hyperaktiv!

Die drei Beispiele – und vielleicht auch Ihre eigenen Beobachtungen – zeigen, dass wir als Lehrerinnen/Lehrer *so* nicht (mehr) unterrichten bzw. unseren beruflichen Alltag gestalten können, wenn wir gesund bleiben wollen. *Dauer*einsatz auf *diese* Weise macht krank! Es ist also wichtig, unsere eigene Lehrer/innenrolle, unser berufliches Verhalten … zu überdenken und ggf. »umzulernen«.

Reflektieren Sie bitte:

Als Lehrerin/Lehrer verstehe ich mich hauptsächlich als

Informator/Stoffvermittlerin	☐
Fachmann/Fachfrau für…	☐
Lernhelfer/Lernbegleiterin	☐
Oder:	

Meine Haupttätigkeiten dabei sind:

_____

_____

Meine (Erholungs-)Pausen innerhalb

a) einer Unterrichtsstunde: _____

b) eines Schultags _____

c) *einer Schulwoche* _____

Nach einem Schulvormittag fühle ich mich meistens:

_____

_____

Übrigens: Die Schülerinnen und Schüler suchen sich während eines Schulvormittags ihre ihnen gemäße Erholungs- und Entspannungsphasen: abschalten, nicht mitmachen, träumen, stören, die Stunde schwänzen …

Sie erinnern sich: Wir haben uns mit der Thematik schon einmal beschäftigt, und zwar in Kapitel 4, **Die Belastungen eines Schultages und wie man sie verringern kann.** Vielleicht blättern Sie einmal zurück, was Sie dort bedacht und sich vorgenommen haben.

Meine Tochter, irgendwann während ihrer Schulzeit, antwortete auf meine Frage, was denn der heutige Schultag für sie wohl bringen wird: »In der ersten Stunde ist Bio, da mach ich voll mit, Latein verpenne ich, vom Schwimmen drück ich mich – und dann zwei Stunden Kunst, darauf freue ich mich besonders …«

Auch Schülerinnen und Schüler können nicht pausenlos aktiv sein – aber in jeder Stunde verlangen es die Lehrerinnen und Lehrer von ihnen! Deshalb besteht ein guter, gesund erhaltender Schulvormittag (nicht unbedingt jede Unterrichtsstunde) aus folgenden vier Phasen:

- Informationsvermittlung/-aufnahme (Plenum),
- individuelle Verarbeitung (Einzelarbeit),
- Erfahrungs- und Wissensaustausch, Reflexion (Gruppenarbeit),
- Pausen/Erholung für Körper, Geist und Seele.

Wenn das Lehren (Stoffvermittlung, Informationsinput … der Lehrerinnen und Lehrer) im gesamten Lernprozess der Schülerinnen und Schüler in Zukunft einen wesentlich kleineren Teil als bisher einnehmen wird (muss), dann heißt dies u.a. auch:

a) zwar mehr Tätigkeiten zur Vorbereitung *auf den* Unterricht

b) dafür aber Entlastung *während des* Unterrichts

c) und als Lehrerin/Lehrer nicht

- *pausenlos* im Einsatz sein, sondern: die Schülerinnen/Schüler selbst machen lassen;
- *immer* ansprechbar sein, sondern: sich auch mal zurückziehen können;
- *dauernd* für alle da sein, sondern: die andern sich auch selbst überlassen;
- *ständig* aktiv sein, sondern: abgeben, lassen, loslassen, vertrauen …;
- *überall* mitmischen, sondern: für sich sein können, zur eigenen Mitte finden, zur Ruhe kommen …

Ich habe in der nächsten Zeit vor:

- mich stärker im Unterricht zu beobachten,
- vermehrt Erholungsphasen suchen

_____

_____

Literaturhinweise

Miller, R.: Sich in der Schule wohlfühlen. Wege für Lehrerinnen und Lehrer zur Entlastung im Schulalltag. Weinheim, 5. Aufl. 1992.

Miller, R.: Schul-Labyrinth. Gedankengänge – Anstöße – Auswege. Hilfen im Umgang mit Veränderungen. Weinheim 1993.

Rudolf Kretschmann

9. Stressprävention durch Ausbildung eines professionellen Selbstverständnisses

Oder was tue ich gegen das ständige schlechte Lehrergewissen

Stressprävention

Das Gefühl, nie richtig fertig zu sein …. Was fällt Ihnen dazu ein?

Der Gedanke

- du solltest ……,

- du müsstest ……,

- du hast noch nicht ………

ist er für Sie ein ständiger Begleiter?

….. was fällt Ihnen dazu sonst noch ein?

⇨ Material: **M18**, S. 155

Aus einem Interview mit einer frühpensionierten Lehrerin[1]

[Spiegel] **special:** Frau A., Sie haben 23 Jahre als Lehrerin gearbeitet. Vor rund zwölf Monaten mussten Sie Ihren Beruf aus gesundheitlichen Gründen aufgeben und wurden frühpensioniert. Was war geschehen?

A.: Ich war nervlich völlig am Ende, konnte einfach nicht mehr unterrichten. Zum Schluss war ich fast ein Jahr krankgeschrieben. Ich fühlte mich total überlastet und litt unter chronischer Erschöpfung. Die Ärzte diagnostizierten eine neurotische Depression.

special: War die Krankheit überraschend gekommen?

A.: Nein, über zehn Jahre hinweg hatten die Schwierigkeiten in der Schule zugenommen. Ich musste zweimal in eine Klinik für psychosomatische Erkrankungen. Mein ganzes Leben stand infrage.

special: Warum kamen Sie mit der Arbeit an der Schule nicht mehr zurecht?

A.: Ich konnte meinen eigenen Ansprüchen nicht genügen, die waren viel zu hoch. Ich wollte für die Schüler immer alles perfekt machen. Zum Teil gebe ich mir selbst die Schuld an meinem Scheitern, wobei ich heute noch der Überzeugung bin, dass ich keinen schlechten Unterricht gemacht habe.

---

1   Spiegel Special, Nr. 9. 1995 »Kinder, Kinder – Erziehung in der Krise«

Es gibt viele Ursachen von Stress im Lehrerberuf

- zu viele Stunden, zu große Klassen, zu schlechte Ausstattung,
- an manchen Schulen ein schlechtes Betriebsklima,
- eine unzweckmäßige Arbeitsorganisation und, last, not least,
- die Ansprüche, die man selbst an seine eigene Arbeit stellt, oder
- die Ansprüche, die andere stellen und die man ungeprüft übernimmt.

Ansprüche sind Leitvorstellungen und Zielprojektionen, die für ein erfülltes Leben, in dem Fall das Berufsleben, wichtig sind. Nur wenn ich einen Qualitätsstandard habe und mir die Annäherung an diesen Standard überwiegend gelingt, werde ich in meinem Beruf zufrieden sein. Prekär und belastend werden Ansprüche immer dann, wenn sie

- das menschliche Maß übersteigen, wenn ich mir so viel vornehme oder aufbürden lasse, dass ich ganz unvermeidlich hinter meinen Ansprüchen zurückbleiben muss, oder
- wenn ich – desillusioniert – alle Ideale hinter mir lasse und nur noch frustriert meinem Broterwerb nachgehe.

Wobei das eine oft auf das andere folgt.

Lehrerarbeit ist in der Gesellschaft nicht von allen hoch angesehen. Dennoch wird sie von allerhöchsten Ansprüchen begleitet. Ich will im Folgenden ausführen, woher das kommt, was es für Auswirkungen haben kann und warum es wichtig ist, eine Balance zu finden zwischen Überforderung und Desillusionierung.

9.1 Lehrerarbeit – eine semiprofessionelle Tätigkeit?

Wie Adorno (1965) ausführt, rechnet die Gesellschaft die Tätigkeit von Lehrerinnen und Lehrern zu den so genannten »**semiprofessionellen**« **Berufen**. Das sind Berufe, deren Angehörige, wenn erforderlich, **mehr Leistungen** erbringen, als durch das ausgezahlte Gehalt abgegolten wird. Semiprofessionelle Berufe sind u.a. auch die von **Krankenschwestern, Geistlichen und Nonnen**. Lehrerinnen und Lehrer werden in dem Sinne als eine Art **säkularisierter Nonnen bzw. Geistlicher** angesehen. Erziehungswissenschaftler, Politiker und Verwaltungsleute sind vermutlich unwesentliche Verbündete bei der **Aufrechterhaltung** dieses »Ideals«:

- In den Erziehungswissenschaften werden immer wieder kühne und kühnste Konzepte formuliert weil es gelegentlich auch notwendig ist, ohne vorschnelle Selbstzensur Visionen zu entwickeln. Kritisch wird es jedoch, wenn Arbeitskraft, Arbeitseinsatz und Arbeitszeit von Lehrern dabei als eine beliebig vermehrbare Größe angesehen werden, denn
- Angehörige aus Politik und Administration greifen solche Visionen nur zu gerne auf, weil es ihnen Planstellen und Haushaltsmittel und Reformen erspart, wenn Lehrerinnen und Lehrer sich mit anspruchsvollsten Zielen identifizieren und sich weit über die bezahlte Arbeitszeit hinaus beruflich engagieren.

Auf diese Weise werden Struktur- und Ressourcenprobleme des Bildungswesens **individualisiert**, aber nicht gelöst. Lehrerinnen und Lehrer als Arbeitnehmer geraten leicht in eine »Psychofalle«:

- Versuchen sie, allen Forderungen nachzukommen, betreiben sie Raubbau an ihrer Gesundheit.
- Distanzieren sie sich dagegen von den Idealen, oder bleiben sie hinter ihnen zurück, machen sie sich angreifbar; oder, was vielleicht noch entscheidender ist, sie entwickeln berufliche Minderwertigkeitsgefühle, weil sie einen dauernden Widerspruch erleben zwischen ihren eigenen Ansprüchen und ihrem Tun.

Besonders gefährdet sind Personen mit einem latenten oder manifesten »Helfersyndrom« (vgl. Schmidbauer 1997); das sind u.a. Menschen, die altruistische Ideale über »egoistische« stellen, gleichzeitig aber in starkem Maße hoffen, dass ihr Engagement belohnt wird durch

- ein Gefühl von Überlegenheit gegenüber denen, welche die Hilfe erfahren,
- Dankbarkeits- oder gar Zuneigungsbeweise ihrer Klientel,
- öffentliche Anerkennung oder
- deutlich sichtbare Veränderungswirkungen.

Nicht das großzügige Geben ist das Problematische am Helfersyndrom, sondern abhängig zu sein, mitunter sogar süchtig zu werden nach Anerkennung oder Sympathiebeweisen. Solche Erfolgsabhängigkeit kann dazu führen, sich hemmungslos zu verausgaben. Sie hat weiterhin die Konsequenz, dass kleinste Misserfolge als schweres Versagen interpretiert werden, Nichtbeachtung als Kränkung etc. Besonders prekär ist dabei, dass die Grenzen zwischen berufsethisch gebotenem Idealismus und einer selbstgefährdenden Berufsauffassung fließend sind. Einer unserer Seminarteilnehmer brachte das Problem wie folgt auf den Punkt: »Dafür, dass ich versuche, vor mir und vor anderen das Bild des supertollen Lehrers zu kultivieren, zahle ich offenbar einen Preis – aber was gewinne und was verliere ich, wenn ich mich von dieser Leitvorstellung löse?«

9.2 Stress als Folge unrealistischer Wünsche und Erwartungen

Lehrerinnen und Lehrer, die sich überhöhte Erwartungen von Wissenschaft und Administration ungeprüft zu Eigen machen, sind besonders stark von Stress und Unzufriedenheit bedroht. Dies lässt sich sehr plausibel auch nach Ellis' (1979) Theorie der Erwartungshaltungen erklären und – zumindest teilweise – beheben.

Erwartungsängste, Unzufriedenheit und psychischer Stress sind Ellis zufolge häufig Folgen von unerfüllbaren Wünschen und unzutreffenden Annahmen (»irrational beliefs«). Zu den unerfüllbaren Wünschen bzw. unrealistischen und überhöhten Ansprüchen, welche Menschen an sich, an andere und an ihre Umwelt stellen, gehören, so Ellis (1993), Wünsche wie diese:

- »Ich will von allen geliebt werden.«
- »Ich will in allem perfekt sein.«
- »Ich will allen anderen überlegen sein.«
- »Ich will immer gerecht behandelt werden.«

Menschen mit unerfüllbaren Wünschen leiden häufiger als andere, weil die Welt nicht so ist, wie sie sie sich wünschen, denn

- die Ungerechtigkeit ist auf der Welt noch nicht abgeschafft;

- die Geschmäcker sind zu verschieden, als dass ich **überall** auf Beifall und Zuneigung stoßen könnte; und
- wer anderen dauernd überlegen sein will, wird zwar den einen oder anderen Triumph auskosten, aber von anderen deswegen gemieden und gehasst werden.

Menschen mit unrealistischen oder überhöhten Ansprüchen leiden **dauernd**, weil die **kleinste** Nichtbeachtung, die **kleinste** Zurücksetzung, der **kleinste** Misserfolg von ihnen als eine Katastrophe und als eine persönliche Niederlage erlebt wird.

Der Wertekodex der Erziehungswissenschaften ist geradezu prädestiniert, unrealistische und überhöhte Erwartungen an die eigene berufliche Tätigkeit zu richten:

- »man muss immer für die Schule da sein«,
- »man muss alle Probleme ausräumen können, welche Kinder in ihrer schulischen Entwicklung beeinträchtigen können«,
- endlich gibt es den Anspruch auf **allen** Gebieten perfekt sein zu wollen, als Lehrerin, als Hausfrau und Mutter und vielleicht auch noch auf einigen Gebieten mehr.

Fragen:
- Ist es möglich, solchen Ansprüchen im vollen Umfang gerecht zu werden?
- Wie wirkt es sich auf die Befindlichkeit einer Person aus, wenn sie realisiert, dass sie solche Ansprüche nicht im vollen Umfang erfüllt?

Antworten

9.3 Stress als Folge unzutreffender Annahmen

Gegenstück oder Begleiter der unerfüllbaren Wünsche sind die unzutreffenden Annahmen. Das sind Vorstellungen von der Wirklichkeit, deren Realitätsgehalt zumindest zweifelhaft ist. Wie schätzen Sie den Realitätsgehalt der folgenden Aussagen (Annahmen) ein? Vielleicht decken Sie zunächst die rechte Spalte ab.

Tabelle 14: Realitätsgehalt pädagogischer Grundannahmen	
Grundannahmen	**Einschränkungen**
	Schülerinnen und Schüler verbringen nicht alle Lebenszeit in der Schule. Sie leben z.T. in anderen Wertegemeinschaften, sie haben andere Sozialisationshintergründe und Interessen, daher …
Alle Schüler lernen gerne und freudig, wenn man ihnen die richtigen Angebote macht.	… wird es immer Schüler geben, für die das jeweilige Angebot ohne persönliche Bedeutung ist
Wenn ich die Schülerinnen und Schüler respektiere, dann werden sie auch mich respektieren	… wird es immer Schüler geben, deren negative Erfahrungen mit Erwachsenen auf mich als Lehrperson übertragen werden und die ich kaum oder nur langsam abbauen kann;
Ein guter Lehrer, eine gute Lehrerin hat keine Probleme	… wird auch der kompetenteste Pädagoge immer wieder vor unlösbaren Aufgaben stehen.
Informationen, die ich an Kinder weitergebe, werden von diesen aufgenommen und dauerhaft behalten.	Selektion und Vergessen von Informationen sind biologische Mechanismen, daher ist ein »Schwund« bei der Informationsvermittlung unvermeidlich und vorhersehbar.

Fragen:
Was sind die Folgen, wenn solche Aussagen für mich unverrückbare Wahrheiten sind und ich immer wieder realisiere, dass

- es immer wieder Schüler gibt, die ich mit meinen attraktiven Angeboten nicht erreiche,

- ich die Schüler respektiere und sich doch einige respektlos benehmen,
- ich in meinem Unterricht Probleme habe, so sehr ich mich auch bemühe, und
- Schüler immer wieder jede Menge des Lernstoffs vergessen?

Antworten

Menschen mit unzutreffenden Wirklichkeitsmodellen erfahren Enttäuschungen, weil sich die Dinge in der Realität oft anders entwickeln, als sie das erwarten,

- dass die Liebe, die man den Schülerinnen und Schülern entgegenbringt, keinesfalls immer honoriert wird und
- eine endlos lange Vorbereitung keineswegs immer einen grandiosen Unterricht garantiert. Im Gegenteil, aus Übermotivierung ist man oft verkrampft und über das Desinteresse der Schülerinnen und Schüler besonders enttäuscht.

Unrealistische überhöhte Ansprüche und unrealistische Erwartungen sind, wir führten es aus, typisch für das Berufsbild von Lehrerinnen und Lehrern. Nicht wenige pädagogische Theorien zeigen ein geschöntes Bild der Realität – Methoden, mit denen sich **immer** Erfolge einstellen, Kinder und Jugendliche, die **immer** lernbegeistert sind – oder sie verfallen in **Schwarzweißmalerei**: Die anderen machen alles falsch; alles was **früher** gedacht oder getan wurde, war unzulänglich. V.a. den Berufsanfängern wird die (schmeichelhafte) Rolle von Auserwählten angetragen, die in der Lage und verpflichtet sind, eine neue Zeit anbrechen zu lassen und alles besser zu machen. Schon 1925, in dem Buch Sysiphos oder der Mythos der Erziehung, kommt Bernfeld zu der Einschätzung, Pädagogik sei eine Wissenschaft ohne Tatsachenbewusstsein, weil sie ihre Konzepte kaum jemals an der Realität überprüfe. In unseren Sonderpädagogik-Lehrveranstaltungen (»Lern- und Ent-wicklungsstörungen«) hören wir häufig von Studierenden den Seufzer: »Endlich erfahren wir einmal, dass es in der Schule auch Probleme geben kann und nicht immer alles glatt verläuft.«

Leben ist Entwicklung, Entwicklung auf ein Ziel. Daher ist es, wir erwähnten es zu Anfang, wichtig, dass man Ziele, Leitbilder und Ansprüche hat. Belastend werden solche Ansprüche und Vorstellungen dann, wenn

- die Wünsche selbst den Charakter der Unbedingtheit haben: »Ich muss als Lehrerin oder Lehrer **immer** ausgeglichen sein«; »Ich muss für **alle** Schülerinnen und Schülern **immer** positive Gefühle entwickeln«; »Ich muss mit **allen** Kolleginnen und Kollegen gut auskommen«. Bei solchen Ansprüchen erlebe ich mich zwangsläufig als unzulänglich, wenn ich dieses Ziel einmal verfehle;
- die Folgen unbefriedigend verlaufener Aktionen überverallgemeinert werden. »Ich habe eine schlechte Unterrichtsstunde gehalten – ich bin eine schlechte Lehrerin – wenn das jemand erfährt, stehe ich im Kollegium gänzlich unmöglich da.«

9.4 Traumatische Erlebnisse im Referendariat?

- Welche Erinnerungen haben Sie an Ihr Referendariat?
- Welche Gefühle werden in Ihnen wach, wenn Sie daran denken?

Antworten

Viele Anforderungen, die von den verschiedensten Seiten an Lehrerinnen und Lehrer gerichtet werden, sind einfach nicht zu erfüllen, manche sind sogar höchst widersprüchlich. Dennoch haben viele in ihrer beruflichen Sozialisation eine Zeit erlebt, in der eben das gefordert wurde, meist in der zweiten Phase der Lehrerausbildung. Noch vor wenigen Jahren wurde in didaktischen Kommentaren (z.B. von Heimann, Otto und Schulz 1972) von Lehrern verlangt, ihren Unterricht minuziös zu planen. Planungen sind sinnvoll, wenn eine gewisse Offenheit für Unvorhersehbares besteht. Pläne werden zu Zwangsjacken und zu einem Hemmnis, wenn ein Abweichen vom Plan verboten ist. Genau das haben viele angehende Lehrkräfte bei Lehrproben und Abschichtungen erfahren. Obwohl menschliches Verhalten, in diesem Fall der Schüler, **niemals** vollkommen vorhersehbar ist, wurden den Referendaren oft schon kleinste Abweichungen vom Plan als Unfähigkeit ausgelegt und als fachliche Inkompetenz. Mit exzessiver Vorbereitung versuchen dann Lehrer womöglich bis ins hohe Alter, sich gegen das Unvorhersehbare zu wappnen, ohne dadurch die Bedrohung wirklich abwenden zu können. Wo Menschen aber nicht in der Lage sind, durch eigenes Zutun nachteilige Konsequenzen abzuwenden, entwickeln sie, wenn diese Zustände über längere Zeit andauern, Gefühle der Angst oder psychosomatische Störungen oder sie werden apathisch oder depressiv (Seligman 1986).

Wir vermuten, dass nicht wenige Lehrerinnen und Lehrer durch das Erlebnis, immer wieder für vermeintlich unzulängliche Planung oder Umsetzung des Plans gemaßregelt worden zu sein, ein **bleibendes berufliches Minderwertigkeitsgefühl** ausgebildet haben. Man erlebt als Lehrer **oft**, dass die Schüler sich anders verhalten als erwartet. Man erinnert sich daran, dass so etwas eigentlich nur einem »**schlechten**« Lehrer passiert. Man ist froh, wenn diese Schwierigkeiten nicht öffentlich werden – und denkt nicht daran, dass die Kollegin nebenan mit den gleichen Schwierigkeiten zu kämpfen hat und genauso verunsichert ist. Wenn dazu noch das Binnenklima an einer Schule geprägt ist von Fehlersuche und Schadenfreude, von Häme über das Missgeschick des anderen, wenn doch einmal Probleme bekannt werden, oder gar Mobbing möglich wird, dann kann mit der Zeit ein eisiges Klima ins Kollegium einkehren, in dem kein Austausch, keine Kooperation mehr erfolgt, sondern nur noch eine ritualisierte Kommunikation möglich ist (vgl. Rüsseler 1977; Kretschmann 1978).

Lehrerarbeit kann eine sehr einsame Tätigkeit sein. Man hat im Unterricht für gewöhnlich keinen Arbeitspartner. Man bereitet sich zumeist alleine vor. Daher ist es oft schwer einzuschätzen, wo man mit seiner Arbeitsleistung steht, wo andere stehen, und die Vorstellungen, alle anderen machen alles besser, können ungebremst wachsen und einem als Last auf der Seele liegen. Zu den eindrucksvollsten Erfahrungen unserer Seminare gehört die am Ende regelmäßig wiederkehrende Äußerung von Teilnehmern: »Ich habe bisher immer gedacht, nur ich hätte solche Probleme.« Gemeint sind die typischen Probleme des Lehreralltags: Störungen, Auseinandersetzungen mit Eltern und Kollegen, Gefühle der beruflichen Unzulänglichkeit.

Je stärker Lehrerinnen und Lehrer unrealistische Ansprüche internalisiert haben, desto **stärker** müssen sie die unvermeidlichen Diskrepanzen zwischen Können und Wollen belasten, desto **mehr** Stress wird es ihnen bereiten, wenn sie einem Kind nicht helfen können oder bei ihren Differenzierungsbemühungen an Grenzen stoßen; desto **wahrscheinlicher** werden sie Opfer von Berufsunzufriedenheit und Burnout.

Bekanntlich verläuft die Burnout-Reaktion (Edelwich und Bronsky 1984) in pädagogischen und sozialen Berufen in mehreren Etappen:

- Sie beginnt mit idealistisch überhöhten Erwartungen
- schlägt um in Enttäuschung,
- und mündet über die Etappen Resignation und »Dehumanisierung« in den häufig krankheitsbedingten Ausstieg.

9.5 Abhilfe

In der von Ellis konzipierten »rational-emotiven« Psychotherapie lernen Klienten, ihr Selbstwertgefühl zu steigern, sowie Ängste und Enttäuschungen zu verringern und handlungsfähiger zu werden, indem sie

- unrealistische und überhöhte Ansprüche und Erwartungen identifizieren,
- den unrealistischen und meistens überhöhten Erwartungen optimistisch-realistische Erwartungen entgegensetzen und
- sich Erinnerungsformeln einprägen, mit denen sie sich die geänderten Zielvorstellungen ins Bewusstsein rufen.

Sie lernen, zu sich zu sagen:

- »Zwei oder drei gute Freunde zu haben genügt. Ich muss nicht überall der Mittelpunkt sein«, bzw.:
- »Niemand ist vollkommen; lieber ein bisschen Unordnung als ständiger Hausfrauenstress«, oder:
- »An jedem Arbeitsplatz gibt es Schlechtes und Gutes, auch in der Schule. Ich muss eben beides wahrnehmen lernen.«

Je öfter man sich solche Aussagen ins Bewusstsein ruft und danach handelt, desto gelassener wird man den Anfechtungen des täglichen Lebens begegnen können.

In einem psychotherapeutischen Kontext können (im Sinne einer multimodalen Therapie nach Lazarus 1978) noch folgende Angebote hinzukommen:

● Desensibilisierung, Vorstellen problematischer Situationen im Zustand von Entspannung, weil dadurch ein Angstabbau erfolgt und schrittweise Annäherung an die Situation;
● Herausarbeiten anderer, zu einer besseren Bewältigung der Situationen führender, Handlungsstrategien;
● Üben neuer Verhaltensmuster im Rollenspiel.

Bei psychisch gesunden Personen können schon die ersten drei Schritte genügen, um Stress abzubauen und die Lebensqualität zu erhöhen.

Das Vorgehen von Ellis können wir nun auf Erwartungen im Lehrerberuf anwenden. Wir wollen Sie dazu anregen, Bilanz zu ziehen,

● inwieweit Sie Ihre berufliche Tätigkeit mit unrealistischen Vorstellungen und unerfüllbaren Ansprüchen belasten;
● inwieweit Sie sich Zielen verpflichtet fühlen, die kein Mensch erfüllen kann.

Darüber hinaus haben Sie die Möglichkeit, unrealistische Erwartungen durch realistische zu ersetzen.

Woher aber können Sie wissen, welche Zielvorgaben realistisch und welche unrealistisch sind? Es gibt zwei Möglichkeiten:

● Sie können überhöhte Ansprüche, wie bereits erwähnt, an den Formulierungen, der Unbedingtheit, die darin zum Ausdruck kommt, bzw., der Universalitätsanspruch: »Ich muss … – »man muss …« – »… immer …« – »… jederzeit …« – »… für alle …« – » … darf keinesfalls …« usw. Natürlich ist es wichtig, Prinzipien zu haben. Aber man muss auch eine Chance haben, nach ihnen zu leben, und keine Regel gilt ohne Ausnahme.
● Sie können sich mit anderen austauschen und Rückmeldung geben, wie viel an Arbeitseinsatz angemessen ist und wo die Grenzen des Möglichen sind. Statt vertikaler Zielvorgaben erfolgt eine horizontale, kollegiale Zielprojektion. Wenn Sie wollen ein Stück Demokratisierung der Zielvorgaben und eine befreiende Loslösung von bevormundenden Autoritäten.

Die Anlagen »**Unterscheiden von unrealistischen und realistischen Erwartungen**« (Materialteil **M19**, S. 157 und **M20**, S. 159) geben Ihnen die Möglichkeit, darüber nachzudenken,

1. ob und ggf. wie Sie Ihre Arbeit mit unrealistischen Erwartungen begleiten bzw. welche unrealistischen Erwartungen Sie bei anderen kennen gelernt haben und
2. welche optimistisch-realistischen, **professionellen** Erwartungen Sie dem entgegensetzen

Im Materialteil M 21 (S. 161) finden Sie Antworten von Kursteilnehmern. Ein halb volles Glas ist ein halb volles Glas. Eine andere Vorstellung zu kultivieren wäre schon wieder eine der unzutreffenden Annahmen, die letztendlich Probleme nach sich zieht. Aber zu sehen, dass es halb voll ist und nicht halb leer – darin besteht die Kunst, sich seine psychische Gesundheit zu erhalten.

⇨ Material: **M19**, S. 157; **M20**, S. 159; **M21**, S. 161

9.6 Nachlese

Vielleicht löst dieses Vorgehen – das Relativieren von Ansprüchen – bei Ihnen Befremden oder Widerspruch aus. Sind – von der einen Ausnahme abgesehen – die Einstellungen in der ersten Spalte von Tabelle M21 (Materialteil S. 161) nicht diejenigen, welche den guten Lehrer, die pflichtbewusste Lehrerin auszeichnen? Gibt es nicht ganze Bibliotheken pädagogischer Literatur, die nur dazu da sind, Lehrerinnen und Lehrer auf solche Einstellungen festzulegen? Sie auf hohe und höchste pädagogische Ideale zu verpflichten?

Eine empirische Untersuchung von Brophy und Evertson (1985) zeigt, dass man mit idealistisch überhöhten Vorgaben auch des Guten zu viel tun kann bzw. dass ein idealistisch überhöhtes Berufsverständnis keineswegs immer zu einem effizienteren Lehrerverhalten führt. Die Autoren verglichen Lehrerinnen und Lehrer, bei denen die Kinder über Jahre hinweg **gute** Schulleistungen erzielten, mit solchen, bei denen die Kinder über Jahre hinweg eher **dürftige** Leistungsfortschritte verzeichneten. »Die durchschlagende und fundamentalste Vorhersagevariable, die in unserer Studie auftrat, war … die grundlegende Rollendefinition der Lehrer.«

– Die Mehrzahl der weniger erfolgreichen Lehrerinnen und Lehrer neigte zu romantischem Überschwang. Sie sahen in allen Kindern wundervolle und liebenswerte Geschöpfe, denen es mit Enthusiasmus zu begegnen und für die es sich zu verausgaben galt.
– Die **erfolgreichen** Lehrerinnen und Lehrer hatten demgegenüber zu ihrer Arbeit und zu den Kindern eher ein wohlwollend distanziertes Verhältnis. Sie hatten zu den Kindern eine zwar positive Einstellung und mochten Kinder auch gern, waren sich aber bewusst, dass die Schüler-Lehrer-Beziehung in erster Linie eine professionelle Beziehung ist.

Die Beobachtungen im Unterricht zeigten darüber hinaus, dass die emotional überschwänglichen Lehrerinnen und Lehrer zu ihren Kindern keineswegs freundlicher waren als die wohlwollend distanzierten: »Tatsächlich herrschten bei einigen der überschwänglichen Lehrer äußerst chaotische Zustände; gelegentlich geriet die Klasse so außer Kontrolle, dass der Lehrer gegen seinen Willen vor Ärger explodierte und bestrafte.« (a.a.O. S. 53).

Wiederholt wurde die Sorge geäußert, die Position einer Relativierung beruflicher Ansprüche könnten sich vorwiegend diejenigen Mitglieder eines Kollegiums zu Eigen mache, die bei der Wahrnehmung ihrer Pflichten schon immer eher zu wenig als zu viel getan haben. Natürlich bedeutet ein professionelles Selbstverständnis nicht, dass man sich den beruflichen Anforderungen so weit wie möglich entzieht. Daher möchten wir der Vollständigkeit halber und um Missverständnissen vorzubeugen ein weiteres Ergebnis aus der Untersuchung von Brophy und Evertson referieren: Ein kleinerer Teil der weniger erfolgreichen Lehrer war verbittert und desillusioniert. Sie sahen in den Schülern »den Feind« und in der Arbeit einen lästigen Broterwerb. Dass die Lernfortschritte ihrer Schüler sich in Grenzen hielten, verwundert nicht.

Jeder Mensch erlebt immer wieder Erfolge und Misserfolge, Zuneigung und Ablehnung, Gerechtigkeit und Benachteiligung. Über die Maßen unglücklich werden Menschen, die es anders erwarten: Menschen, die glauben, *immer* Erfolg, Beachtung und Gerechtigkeit erfahren zu müssen – aber auch Menschen, die glauben, immer von Benachteiligung und Misserfolg heimgesucht zu sein. Letztere, weil sie infolge selektiver Wahrnehmung positive Ereignisse nicht mehr erkennen; erstere, weil ihre Ansprüche kaum jemals erfüllt werden. Bezogen auf die Arbeitstätigkeit von Lehrerinnen und Lehrern sind entsprechend dieser Theorie folgende Entwicklungen zu erwarten:

- Wer in seinem Lehrerberuf immer nur überall Beschränkungen, Gängelungen und Benachteiligungen erwartet, wird auch überall nur Benachteiligungen sehen und mehr Frustrationen erleben, als ihm oder ihr zugefügt werden.

- Wer mit der romantischen Vorstellung Lehrer wird, dass man die Kinder nur heftig lieben muss, um selbst geliebt und mit pädagogischen Erfolgen belohnt zu werden, dem werden Kränkungen nicht erspart bleiben.

Was theoretisch zu erwarten ist, wird durch eine Untersuchung von Merz und Weid (1981) bestätigt:

- Größte Berufszufriedenheit äußerten diejenigen Lehrer, die bei hohem pädagogischen Engagement zu gewissen Zugeständnissen an das Schulsystem bereit waren, etwa zur Einhaltung des Lehrplans oder zur Aufrechterhaltung von Disziplin.
- Geringste Zufriedenheit hatten diejenigen Lehrer, die dem Schulsystem nur kritisch gegenüberstanden und nur dessen Repressionscharakter wahrnehmen; aber auch diejenigen, welche
- bei geringem Engagement für die Schüler kritiklos alle Vorgaben des Systems zu erfüllen versuchten.

Wir haben diese Ergebnisse nachgetragen, um deutlich zu machen, dass die Berufszufriedenheit keineswegs zunimmt, wenn man idealistisch überhöhte Erwartungen durch eine Verweigerungshaltung ersetzt. Wie in vielen Bereichen gilt auch hier der Satz vom gesunden Mittelmaß, wobei wir die Schwierigkeiten nicht verkennen, diese Mitte zu finden.

9.7 Eine Anregung zum Schluss

Alle Arbeitnehmer erleben gelegentlich Phasen, in denen sie alles, was mit dem Beruf zu tun hat, als frustrierend, beschränkend, sinnlos o.Ä. ansehen – und dabei befriedigendere Zeiten vergessen und die positiven Möglichkeiten übersehen. Meistens verschwinden solche Stimmungen nach wenigen Stunden oder Tagen wieder. Man kann allerdings auch in einen lang dauernden Zustand der Melancholie eintauchen, wenn man solche Gedanken keinen Widerstand entgegensetzt.

Machen Sie doch bitte einmal den Versuch, hier aufzuschreiben, welche Vorzüge und Annehmlichkeiten Ihnen Ihr Beruf bringt. In Bezug auf finanzielle Möglichkeiten und materielle Sicherheit, Freizeit, Kontakte, Gestaltungsmöglichkeiten etc.

Die positiven Dinge an meinem Beruf sind

1.

2.

3.

4.

5.

Wie hat sich die Anfertigung dieser Positivliste auf Ihre Stimmung ausgewirkt? Sie können diese einfache Übung immer dann wiederholen, wenn Sie von unerfreulichen Stimmungen heimgesucht werden. Im Allgemeinen werden die Gefühle davon freudiger.

Ingrid Lange-Schmidt / Rudolf Kretschmann

10. Stressabbau durch Lebensfreude

Können Sie sich daran erinnern, wie viel bewusst einge-
plante entspannende und erfreuliche Momente Sie im
Verlauf der letzten Woche verwirklichen konnten? Viele
Lehrer nehmen sich dafür nur an Wochenenden oder
in den Ferien Zeit: Das ist aber ein zu geringer Ausgleich für die hohe Belastung in diesem Beruf. Es sollte
auch während der Schulwoche der eine oder andere
Ausbruch aus dem Alltagstrott möglich sein. Der
Stressreaktion des Körpers kann auch dadurch entge-
gengewirkt werden, dass man sich bewusst Zeit für die
schönen Dinge des Lebens nimmt. Dazu möchten wir
Sie in diesem Kapitel ermutigen.

Bitte überlegen Sie zunächst: Wie können Sie es einrichten,

- den Tag mit dem guten Gefühl zu beenden, trotz vie-
ler Arbeit auch Schönes gestaltet zu haben?
- vernachlässigte vormals befriedigende Kontakte zu
guten Freunden/Kollegen/Familienangehörigen wieder zu aktivieren?
- und auch: mehrmals hintereinander ausgiebig aus-
zuschlafen?

Vielleicht reichen Ihnen diese Überlegungen schon als
Basis für leichte Veränderungen in Ihrer Arbeitswoche.

Möglicherweise brauchen Sie aber noch konkretere
Anstöße für Ihre eigene Phantasie, um wieder mehr
Freude in Ihren Alltag aufnehmen zu können. Über-
prüfen Sie dann dazu die Anregungen auf der nächsten
Seite auf den Nutzen für sich selbst.

10.1 Ressourcen

Ob wir die Belastungen, die wir erlebt haben, gut bewältigen oder mit einer Stressreaktion beantworten,
hängt von mehreren Bedingungen ab: von der Dauer,
Häufigkeit und der Intensität der Belastungsfaktoren,
aber auch von unseren Ressourcen. Ressourcen sind eigene Kräfte, spezielle Fähigkeiten sowie individuelle
Rahmenbedingungen, die es uns ermöglichen, mit Belastungen fertig zu werden. Zu den Ressourcen gehören
damit unsere eigenen psychischen und physischen Be-
findlichkeiten und Bewältigungsstrategien, also auch
die individuellen Lebenseinstellungen.

Die Belastungen von Alltag und Beruf werden uns z.B.
weniger anhaben können

- bei einer guten körperlichen Verfassung, d.h. bei guter Gesundheit,
- wenn wir über ein unterstützendes soziales Umfeld
verfügen,
- bei einer guten Fähigkeit, Arbeit und Regeneration
angemessen auszubalancieren,
- bei einer optimistisch-realistischen Einstellung zum
Leben, d.h. wenn wir es uns gestatten, Lebensfreude
bewusst wahrzunehmen.

Die wichtigsten Ressourcen zeigt folgende Abbildung:

Nicht auf alle Ressourcen haben wir unbegrenzten und
kurzfristigen Einfluss:

- Eine **stabile Konstitution** ist teilweise auch ein Ge-
schenk der Natur. Mit guten »Ausgangsbedingun-
gen« kann ich pfleglich umgehen oder gedankenlos.
So kann gesundheitsbewusste Lebensführung die
körperlichen Ressourcen erhalten und langfristig ge-

Ich möchte mal wieder

- etwas mit meinen besten Freunden unternehmen, z.B. mit _____

- mit jemandem, der mir nahe steht, ins Kino, Theater, Konzert, gehen, und zwar am liebsten

  mit _____ zu _____

- eine Ausstellung besuchen, einen Vortrag anhören, am besten am _____

- malen, selbst musizieren, mich handwerklich betätigen _____

- mich völlig anders als bisher einkleiden, und zwar in Richtung _____

- etwas in meiner Wohnung/Umgebung verändern, z.B. _____

- mich selbst belohnen für _____ oder mir gezielt Lob und Bestätigung einholen

  von _____

- mir etwas besonders Schönes gönnen, z.B. _____

- schmusen, kuscheln, mir sinnliche Erregung gönnen, z.B. mit _____

- etwas für mich ganz »Untypisches« machen _____

- eine liegengebliebene Tätigkeit ganz in Ruhe langsam ohne Ablenkung beenden

- mir einen schönen Blumenstrauß auf den Schreibtisch stellen

- mich mit einem angenehmen Duft umgeben: duftende Blüte, Parfüm, Duftöl im Zimmer _____

- in Ruhe ganz allein die Natur genießen

- mir Zeit dafür nehmen, private Gedanken aufzuschreiben oder einen Brief an _____ schreiben

- mir allein einen besonderen Tee zubereiten oder ein köstliches Essen für mich und _____ kochen

- zu Nachbarn/Freunden/Kollegen selbst etwas Freundliches sagen und zwar zu _____

⇨ Material: **M22**, S. 163

sehen sogar stärken (sofern dabei nicht dogmatische Starrheit die Lebensfreude einschränken und damit dieser Stabilisierung entgegenlaufen).

- **Unterstützung** in der Familie oder im Freundeskreis zu finden ist ein Glück, das nicht nur durch eigenes Wirken herbeigeführt werden kann. Vielen ist diese Unterstützung als besonderes Glück durchaus bewusst. Gerade weil aber die Gefahr der sozialen Vereinsamung in sozialen Berufen besonders groß ist, ist bei fehlender Unterstützung im Familien- und Freundeskreis die Notwendigkeit der Ressourcenstabilisierung durch andere Faktoren besonders wichtig.

- In zwei der oben aufgeführten Bereiche lassen sich aber auch durch eigene Bemühungen Veränderungen anstoßen: Die **Verbesserung der Genussfähigkeit** sowie die Veränderung einer zunehmenden unrealistisch-pessimistischen, vielleicht schon zynischen Lebenseinstellung hin zu einer **optimistisch-realistischeren Sichtweise** können bewusst mitgestaltet werden, sofern der äußere Druck nicht die erträglichen Grenzen überschritten hat. So können z.B. durch gelenkte Wahrnehmungen (vgl. Kap. 4 u. 9) hierbei gelegentlich sogar kurzfristig schon erstaunliche Veränderungen erreicht werden.

10.2 Balance von Arbeit und Regeneration

Es ist nicht so, dass Lehrerinnen und Lehrer keine Möglichkeiten wahrnehmen, sich zu regenerieren. Aber viele neigen dazu, Belastungsphasen und Regenerationsphasen physiologisch ungünstig zu verteilen:

- Nonstop-Arbeiten in der Schulzeit,
- Regeneration in den Ferien.

In die Kernzeiten des Schuljahres packt man sich so viel Arbeit wie möglich, reiht ohne Unterbrechung eine Aktivität an die andere, und wenn der Tag nicht ausreicht, nimmt man noch die Nachtstunden hinzu. Aus medizinischer Sicht ist das völlig falsch. Der Körper benötigt kontinuierlich verteilte Erholungsphasen. Gönnen wir ihm die nicht, betreiben wir Raubbau an unserer körperlich-geistig-seelischen Gesundheit.

Das Bestreben, so viele Aktivitäten in einen begrenzten Zeitrahmen zu stecken, ist auch unter der Perspektive von Zeitökonomie falsch. In der Arbeitsmedizin hat man sich sehr intensiv mit der Wirkung von Pausen beschäftigt. Ein durchgehender Befund: Je häufiger man Pausen, kurze Pausen einlegt, desto geringer ist der Bedarf an Gesamterholungszeit:

- Wenn ich drei Stunden arbeite und jeweils nach $1^1/_2$ Stunden eine Pause von 15 Minuten einlege, reichen 30 Minuten, um mich ausreichend zu erholen.
- Wenn ich drei Stunden **ohne Unterbrechung** arbeite, brauche ich hinterher eine **ganze** Stunde, um mich zu erholen.

Der Körper braucht seine Regenerationsphasen. Erhält er die nicht, gibt er uns Signale:

- Müdigkeit,
- Mangel an Konzentration, fehlende Effizienz,
- Verletzlichkeit,
- Gereiztheit und depressive Verstimmung,
- Kreislauf-, Magen- oder andere Beschwerden.

Ignoriert man diese Signale, gerät man in den Teufelskreis des ständigen Angespannt- und Gehetztseins. Wenn Sie solche Zustände an sich wahrnehmen, haben Sie Ihrem Körper vielleicht nicht genügend Regenerationsphasen gegönnt. Bitte überprüfen Sie (mit den Checklisten im Materialteil) sich selbst.

⇨ Material: **M23**, S. 165; **M24**, S. 167; **M25**, S. 169

10.3 Die Notwendigkeit, Beziehungen zu pflegen, oder die Gefahr, in sozialen Berufen zu vereinsamen

Lehrerinnen und Lehrer laufen Gefahr, einer sozialen Vereinsamung durch einen Überfluss an berufsbedingten Kontakten zu erliegen: Als Lehrerinnen/Lehrer sind Sie von morgens acht bis nachmittags um dreizehn Uhr mit mindestens zwanzig Personen zusammen, als Fachlehrer gelegentlich mit weit über 100 Personen, denen Sie sich professionell zuwenden sollen. Viele Beziehungsereignisse können bei diesen großen Frequenzen kaum richtig aufgearbeitet werden: eine Frage, auf die Sie keine Antwort haben, ein Vorwurf, den Sie nicht angemessen parieren können, ein Konflikt mit einem Kind. Wenn Sie sich mit alledem richtig »aufgeladen« haben, gehen Sie nach Hause und wünschen sich zunächst, für den Rest des Tages keinen Menschen mehr zu sehen. Selbst freundlich gemeinte Annäherungen von Familienmitgliedern oder Freunden können in der Situation als lästig erlebt werden.

Dies kann dazu führen, auch private Kontakte zu meiden: Sie schlagen Einladungen aus; Sie geben selbst keine Einladungen ab. Und irgendwann stellen Sie fest, dass Ihr Verhältnis zu Freunden und Bekannten immer distanzierter wird.

Dann sind Sie in eine der typischen Fallen der sozialen Berufe gegangen: Viele der beruflichen Kontakte belasten eher, als dass sie befriedigen. Vordergründig sind Sie kontaktgesättigt. Langfristig entbehren Sie eines freundschaftlichen Austauschs. Wenn Sie in solch eine Lage geraten sind, können Sie die folgenden Schritte ausprobieren:

- Ziehen Sie Bilanz: Welche Ihrer bestehenden Kontakte empfinden Sie eher belastend als stärkend?
- Vergegenwärtigen Sie sich, welche Art von Kontakten Ihnen fehlen.
- Beleben Sie befriedigende, aber gelockerte oder vernachlässigte Freundschaften neu, wenn Sie sie als wichtig erachten.
- Suchen Sie gezielt Aktivitäten, in denen befriedigende Sozialkontakte möglich sind.

Es kommt darauf an, dass Sie sich nicht nur von einem professionell geforderten oder von einem zufällig vorhandenen privaten Beziehungsangebot abhängig machen. Mit folgender Checkliste können Sie zu diesem Thema eine weitere Bilanz machen und Vorsätze fassen.

⇨ Material: **M26**, S. 171

10.4 Kräftigung der Widerstandsressourcen durch die Wahrnehmung von freudvollen Aspekten des Lebens

Glück und Lebensfreude, aber auch Traurigkeit und Erschöpfung haben hormonelle Begleiter. Das vom Körper selbst produzierte »Glückshormon« Endorphin wird ausgeschüttet bei allen freudvollen Ereignissen. Ermangelt es uns an solchen Erlebnissen, sinkt die Ausschüttung von Endorphinen: Wir fühlen uns unzufrieden, unglücklich oder gar depressiv. Gleichzeitig geht mit solchen Zuständen eine Schwächung des Immunsystems einher. Die Immunreaktionen haben die Aufgabe, den Organismus zu schützen. Ohne Lebensmut und Freude gibt es für das Immunsystem keinen Sinn, das Leben zu schützen und gesund zu erhalten (vgl. dazu Lange-Schmidt 1999). Es braucht also immer wieder Signale der seelischen Aufheiterung.

Wir können unsere körpereigene Endorphin-Produktion ankurbeln,

– indem wir versuchen, uns in potenziell freudvolle Situationen hineinzubegeben, indem wir sie gezielt aufsuchen oder herbeizuführen versuchen,
– indem wir uns freudvolle Situationen mit möglichst allen Sinnen bewusst machen.

So kann uns z.B. die weitgehend internalisierte Eile, mit der wir alles erledigen, dazu verleiten, im Konzert schon wieder die morgigen Aufgaben zu planen oder ein französisches Essen mit größtmöglicher Geschwindigkeit zu absolvieren. Mit einem gezielten Stopp kann es hierbei z.B. gelingen, sich die sinnlichen Freuden wieder intensiver zugänglich zu machen.

Sie haben in den vorangegangenen Kapiteln schon einige Anregungen erhalten. Auch wenn Sie sie noch nicht verwirklicht haben, können Sie sich ganz bestimmt vorstellen, was Ihnen Lebensfreude bereiten kann. Vielleicht haben Sie sich schon Gedanken gemacht, warum Sie das bisher nicht realisiert haben. Wenn es dabei große Hürden gibt, hilft es oft, mit einer vertrauten Person darüber zu sprechen, d.h. sich selbst die eigenen Hindernisse, Sorgen, konträren Bedürfnisse usw. in Gegenwart einer anderen Person zu versprachlichen und sich damit auseinander zu setzen.

Zunächst gilt es aber, eigene Wünsche erst einmal entstehen zu lassen, sich anzusehen, was denn überhaupt ein »Mehr« an Lebensfreude im Alltag sein könnte:

● Was haben Sie sich bisher zu oft versagt, was möchten Sie sich »eigentlich« mal gönnen, was könnte kleine Glitzerpunkte in Ihren beruflichen Nachmittag/Abend bringen?
● Was könnte eine besondere Entlastung, eine besondere Freude nach Ihrer Arbeit darstellen?
● Was könnte das für Sie sein: z.B. eine Begegnung, eine Anschaffung, ein Hobby, ein Verwöhnnachmittag, an dem Sie wirklich nur die Dinge tun, die Ihnen Freude bereiten?
● Wenn Sie etwas gefunden haben, das für Sie passt, können Sie es hier eintragen:

Freude – das will ich mir demnächst gönnen

Kornelia Kirschner-Liss / Ingrid Lange-Schmidt / Rudolf Kretschmann

11. Das Problem mit den guten Vorsätzen

Sie werden in diesem Buch eine Reihe von Anregungen finden, denen Sie mit innerer Überzeugung beipflichten können: »Genau, das sollte ich endlich einmal tun!« Gleichzeitig werden Sie sich daran erinnern, dass solche Vorsätze oft schneller wieder vergessen werden, als sie gefasst worden sind. Wir wollen mit den folgenden Ausführungen der Frage nachgehen, warum das so ist – und was man tun kann, um die Wahrscheinlichkeit zu steigern, dass Vorsätze auch in die Tat umgesetzt werden.

Warum fassen wir eigentlich gute Vorsätze? Und warum scheitern wir so häufig bei der Umsetzung? Verstandesmäßig wissen wir genau, dass wir mehr Sport treiben sollten, gesünder essen, lange aufgeschobene Probleme endlich in Angriff nehmen sollten und so weiter. Unser Gewissen mahnt uns vor allem an herausgehobenen Zeitmarken wie Geburtstagen, Jahreswechseln oder Hochzeitstagen. Andererseits lebt es sich mit den verstandesmäßig als falsch erkannten Strategien ganz bequem. Etwas zu wünschen ist eine Sache. Etwas zu wollen und zielstrebig zu verfolgen eine andere.

Dass wir uns anscheinend wissentlich unvernünftig verhalten, liegt häufig auch daran, dass ein und dieselbe Handlung mehrere Konsequenzen haben kann: eine angenehme im Augenblick, eine problematische in größerem zeitlichen Abstand.

- Ich weiß genau, ich sollte nach einem Glas Wein aufhören – aber der Wein schmeckt köstlich – Kopfschmerzen und Müdigkeit setzen erst am nächsten Morgen ein.
- Ich weiß genau, ich sollte jetzt mit meinen Vorbereitungen beginnen, aber der Roman, den ich gerade lese, ist ja so spannend – die späte Folge ist, dass ich mich hastig und mit schlechtem Gefühl vorbereite und am nächsten Tag mit meinem Unterricht unzufrieden bin.

Es bedarf einer Willensanstrengung, den Versuchungen des Augenblicks zu widerstehen und der besseren Einsicht zu folgen. Menschen unterscheiden sich offenbar in ihrer Fähigkeit und Bereitschaft, auf aktuellen Lustgewinn zugunsten wichtigerer, aber zeitlich ferner Ziele zu verzichten. Goleman (1996) zufolge ist die Fähigkeit zum Bedürfnisaufschub – denn um nichts anderes handelt es sich, wenn wir der besseren Einsicht folgen – eine wichtige Voraussetzung für Erfolg im Leben und eine der wichtigsten Komponenten »emotionaler Intelligenz«. Optimistisch stimmt die Tatsache, dass solche Fähigkeiten erlernbar sind.

Niemand ändert sich gerne. Veränderungen leiten wir häufig erst dann ein, wenn die Probleme, die wir uns mit unserem bisherigen Verhalten bereiten, unübersehbar sind bzw. wenn der Leidensdruck so groß wird, dass eine Veränderung zwingend ist. Das Dilemma besteht darin, dass mit einem hohen Leidensdruck auch oft eine lange Leidensgeschichte einhergeht und die Person durch die Belastungen derart geschwächt ist, dass keine oder nur geringe Energien für die anstehenden Veränderungen übrig bleiben. Es macht Sinn, Veränderungen einzuleiten, solange noch ein Rest von Energien vorhanden ist.

Systeme versuchen zu beharren. Weder in großen Systemen noch in kleineren Zusammenschlüssen verfügt man i.d.R. über ein umfangreiches Repertoire an Veränderungsstrategien, weshalb z.B. viele Bildungsreformen ergebnislos versanden und Schulen sich schwer tun, so etwas wie ein Schulprogramm zu entwickeln und umzusetzen. Immerhin haben demokratisch organisierte Systeme Formen gefunden, die inneren Strukturen an die Veränderungen des Weltgeschehens anzupassen. In totalitären Systemen, in denen ein einmal erreichter Status quo möglichst lange gehalten werden soll, staut sich der Veränderungsdruck, bis er sich in revolutionären Formen Bahn bricht – um oft genug erneut in eine totalitäre Struktur zu münden. Was die Individuen betrifft, so gehören Veränderungsstrategien zumindest nicht zum Alltagswissen, weshalb Personen, die sich ändern wollen, oft vor einer wirklich schwierigen Aufgabe stehen.

Wir möchten hier einige Hinweise geben, wie man die Wahrscheinlichkeit steigern kann, Vorsätze auch in die Tat umzusetzen.

11.1 Die richtigen Ziele verfolgen

Je unbestimmter und umfassender unsere Absichten sind, desto unwahrscheinlicher ist es, dass wir vom Wünschen zum Wollen gelangen. Veränderungsziele werden am besten so formuliert:

- **Konkret**: Ungünstig ist eine Formulierung wie: »Ich will insgesamt ordentlicher werden.« Hilfreicher ist eine Formulierung wie: »Ich will jeden Freitagnachmittag die Papiere ordnen, die sich im Laufe der Woche angesammelt haben.«

- **Positiv**: Ungünstig ist eine Formulierung wie: »Ich will mich nicht aufregen, wenn Kollegin Y mich, wie sie das schon wiederholt getan hat, in anmaßendem Ton zurechtweist.« Günstiger ist eine Formulierung, die die erwünschte Verhaltensweise enthält, z.B.: »Wenn Kollegin Y wieder einmal in diesem Ton mit mir spricht, zähle ich innerlich bis drei und sage höflich und bestimmt ›Wir können uns gern darüber austauschen, aber ich wünsche mir einen sachlichen und kollegialen Umgangston‹.« Wenn ich mir vornehme, etwas **nicht** zu tun, weiß ich noch lange nicht, was ich **stattdessen** tun könnte, und bin dann in der Situation genauso hilflos wie zuvor. Darüber hinaus ist die Negation, die ich mental vornehme, »Ich will mich nicht über Kollegin Y aufregen«, eine ständige Erinnerung an das Problem, ein ständiger Stachel, so dass ein solcherart formulierter Vorsatz eher zu einer Beeinträchtigung als zur Steigerung meines Wohlbefindens beiträgt.

- **Zeitlich begrenzt**: Statt: »Ich will regelmäßig aufräumen«, ist es günstiger, sich begrenzte Zeiträume dafür einzuplanen, z.B.: »Ich will meine Papiere ordnen und fange damit in der 20. Woche dieses Jahres an. Ich versuche es sechs Wochen lang und mache dann Bilanz, wie gut mir die Umsetzung meines Vorhabens gelungen ist.« Eine zeitlich unbegrenzte Vornahme kann mehrere Probleme nach sich ziehen. Ist der Beginn nicht festgelegt, besteht das Risiko, dass wir nicht »in die Gänge« kommen, den Vorsatz vergessen oder mit schlechtem Gewissen vor uns herschieben. Wenn wir keinen Endzeitpunkt festlegen, erheben wir den Vorsatz in den Rang eines ewigen Gelübdes. Es kann gewissenhaften Menschen Schuldgefühle bereiten, wenn sie solch ein Vorhaben wieder aufgeben, selbst wenn sie dafür gute Gründe haben. Durch die zeitliche Begrenzung geben wir dem Ganzen den Charakter eines ergebnisoffenen Experiments. Wenn ich feststelle, dass die eingeleiteten Veränderungen die erhofften Konsequenzen haben, kann ich mit ihnen fortfahren. Sollte das Vorhaben nicht die gewünschten Konsequenzen zeitigen oder sich als unrealisierbar erwiesen haben, stelle ich die Bemühungen ein und überlege mir eine bessere Alternative.

- **Im Schwierigkeitsgrad und im Umfang begrenzt:** Nehmen Sie sich zu Beginn Ihres Weges einen Teilschritt vor, von dem Sie annehmen können, dass Sie ihn bewältigen werden. Statt mit »Ich will mich im Fach XY auf den neusten Stand bringen und die Veröffentlichungen der letzten drei Jahre aufarbeiten« – erreichen Sie Ihr Ziel vermutlich besser mit einer Begrenzung: »Ich will in dieser Woche den Aufsatz Q zum Fach XY lesen, den ich mir aus der Zeitschrift Z kopiert habe.« Anfangserfolge ermutigen. Ein zu umfangreiches Ziel bedrückt schon vor der Inangriffnahme – und bleibt daher häufig unbearbeitet.

- **In der Anzahl begrenzt:** Wer sich zu viel auf einmal vornimmt, gerät in Veränderungsstress und läuft Gefahr, nichts in Angriff zu nehmen. Ein Ordnungssystem anlegen, Entspannungsübungen lernen, Entspannungsübungen im Unterricht durchzuführen – wenn Sie alles auf einmal realisieren wollten, wäre das zu viel. Sie können, wenn Sie mehrere Notwendigkeiten sehen, eine Liste anlegen, in die Sie alle Ziele aufnehmen, sich dann aber auf die zwei oder drei wichtigsten begrenzen. Wenn Ihnen dies nicht genügt, schafft eine Langzeitplanung Abhilfe, derart, dass Sie in einen Jahreskalender eintragen, wann Sie welche Veränderungsaktivität realisieren wollen. Papiere ordnen: Woche Nr. 36., neue Unterrichtsmaterialien »Chemie« sichten: Woche 38–41 etc.

Hilfreich kann es sein, sich eine Schrittfolge zu überlegen, z.B. für das Aufarbeiten von Unterlagen in den Ferien.

- Ich mache erst einmal ＿＿ Tage Pause, ruhe mich aus oder unternehme etwas, das mir gut tut, und zwar ＿＿＿＿＿＿＿＿;
- dann kümmere ich mich um meine Einkommenssteuererklärung. Damit beginne ich am ＿＿＿＿. Dafür benötige ich voraussichtlich ＿＿ Tage;
- dann ordne ich die Unterlagen für den Mathematikunterricht. Damit beginne ich am ＿＿＿＿. Dafür benötige ich voraussichtlich ＿＿ Tage;
- dann fahre ich in Urlaub nach ＿＿＿＿＿＿＿＿.

Siehe zur Zeitplanung und zum Zeitmanagement auch Kapitel 5.

Vor allem dann, wenn Sie die Wahl zwischen mehreren Veränderungsalternativen haben, empfiehlt sich eine »Überschlagsrechnung«:

- »Wie hoch veranschlage ich die zu erwartende Entlastung?«
- »Wie groß ist die Wahrscheinlichkeit, dass ich auf den Gang der Ereignisse Einfluss nehmen kann?«
- »Wie groß ist der Aufwand, den ich betreiben muss?«
- »Welche Risiken gehe ich bei meinen Veränderungsbemühungen ein? Mit welchen Reaktionen der Umwelt habe ich zu rechnen?«

Es »lohnt sich«, ein Ziel zu verfolgen, wenn eine substanzielle Wahrscheinlichkeit besteht, dass man eine Veränderung herbeiführen kann und wenn der zu treibende Aufwand in einem angemessenen Verhältnis zu der erwartenden Entlastung steht.

Ein Ziel »Ich will, dass mein Schulleiter mich gerecht behandelt«, könnte, wenn es denn erreicht würde, eine hohe Entlastung bringen. Aber vielleicht ist die Möglichkeit, auf den Schulleiter Einfluss zu nehmen, nicht gegeben. Andere haben es auch schon vergeblich versucht. Also werde ich dieses Ziel nach gründlicher Abwägung vielleicht fallen lassen und mich für ein anderes, realistischeres Ziel entschieden:

- Ich kann mich an eine andere Schule bewerben.
- Ich kann versuchen, innere Widerstandskräfte aufzubauen: »Ich weiß selbst, was ich wert bin.« »Ich bin auf die Akzeptanz meines Schulleiters nicht angewiesen.« »Unzumutbare Aufgaben werde ich künftig ablehnen.« etc.

11.2 Unterstützung in Anspruch nehmen

Kaum ein Sporttreibender kommt ohne Trainer aus. Fast jeder Spitzensportler hat seinen persönlichen Coach. Selbst hochgradig professionell operierende Personen benötigen, wenn sie ihr Niveau halten oder verbessern wollen, offenbar eine Person oder eine Gruppe, die anregt, auffängt, Rückmeldung gibt, mahnt oder gar antreibt. Inzwischen haben auch Manager ihren Coach, der sie vor allem auf psychosozialem Gebiet unterstützt. Im privaten Bereich ist dies häufig der Partner oder die Partnerin. Welche Möglichkeiten gibt es auf beruflicher Ebene?

Supervision: Zu den Gepflogenheiten von Psychotherapeuten und Beschäftigten in der Sozialarbeit gehört es, Supervision in Anspruch zu nehmen. Auch Lehrerinnen und Lehrer wissen immer mehr die Vorzüge von Supervision zu schätzen. Kritische berufliche Situationen können im Kreis von Kolleginnen und Kollegen erörtert und einer Lösung zugeführt werden, auf die der Einzelne aufgrund zu großer Problemnähe nicht immer von alleine kommt. Supervisionsgruppen bieten darüber hinaus wertvolle emotionale Unterstützung. Supervision wird von Lehrerfortbildungsinstituten angeboten. Mehr Information zu dem Thema finden Sie in diesem Buch in Kapitel 6.

Professionellen Sachverstand an die Schule bringen: Ein Unternehmen, welches seine Strukturen und seine Produktivität verändern will, konsultiert einen Organisationsberater, der vor Ort die Bedingungen ermittelt, Änderungsvorschläge erarbeitet und mit Personalentwicklern die Veränderungsbemühungen unterstützt. Schulen sollen – neben ihren bereits bestehenden Aufgaben – alle Veränderungen aus eigener Kraft und aus eigenem Sachverstand realisieren. Das kann nicht funktionieren. Eine Schule, die z.B. ein Programm gegen Gewalt auf den Weg bringen will, tut gut daran, einen Experten für Jugendgewalt zu konsultieren, der sich nicht nur in den Aggressionstheorien auskennt, sondern auch in der Implementierung von Programmen. Ähnliches gilt für andere Arten von Schulprogrammen. Es ist nicht so, dass man für solche Vorhaben keine Mittel bekäme. Es kommt vor allem darauf an, sich zuzugestehen, dass man als Schule solche Formen der Unterstützung braucht.

Kollegiale Arbeitsgruppen bilden: Sie können zusammen mit anderen Kolleginnen und Kollegen eine Arbeitsgruppe bilden, um Anregungen, die Sie in diesem Buch oder aus anderen Quellen erhalten, systematisch und im gegenseitigen Austausch zu bearbeiten. Wichtig ist, dass man sich in diesen Gruppen von vornherein auf einen Kanon von Verbindlichkeiten einigt, z.B. Anzahl der Treffen, die zunächst einmal stattfinden sollen, regelmäßige Teilnahme, pünktliches Erscheinen, Zielorientierung, Ausführen kollektiv (und einstimmig) gefasster Vorhaben (z.B. Entspannungsübungen mit Schülern erproben), wechselseitige Ermutigung und Unterstützung etc.

Wir empfehlen, solche Vereinbarungen zumindest stichwortartig zu protokollieren oder gar zu kontraktieren. Kontrakte sind ein immer beliebter werdendes Mittel, um die Kooperation von Menschen zu regeln. Viele Kooperationsprobleme beruhen auf unausgesprochenen und divergierenden Erwartungen, fehlenden und unklaren Absprachen oder nicht hinreichend geklärten Zuständigkeiten. Dies mindert nicht nur die Qualität der zu leistenden Arbeit. Dem kann man vorbeugen durch Kontrakte, weil durch das Kontraktieren die wechselseitigen Erwartungen geklärt und die Aufgaben und deren Verteilungen verbindlich festgelegt werden.

Einen Trainingspartner suchen: Nicht jeder schließt sich gerne einer Gruppe an. Wenigstens **einen** Mitstreiter, eine Mitstreiterin sollte man haben. Halten Sie Ausschau nach jemanden, mit dem Sie sich jeweils ein Ziel vornehmen und mit dem Sie gemeinsam üben können, z.B. Entspannung mit Schülerinnen und Schülern durchzuführen. Verabreden Sie feste Termine, erst für eine Testphase, später für länger. Die besten Vorsätze scheitern an fehlenden Terminabsprachen.

Private Unterstützung suchen: Weihen Sie einen Partner, eine Partnerin in Ihre Veränderungsabsichten ein und lassen Sie sich auf dem Weg begleiten:

- »Ich habe mir … vorgenommen. Was hältst du davon?«
- »Hast du noch weitere Ideen …?«
- »Ich möchte nach … Tagen gerne noch einmal mit dir darüber sprechen …«
- »Kannst du mich fragen, erinnern …?«

Keine Regel ohne Ausnahme: Viele Menschen vertrauen sich lieber Unbekannten an – z.B. Supervisionsgruppen – als Personen aus ihrem Umfeld. Nicht nur, weil sie sich professionelle Hilfe erhoffen, sondern auch, weil sie sicher sein können, nicht ständig weiter mit dem Problem konfrontiert oder Opfer liebevoller Bevormundung zu werden. Das gilt es zu bedenken, wenn man Freunde und Partner in die Veränderungsbemühungen einbezieht. Um Folgeprobleme zu vermeiden gilt es in jedem Fall,

- vorab Stopp-Signale zu vereinbaren. »… aber wenn ich sage, ich möchte jetzt nicht darüber reden, dann erwarte ich, dass du das respektierst«.
- eine zeitliche Begrenzung einbauen: »… das gilt bis … Dann möchte ich nicht mehr darüber sprechen.«

Eine besondere Situation ergibt sich, wenn Sie zu Ihrer Entlastung Veränderungen von Personen Ihres sozialen Umfeldes erwarten. Niemand verändert sich gerne, insbesondere, wenn das bisherige Verhalten ihm oder ihr Vorteile erbringt. Niemand ändert sich gerne auf Geheiß oder auf Drängen anderer. Hier empfiehlt sich ein besonders sorgfältiges Abwägen: Aus Sachproblemen werden leicht Beziehungsprobleme, und es kommt darauf an abzuschätzen, ob

- mit dem Änderungswunsch ein Beziehungsproblem heraufbeschworen wird und wie dies ggf. vermieden werden kann und, wenn dies nicht möglich ist, ob
- die gewünschte Veränderung (wenn sie denn überhaupt herbeizuführen ist) es wert ist, das Beziehungsproblem einzugehen.

Das kann durchaus sinnvoll und notwendig sein, und wir empfehlen keineswegs nur ein stilles Dulden. Aber mitunter ist es auch weise, sich mit kleineren Unzulänglichkeiten anderer abzufinden, um die Beziehung nicht unnötig zu belasten.

11.3 Möglichkeiten des Selbstmanagements

Nicht immer finden sich zur richtigen Zeit die Personen, welche die gewünschte soziale und fachliche Unterstützung geben könnten. Nicht für jede Entscheidung oder Veränderung benötigt man äußere Hilfe

oder einen Manager (was z.B. Udo Lindenberg in dem Titel »Mein Manager, der regelt das für mich …« sehr zutreffend karikiert). Viele Dinge lassen sich auch durch Selbstmanagement regeln. In Kapitel 5 (Arbeitsorganisation, Zeitmanagement) werden einige konkrete Möglichkeiten des Selbstmanagements erörtert. Hier einige bewährte Anregungen:

Ein Veränderungstagebuch anlegen: Mit dem auf den nächsten Seiten abgedruckten »Protokollblatt zum Bilanzieren von Veränderungen« haben Sie eine Vorlage erhalten, wie Sie Veränderungsziele festlegen und auf ihre Realisierbarkeit überprüfen können. Es handelt sich dabei um eine Anregung, einen Dialog mit sich selbst zu führen. Sich zu befragen, Chancen und Risiken abzuwägen und dies **schriftlich festzuhalten**. Aufschreiben erhöht die Klarheit des Denkens und man kommt Lösungen näher. Ein Veränderungstagebuch anzulegen bedeutet, diesen Dialog bei der Realisierung der Vorsätze fortzusetzen. In solch einem Tagebuch können Sie festhalten,

- welche Versuche zur Realisierung Sie unternommen haben,
- mit welchen Anstrengungen das verbunden war,
- zu welchen Ergebnissen Ihre Bemühungen geführt haben,
- was Ihre Versuche erschwert, erleichtert hat und
- wie Sie am besten fortfahren können.

Das o.a. Protokollblatt ist als Möglichkeit gedacht, solch ein Veränderungstagebuch als Loseblattsammlung zu führen. Aber selbstverständlich können Sie dies auch Ihrem eigenen Stil entsprechend tun, in einem schön gebundenen Buch, das ästhetisch genug aufgemacht ist, um Ihre persönlichen Gedanken aufzunehmen. Wenigstens einmal wöchentlich sollten Sie derart Ihre Veränderungsbemühungen bilanzieren.

Externe Erinnerungshilfen

Der berühmte Knoten im Taschentuch scheidet im Zeitalter der Papiertaschentücher als externe Erinnerungshilfe aus. Welche Alternativen gibt es?

Sie können an Plätzen und Objekten, auf die häufig Ihr Blick fällt, optische Signale anbringen: einen Sinnspruch, einen Imperativ am PC-Monitor, am Telefon, am Spiegel, der Sie ständig an Ihr Vorhaben erinnert.

- Wenn Sie Ihre Vorsätze weniger öffentlich machen wollen, können Sie einen Klebepunkt verwenden, an der Klassentür, auf dem Pult, auf der Schultasche etc.
- Schließlich hilft auch der altbewährte Terminkalender. Tragen Sie vorab an jedem Tag ein, was Sie wann

verändern wollen. Den Terminkalender nehmen Sie oft genug zur Hand, um regelmäßig an Ihre Vorhaben erinnert zu werden.

Optische Signale, die Sie als statische Bestandteile Ihrer Umgebung an Ihre Absichten erinnern, haben den Nachteil, dass sich das Auge daran gewöhnt. Nach gut einer Woche schon werden Sie sie vielleicht nicht mehr wahrnehmen. Optische oder andere statische Erinnerungshilfen müssen daher von Zeit zu Zeit ausgewechselt werden: der Klebepunkt durch eine beziehungsreiche Karikatur, der Sinnspruch durch eine abgewandelte Formulierung.

In Kurzfassung: Wie gelangen wir vom Möchten zum Tun?

Ziele sollten wie folgt formuliert werden:

Konkret – positiv – zeitlich begrenzt – in der Menge begrenzt

Schrittfolge überlegen, z.B. für das Aufarbeiten von Unterlagen in den Ferien

- Ich mache erst einmal _____ Tage Pause, ruhe mich aus oder unternehme etwas, das mir gut tut, und zwar _____ ;
- dann kümmere ich mich um meine Einkommensteuererklärung. Damit beginne ich am _____ . Dafür benötige ich voraussichtlich _____ Tage;
- dann ordne ich die Unterlagen für den Mathematikunterricht. Damit beginne ich am _____ . Dafür benötige ich voraussichtlich _____ Tage.
  Siehe zur Zeitplanung und zum Zeitmanagement auch Kapitel 5.

»Überschlagsrechnung«:

- »Wie hoch veranschlage ich die zu erwartende Entlastung?«
- »Wie groß ist die Wahrscheinlichkeit, dass ich auf den Gang der Ereignisse Einfluss nehmen kann?«
- »Wie groß ist der Aufwand, den ich betreiben muss?«
- »Welche Risiken gehe ich bei meinen Veränderungsbemühungen ein?«
- »Mit welchen Reaktionen der Umwelt habe ich zu rechnen?«

Unterstützung in Anspruch nehmen:

Supervision – professionellen Sachverstand an die Schule holen – Arbeitsgruppen bilden – Trainingspartner suchen – privaten Anreger »engagieren«

Selbstmanagement – Erinnerungshilfen

Ein Veränderungsbuch anlegen

Externe Erinnerungshilfen

- Einen Sinnspruch, einen Imperativ am PC-Monitor, am Telefon, am Spiegel, der Sie ständig an Ihr Vorhaben erinnert

---

⇨ Material: **M27**, S. 173

Literaturverzeichnis

Adorno, T.W.: Tabus über den Lehrerberuf 1965. In: Neue Sammlung, 487–496.

Bandura, A.: Self-efficacy: Toward a Unifying Theory of Behavioral Change 1977. In: Psychol. Review, 84, 191–215

Bernfeld, S.: Sysiphos oder die Grenzen der Erziehung, Leipzig/Frankfurt 1925/1967.

Biener, K.: Stress. Epidemiologie und Prävention, Bern Stuttgart Toronto 1990/2.

Brophy, J.E./Evertson, C.H.: Lernen durch Unterricht, Bochum 1980.

Bundesministerium für Arbeit und Sozialordnung, ed.: Das neue Arbeitsschutzgesetz. Bonn 1996.

Edelwich, J./Brodsky, A.: Das Burnout-Syndrom in den Sozialberufen. Salzburg 1984.

Ellis, A.: Klinisch-theoretische Grundlagen der ratio-nal-emotiven Therapie. In: Praxis der rational-emotiven Therapie, Ellis/Grieger, München 1976, 3–36.

Ellis, A: Die rational-emotive Therapie. Das innere Selbstgespräch bei seelischen Problemen und seine Veränderung, München 1979.

Ellis, A./Grieger, R.: Praxis der rational-emotiven Therapie, München 1979.

Freudenberger, H.J.: Staff-Burn-Out. In: Journal of Social Issues, 1, 1974, 159–165.

Friedman, M./Rosemnan, R.H.: Der A-Typ und der B-Typ, Reinbek 1975.

Goleman, D.: Emotionale Intelligenz, München 1996.

Heimann, P./Otto, G./Schulz, W.: Unterricht. Analyse und Planung, 6, Hannover 1972.

Holtz, K.-L./Kretschmann, R.: (1982) Beurteilung und Beratung bei speziellen Auffälligkeiten: Angst. Studienbrief der Fernuniversität Hagen, Hagen.

Hübner, P./Werle, M.: Arbeitszeit und Arbeitsbelastung Berliner Lehrerinnen und Lehrer. In: Jahrbuch für Lehrerforschung 1, Carle Buchen und Döbrich u.a., eds., Weinheim München 1997, 203–226

Jackson, P.W.: Life in Classrooms, New York 1968.

Jehle, P.: Vorzeitige Pensionierung von Lehrerinnen und Lehrern. In: Jahrbuch für Lehrerforschung, Band 1, München 1997, 247–276

Kaluza, G.: Gelassen und sicher im Stress. Psychologisches Programm zur Gesundheitsförderung, Berlin 1996.

Kretschmann, R.: Lehrer-Lehrer-Interaktion. In: Interaktion in der Schule, W. Roth/B. Minsel ed., München 1978, 123–146.

Kretschmann, R.: Stress im Lehrerberuf. Was sind die Ursachen? Was kann getan werden? In: päd. extra, 7, 1990, 56–60.

Kretschmann, R.: Wenn der Stress aus dem Ruder zu laufen droht. Stress-Prävention – Bausteine und Erfahrungen eines Workshops. In: päd extra 1993, 10, 14–24.

Kretschmann, R.: Das Gefühl, nie fertig zu werden. Stress am Arbeitsplatz Schule. In: päd extra, 1994, 12, 6–16.

Kretschmann, R.: Zur Vorbeugung beruflicher Überbeanspruchung. In: Jahrbuch für Lehrerforschung, Band I, S. u.a. Buchen ed., München 1997, 325–356.

Landtag Schleswig-Holsteinischer Drucksache 13/968, 13. Wahlperiode, 23.4.1993.

Lange-Schmidt, I.: Körperantwort. Die Leib-Seele-Beziehung und das Herz, Kassel 1989.

Lange-Schmidt, I.: Supervision auf tiefenpsychologischer Grundlage in der pädagogischen Ausbildung. In: Zeitschrift für Individualpsychologie 2, 18. Jg. 235–251, München 1993.

Lange-Schmidt, I.: Hätte ich das schon früher gelernt …, In: Pädagogik 6, 27–32, 1994, Weinheim.

Lange-Schmidt I.: Supervision: Psychohygiene oder Kompetenzerweiterung? In: Schulleitung – eine psychologische Herausforderung, Berlin 1997.

Lange-Schmidt, I.: Minis machen's möglich. Schnelle Entspannung für LehrerInnen, Salzhausen 1999.

Lazarus, R.S.: Stress und Stressbewältigung – ein Paradigma. In: Kritische Lebensereignisse, Filipp S.-H. ed., München 1981, 198–232.

Lazarus, A.: Multimodale Verhaltenstherapie, Frankfurt 1978.

Leuschner, G./Schirmer, F.: Lehrergesundheit aus medizinischer Sicht. In: Pädagogik, 1993,1, 6–8.

Maturana, H./Varela, F.: Der Baum der Erkenntnis, München 1987.

Merz, J./Weid, A.: Berufliche Wertorientierung und allgemeine Berufszufriedenheit von Lehrern. In: Psychologie in Erziehung und Unterricht, 1972, 214–221.

Miller, R.: Beziehungsdidaktik. Weinheim. 1998.

Miller, R.: »Das ist ja wieder typisch!«. Kommunikation und Dialog in Schule und Schulverwaltung. 25 Trainingsbausteine.

Miller, R. (1992) Unterrichtshospitation als kollegiale Beratung. In: Pädagogik 1996/10, S. 32–34.

Miller, R.: Schilf-Wanderung. Wegweiser für die praktische Arbeit in der schulinternen Lehrerfortbildung. Weinheim 1992, 3. Aufl., S. 101–106.

Miller, R.: »Halt's Maul, du dumme Sau!« Von der Beschimpfung zum fairen Gespräch. Lehrerheft zum Schülerarbeitsheft (Sek.I/II). AOL-Verlag 1998. Lichtenau.

Murphy, L.R.: Job dimensions associated with severe disability due to cardiovascular disease. In: Die Grundschulzeitschrift 1991, 14, 12–16.

Nitsch, J.R.: Aspekte der Stressforschung. In: Stress – Theorien, Untersuchungen, Maßnahmen, J.R. Nitsch ed., Bern Stuttgart Wien 1981, 29–160.

Nitsch, J.R. ed.: Stress. Theorien, Ursachen, Maßnahmen, Bern Stuttgart Wien 1981.

Reinarz, M.-A./Muzzin, F.: Mockelgeschichten. In: FLAMINGO – Erlebnis- und handlungsorientierte Lese- und Schreibförderung, G. Scheerer-Neumannn/R. Kretschmann ed., Köln 1995.

Rudow, B.: Die Arbeit des Lehrers. Zur Psychologie der Lehrertätigkeit, Lehrerbelastung und Lehrergesundheit, Bern 1994.

Rudow, B.: Personalpflege im Lehrerberuf. In: Jahrbuch für Lehrerforschung, Band 1, München 1997, 301–323.

Rüsseler, H.: Betriebsklima in der Schule, München 1977.

Rutter, M./Manham, B. u.a.: Fünfzehntausend Stunden, Weinheim 1980.

Schachl, H.: Was haben wir im Kopf? Die Grundlagen für gehirngerechtes Lernen, 2, Linz 1998/2.

Scheuch, K./Vogel, H./Haufe, E. eds.: Entwicklung der Gesundheit von Lehrern und Erziehern in Ostdeutschland, Dresden 1995.

Schönwälder, H.G. ed.: Lehrerarbeit. Eine vergessene Dimension der Pädagogik, Freiburg/Br. 1987.

Schönwälder, H.-G.: Der gestresste Sysiphos. Lehrerstress – Anlass, Ausmaß und Möglichkeiten, ihm zu begegnen. In: päd. Extra 1993, 10, 6–10.

Schmidbauer, W. ed.: Hilflose Helfer. Über die seelische Problematik der helfenden Berufe, Reinbek 1992.

Schwarzer, R.: Stress, Angst und Handlungsregulation, Stuttgart 1993/3.

Seligman, M.: Erlernte Hilflosigkeit, München 1986.

Szymanek, P.: Macht die Schule krank?. In: E & W Niedersachsen 1999, 11–15.

Tausch, A.: Besondere Erziehungssituationen des praktischen Schulunterrichts; eine empirische Untersuchung. In: Z. exp. ang. Psy. 1958, 5, 657–686.

Thal, J./Ebert, U.: Methodenvielfalt. mit Lust stressarm und effektiv lernen, Neuwied 1999, Kriftel.

Weidenmann, B.: Lehrerangst. Ein Versuch, Emotionen aus der Tätigkeit zu begreifen, München 1978.

Kopiervorlagen
(Materialteil)

M 1   Ein paar Fragen zum Nachdenken

Was stresst mich

… an meinem Arbeitsplatz?

… in meiner häuslichen Umgebung?

Wie belasten mich meine Unterrichtsvorbereitungen?

Was stresst mich sonst?

… und woraus schöpfe ich meine Kraft?

M 2   ## Stresserleben von Lehrerinnen und Lehrern

Alles in Eile und Hast erledigen

Unruhe, Lärm in der Klasse

Fühle mich nach einem
Schulvormittag total erschöpft

Terminhäufungen

Man halst sich zu viel auf

Ich denke schon am Wochenende
mit Beklemmungen an die
nächste Schulwoche

Ärger mit Kollegen

Privatleben kommt zu kurz

Das Gefühl, nie richtig
fertig zu werden

Mangelnde Mitarbeit
von Schülern

Häufige und erfolglose
Suche nach Unterlagen,
Arbeitsmitteln etc.

Eigener Perfektionsanspruch

Innovationen nicht
umsetzen können

Mangelnde Anerkennung
der zu leistenden Arbeit

Pausen sind keine Pausen

Nicht abschalten können

Ständige Anspannung,
fehlende Erholung

Isolation, mangelnde
Kooperation

Wurde etwas vergessen?

M 3   Ablauf eines Schultags

Pflegen Sie rechtzeitig aufzustehen und lassen Sie sich auf dem Weg zur Schule genügend Zeit? Oder beginnt Ihr Tag mit Hektik? Kommen Sie gelassen zur Schule oder abgehetzt?

Sind Sie während des Schulvormittags angespannt? Haben Sie das Gefühl, ständig »gefordert« zu sein, oder haben Sie auch Rückzugsmöglichkeiten?

Erholen Sie sich in den Pausen oder sind die Pausen für Sie Stressphasen?

Gelingt es Ihnen, nach einem Schulvormittag erst einmal »abzuschalten«, oder gehen Ihnen die Schulprobleme ständig »im Kopf herum«?

Fühlen Sie sich am Nachmittag eines Schultags erschöpft und abgespannt oder fit und leistungsfähig?

Haben Sie das Gefühl, dass Sie an einem Schultag hinreichend Erholung finden?

Bleibt Ihnen noch genügend Zeit für Ihr Privatleben?

Sind Sie am Ende eines Arbeitstages mit sich zufrieden?

Gehen Sie rechtzeitig zu Bett? Können Sie einschlafen?

M 4 Blitzentspannung

Bitte suchen Sie sich einen Stuhl und setzen Sie sich aufrecht und bequem.
Schließen Sie die Augen und achten Sie darauf, wie Ihre Muskeln sich anfühlen. Warm? Schwer? Angespannt? Versuchen Sie ganz ruhig zu werden und an nichts zu denken.

1a) Jetzt verschränken Sie bitte die **Hände** hinter dem **Hinterkopf**.
Pressen Sie Hände und Hinterkopf kräftig gegeneinander und fühlen Sie die Spannung im Nacken und in den Armen. Halten Sie eine Weile so aus.
1b) Nun entspannen Sie wieder. Lockern Sie Ihre Muskeln, legen Sie die Hände locker auf die Oberschenkel. Fühlen Sie den Zustand der Erleichterung, wenn die Spannung nachläßt: im Nacken, in den Armen.
1c) Achten Sie nur darauf, wie Ihre Muskeln sich anfühlen und nehmen Sie wahr, wie Sie auch innerlich immer ruhiger werden, wenn die Spannung in den Muskeln nachlässt. Atmen Sie ganz ruhig und gleichmäßig, tief ein und langsam aus.

2a) Jetzt erweitern Sie die Übung: Pressen Sie **Hände und Hinterkopf** kräftig gegeneinander und fühlen Sie die Spannung im Nacken und in den Armen. Heben Sie auch die **Beine** an und versuchen Sie die Beine so hoch zu heben, wie Sie können. Vermeiden Sie dabei ein Hohlkreuz durch Anspannung der **Gesäßmuskeln**. Heben Sie die Beine noch etwas höher. Und richten Sie die **Fußspitzen** zum Körper. Halten Sie eine Weile so aus.
2b) Nun entspannen Sie wieder. Lockern Sie Ihre Muskeln, legen Sie die Hände locker auf die Oberschenkel. Fühlen Sie den Zustand der Erleichterung, wenn die Spannung nachlässt – im Nacken, in den Armen, in den Oberschenkeln – in den Waden.
2c) Achten Sie nur darauf, wie Ihre Muskeln sich anfühlen und nehmen Sie wahr, wie Sie auch innerlich immer ruhiger werden, wenn die Anspannung in den Muskeln nachlässt. Atmen Sie ganz ruhig und gleichmäßig, tief ein und langsam aus.

3a) Jetzt erweitern Sie die Übung: Pressen Sie **Hände und Hinterkopf** kräftig gegeneinander und fühlen Sie die Spannung im Nacken und in den Armen. Heben Sie auch die **Beine** an und versuchen Sie die Beine so hoch zu heben, wie Sie können. Vermeiden Sie dabei ein Hohlkreuz durch Anspannung der **Gesäßmuskeln**. Heben Sie die Beine noch etwas höher. Und richten Sie die **Fußspitzen** zum Körper. Halten Sie eine Weile so aus – und kneifen Sie kräftig die **Augen und die Kiefer** zusammen, so dass Ihr Gesicht vollkommen angespannt wird.
3b) Nun entspannen Sie wieder. Lockern Sie Ihre Muskeln, legen Sie die Hände locker auf die Oberschenkel. Fühlen Sie den Zustand der Erleichterung, wenn die Spannung nachlässt – im Nacken, in den Armen, in den Oberschenkeln – und im Gesicht. Es ist, als ob alle Spannung sich aus Ihnen löst.
3c) Achten Sie nur darauf, wie ihre Muskeln sich anfühlen, und nehmen Sie wahr, wie Sie auch innerlich immer ruhiger werden, wenn die Spannung in den Muskeln nachlässt. Atmen Sie ganz ruhig und gleichmäßig, tief ein und langsam aus.

Wiederholen Sie, wenn Sie möchten, die vorige Übung ein- bis zweimal. Wenn Sie möchten, können Sie sich in den Zuständen der Entspannung ein beruhigendes Bild vorstellen: an einem warmen Strand zu liegen, die wärmende Sonne zu spüren und das leise Plätschern der Wellen … Wenn solch ein Bild aber eher stört, verzichten Sie darauf.

Entspannen Sie weiterhin. Genießen Sie die innere Ruhe. Setzen Sie die Entspannung so lange fort, wie Sie möchten. Und wenn Sie aufhören wollen, strecken Sie die Arme kräftig nach vorn, ballen die Fäuste, atmen tief ein und öffnen die Augen

M 5	**Die Belastungen eines Schultages verringern – vor der Schule und während des Schulvormittags**

Vorschläge	Das mache ich schon/versu- che ich schon	Damit kann ich mich nicht anfreunden	Ja, das will ich versuchen
1. Ich fertige Kopien, Arbeitsblätter etc. (spätestens) am Vortag an (eigener Kopierer, Computerausdrucke).			
2. Ich lege alles, was ich am kommenden Arbeitstag benötige, am Vortag zurecht (auch Schlüssel, Papiere, Uhr).			
3. Ich stehe (ca. 1/2 Stunde) eher auf als bisher, um meinen Arbeitstag in Ruhe und gesammelt zu beginnen.			
4. Ich führe, bevor ich zur Arbeit gehe, eine Entspannungs- oder Bewegungsübung durch.			
5. Ich baue auf dem Weg zur Arbeit zeitliche Puffer ein, ich fahre, gehe entspannt.			
6. Ich achte bewusst auf meine Umgebung (Sonnenaufgang, Licht, Leute, Wetter etc.).			
7. Ich suche meinen Klassenraum ca. 5 – 15 Minuten vor den Schülern auf, um Materialien zurechtzulegen etc.			
8. Ich stelle mich mental auf den Unterricht ein.			
9. Ich bilde meine Stimme (Chor, Stimmbildungskurs).			
10. Ich minimiere meine Sprechtätigkeit (optische Signale, Schüler sprechen lassen).			
11. Ich gestatte mir während des Schulvormittags Rückzugs- phasen (während der Pause in der Klasse bleiben, kurze Meditation, Spaziergang während der Freistunde etc.).			
12. Ich nehme mir Zeit für eine Entspannungs- oder Bewegungsübung.			
13. Ich baue Entspannungs- und Sammlungsphasen in meinen Unterricht ein.			
14. Größere Probleme erörtere ich nicht in den Pausen, sondern verabrede dafür eigene Termine.			
Wodurch könnte ich noch Stress und Anspannung am Schulvor- mittag vorbeugen?			
Gute Erfahrungen habe ich persönlich mit folgenden Maßnahmen zur Vorbeugung von Stress und Anspannung am Schulvormittag gemacht:			
Als Erstes versuche ich die folgenden Vorschläge zu realisieren.			

1. _____

2. _____

M 6 Die Belastungen eines Schultages verringern – nach der Schule

Vorschläge	Das mache ich schon/versuche ich schon	Damit kann ich mich nicht anfreunden	Ja, das will ich versuchen
1. Ich komme bewusst zu Hause an und regeneriere mich kurz mit einem Getränk, Blick in die Morgenzeitung etc.			
2. Ich ziehe mich für die »Büro-Zeit« oder Freizeit um.			
3. Ich grenze mich (für ca. 1/2 Stunde) von anderen (Familie etc.) ab.			
4. Ich gehe nach dem Schultag zunächst mental auf Distanz, indem ich mir bewusst sage: »Schule hat jetzt für 1 Stunde Pause.«			
5. Ich mache einen Mittagsschlaf.			
6. Ich reagiere mich körperlich ab (Joggen, Radfahren, Spaziergang).			
7. Ich wähle eine ablenkende und erholsame Beschäftigung (Buch lesen, etwas im Garten richten etc.).			
8. Ich löse mich mental von Problemen, die ich gegenwärtig doch nicht lösen kann, indem ich bewusst an etwas anderes (etwas Angenehmes) denke bzw. Dinge tue, die mich mental ablenken.			
9. Ich erörtere schwierigere Probleme mit anderen.			
10. Ich nehme professionelle Unterstützung (Supervision o.ä.) in Anspruch.			
11. Ich führe regelmäßig Entspannungsübungen durch.			
12. Ich schreibe am Ende eines Arbeitstages auf, was ich den Tag über geleistet habe.			
13. Ich beschließe meinen Arbeitstag mit einem Plan für den nächsten Tag.			
14. Ich lasse meinen Tag mit einer angenehmen Tätigkeit ausklingen. Welche?			
15. Wodurch könnte ich noch Stress und Anspannung am Nachmittag und Abend vorbeugen?			

Gute Erfahrungen habe ich persönlich mit folgenden Maßnahmen zur Vorbeugung von Stress und Anspannung am Nachmittag und Abend gemacht:

Als Erstes versuche ich, die folgenden Vorschläge zu realisieren.

1. _____

2. _____

M 7   Ein paar Fragen zum Nachdenken

Haben Sie oft das Gefühl, dass Ihnen die Zeit davonläuft? Wenn ja, wie fühlen Sie sich dann?

Erledigen Sie Ihre Arbeiten ruhig und gelassen oder fühlen Sie sich oft unter Zeitdruck?
Bitte vergegenwärtigen Sie sich Ihre Empfindungen.

Haben Sie oft den Eindruck, dass Ihnen die Zeit für das Wesentliche im Leben fehlt?
Wenn ja, was würden Sie gern vermehrt tun?

Ärgern Sie sich manchmal darüber, dass Ihnen nichts so richtig von der Hand geht,
dass Sie viel Zeit vertan haben, ohne etwas geschafft, aber auch ohne sich erholt zu haben?
Wenn ja, zu welchen Zeiten tritt das auf?

Vergessen Sie Termine? Kommen Sie oft zu spät? Wenn ja, wobei?

Unterschätzen Sie oft den Zeitbedarf von Arbeiten, die Sie zu erledigen haben?
Wenn ja, bei welchen Arbeiten kommt das vorzugsweise vor?

M 8   **Mein häuslicher Arbeitsplatz – Was ich verändern möchte**

Sie verbringen an Ihrem häuslichen Arbeitsplatz einen wesentlichen Teil Ihrer Lebenszeit. Sie tragen damit erheblich zum Familieneinkommen bei. Es steht Ihnen zu, diesen Raum ästhetisch befriedigend und mit sinnvoller Bürotechnik auszustatten. Bitte tragen Sie hier ein, was Sie an Ihrem häuslichen Arbeitsplatz verändern wollen:

Um meinen häuslichen Arbeitsplatz einladender und funktioneller zu gestalten werde ich

_____

_____

_____

_____

_____

_____

_____

_____

_____

_____

_____

_____

| M 9 | Anregungen für eine bessere Arbeitsorganisation |

Vorschläge	Das mache ich schon	Das will ich noch konsequenter tun	Das will ich versuchen	Damit kann ich mich nicht anfreunden
1. Ich lege an meinem häuslichen Arbeitsplatz ein sinnvolles Ordnungssystem an. **Ordner** für umfangreiche Themen, *Hängeordner* für thematisch schwer zuzuordnende Einzelvorgänge.				
2. Ich nehme mir wenigstens einmal in der Woche Zeit, um alles, was sich angesammelt hat, auszusortieren oder abzuheften.				
3. Ich nehme mir in jeden Ferien wenigstens einen Tag Zeit, um auszusortieren (im Kalender eintragen!).				
4. Ich nehme jeden Vorgang nur einmal in die Hand – erledigen, ablegen oder wegwerfen, aber nicht herumschieben.				
5. Ich schreibe grundsätzlich alles auf, was ich zu erledigen habe.				
6. Ich nehme mir jeden Tag fünf Minuten Zeit, um auf einem Extrazettel/Tagesplaner aufzuschreiben, was ich am nächsten Tag erledigen will oder muss.				
7. Ich setze Prioritäten (nummerieren, drei Sterne). Ich überlege und entscheide, was am kommenden Tag, in der kommenden Woche am dringlichsten ist.				
8. Ich streiche jeden Tag von meiner Liste, was ich bereits erledigt habe.				
9. Wenn ich nicht den Anfang finde, arbeite ich meine Liste »stur« von oben nach unten ab!				
10. Ich schütze mich selbst vor Ablenkung, indem ich meine Tür schließe und Bescheid gebe, dass ich jetzt bis … Uhr ungestört arbeiten möchte.				
11. Wenn ich nicht gestört werden will, blocke ich eingehende Telefonanrufe ab indem ich das Telefon umstelle oder den Anrufbeantworter einschalte.				
12. Ich versuche meinen Anforderungen um wenigstens ein bis zwei Tage voraus zu sein.				
13. Ich plane mehr Zeit für nicht vorhersehbare Ereignisse und notwendige Unterbrechungen ein.				
14. Ich lege alles, was ich am nächsten Tag benötige, am Vortag/Vorabend zurecht.				
15. Ich sage auch einmal »nein«, wenn alles zu viel wird oder ich das Gefühl habe, ausgenutzt zu werden.				
16. Ich mache nicht alles allein, sondern verschaffe mir Arbeitserleichterung durch gemeinsame Vorbereitung von Unterrichtsvorhaben mit Kollegen.				
17. Ich delegiere während des Schulvormittags Tätigkeiten an SchülerInnen.				
18. Ich engagiere eine Hilfe für den Haushalt.				
19. Ich statte meinen häuslichen Arbeitsplatz funktionell und ästhetisch befriedigend aus.				
20. Ich belege einen Kurs zur PC-Benutzung und Textverarbeitung.				
21. Ich nehme mir Zeit für mich – Zeiten, in denen ich mich erhole, nachdenke, meinen Interessen nachgehe etc.				

Als Erstes versuche ich die folgenden Vorschläge zu realisieren:

1. _____

2. _____

M 10 Wochenplan I: Wofür verwende ich eigentlich meine Zeit?

Bitte tragen Sie, je nachdem, wie Sie die Zeit überwiegend nützen, in die Felder der Tabelle die folgenden Bezeichnungen ein:

ASU = Arbeit in der Schule, für Schule und Unterricht
AA = Andere Arbeiten, Hausarbeit, Familienpflichten (z.B. Hausaufgabenbetreuung, Fahrdienste für Kinder), Besorgungen, Nebentätigkeiten
ÖT = Öffentliche, gesellschaftliche Tätigkeiten (Politik, Berufsverband, Verein, Kirche, karitative Organisationen)
R = Regeneration, Freizeit, Hobby, Sport, entspanntes Nichtstun, Schlafen, entspanntes Beisammensein mit Familie, Partner
PM = Produktive Mischzeit (erfolgreiche Erledigung anfallender Aufgaben nach Bedarf)
VZ = Verlorene Zeit – lustloses Herumtrödeln, unzufriedenes Nichtstun, nicht den Anfang finden, unbefriedigende Vermischung von Aktivitäten

Tragen Sie bitte in die letzte Zeile ein, wie viele **Stunden Nachtruhe** Sie normalerweise jeweils bis zum nächsten Morgen haben.

	Montag	Dienstag	Mittwoch	Donnerstag	Freitag	Samstag	Sonntag
Vormittag							
Früher Nachmittag (ab 13.00–14.00)							
Später Nachmittag (ab 16.00–17.00)							
Früher Abend (ab 19.00–20.000)							
Später Abend (nach 21.00)							
Nachtstunden (nach 22.00)							
Dauer der Nachtruhe (Stunden)							

M 11 Wochenplan II: Analyse und Planung der Zeiteinteilung

Wenn Sie Ihre Zeit planen wollen, können Sie diesen Wochenplan wie folgt verwenden:

- Legen Sie mehrere Kopien an. Tragen Sie ein bis drei Wochen lang ein, was Sie konkret tun (auch an den Wochenenden).
- Ziehen Sie danach Bilanz, welche der Aktivitäten befriedigend oder zunehmend notwendig sind bzw. welche unbefriedigend, zeitraubend, vermeidbar oder belastend sind.
- Füllen Sie dann einen neuen Plan aus und legen Sie fest, welche Aktivitäten Sie wann erledigen wollen. Achten Sie dabei darauf, Arbeitsphasen und Regenerationsphasen in ein ausbalanciertes Verhältnis zu bringen und Ihre Unterrichtsvorbereitung zu Zeiten zu erledigen, in denen Sie fit und ungestört sind.

	Montag	Dienstag	Mittwoch	Donnerstag	Freitag	Samstag	Sonntag
Aufstehen um							
Vor der Schule							
Vormittag							
Mittagszeit							
Früher Nachmittag							
Später Nachmittag							
Früher Abend							
Später Abend							
Schlafengehen um							

M 12   Checkliste – wie gut ist meine Schule ausgestattet, wie gut ist sie organisiert?

	Das trifft weitgehend zu	Das trifft ansatzweise zu	Das könnten/ sollten wir in Angriff nehmen	Das ist vorerst nicht zu er- reichen
Das Kollegium operiert hoch synergetisch, d.h. es bemüht sich um pädagogischen Konsens mit dem Ziel, den Schülern bestmögliche Entwicklungsbedingungen zu schaffen.				
Teamarbeit wird vom Kollegium in hohem Maße genutzt.				
Die Schule ist als Lebensraum für Schüler und Lehrer konzipiert. Es gibt z.B. Ruheräume für Schüler und Lehrer.				
Der bauliche Zustand des Gebäudes ist zufriedenstellend, es gibt einen gestalteten Pausenhof und sogar Pausenangebote.				
Es erfolgt eine intensive Zusammenarbeit mit den Eltern, vor allem bei der Gestaltung des Schullebens.				
Es werden Schulprogramme geplant und durchgeführt zur Verbesserung des sozialen Klimas in der Schule.				
Die Lehrerinnen und Lehrer geben sich in Gesundheitszirkeln und Arbeitsgruppen wechselseitige Unterstützung.				
Es werden gemeinsam Unterrichtsangebote geplant und Materialien erarbeitet.				
Kommunikationsprobleme im Kollegium werden kollektiv bearbeitet.				
Gewaltprobleme an der Schule werden kollektiv bearbeitet.				
Die Lehrer nehmen regelmäßig Fortbildungsangebote zu ihrer Weiterqualifizierung wahr.				
Die Angebote sind hochgradig binnendifferenziert bzw. individualisiert und Schüler werden dort »abgeholt«, wo sie entwicklungsmäßig stehen.				
Schüler haben Gelegenheit, Bereiche, in denen sie über Stärken verfügen, besonders zu entfalten.				
Es gibt Eingliederungshilfen, Sprachförderung, muttersprachlichen Unterricht etc. für Immigrantenkinder.				
Es gibt Unterstützungsangebote für Schüler in kritischen Lebenssituationen bzw. bei Lernproblemen.				
Für die Betreuung von Schülern aus schwierigen häuslichen Verhältnissen ist ein Sozialarbeiter beschäftigt.				
Es gibt Patenschaften älterer Schüler für jüngere.				
Die Schüler können – über die verbindlichen Unterrichtsstunden hinaus – in Arbeitsgemeinschaften weitgehend selbst gesteuert lernen.				
Bei den Unterrichtsangeboten bemühen sich die Lehrkräfte um objektive wie subjektive Bedeutsamkeit.				
Die Leistungsbewertung erfolgt in Form von Lernentwicklungs- berichten.				
Die Unterrichtsangebote ermöglichen Eigenaktivität, Bewegung, Kommunikation der Schüler untereinander und eine gleichgewichtige Beteiligung aller Schüler.				
Was wurde vergessen?				

Für besonders wichtig halte ich, dass in unserer Schule folgende Bedingungen herbeigeführt werden:

_____

_____

M 13   Zum Nachdenken: Sammeln, Beruhigen, Aktivieren

Lernleistung und Bereitschaft zur Mitarbeit sind optimal bei einem mittleren Maß an Erregung.
Störungen im Unterricht kann vorgebeugt werden

● durch Angebote zum Sammeln und zum Beruhigen, wenn die Schülerinnen und Schüler übererregt sind,
● durch aktivierende Angebote, wenn sich bei Schülerinnen und Schülern nach langen Phasen intensiven
  Arbeitens Konzentrationsprobleme und Ermüdungsanzeichen einstellen.

Bitte tragen Sie in die folgende Tabelle ein, welche Angebote Sie kennengelernt haben und mit welchen Sie
gute Erfahrungen gemacht haben. Es ist hilfreich, sich zuerst die Angebote zu vergegenwärtigen, die sich eher
zum Sammeln und Beruhigen eignen, dann die Übungen zum Aktivieren.

Angebote zum Sammeln, Beruhigen und Aktivieren	geeignet zum Sammeln und Beruhigen	geeignet zum Aktivieren	geeignet für beides	Erfahrungen, Kommentar

M 14	**Checkliste – Angebote für Sammlung, Besinnung und Aktivierung**

Vorschläge	Das mache ich schon	Das will ich wieder bzw. noch konsequenter umsetzen	Das will ich versuchen	Damit kann ich mich nicht anfreunden
Gleitender Unterrichtsbeginn, Anfangszeit geben zur freien Verfügung (Möglichkeit zu Einzelgesprächen)				
Schon vor Beginn des Unterrichts können die Kinder spielen, sich in die Sofaecke setzen o.ä. Danach Spieluhr einstellen , während sie läuft, kommen die Kinder auf ihre Plätze				
Förmliche Begrüßung der Kinder				
Durch Handzeichen Stundenbeginn signalisieren (alternativ: Klangschale, Tamburin, Triangel, Signalkarte)				
Erzählrunde				
Kurze Bewegungsübungen, in eine Geschichte verpackt				
Bewusstes gemeinsames Atmen				
Mini-Phantasiereise				
Was höre ich außerhalb vom Klassenraum? Außengeräusche bewusst wahrnehmen				
Geräusche im Klassenraum wahrnehmen. Wer hört die Uhr ticken, wer hört die Lampen brummen?				
Einen speziellen Duft (erzeugt mit Öl auf Duftlampe, Duftkerze) »erriechen« lassen				

Bitte versuchen Sie sich noch einmal zu vergegenwärtigen, welche der in dem vorangegangenen Textabschnitt vorgestellten Übungen zur Entspannung, zur Beruhigung oder zur Aktivierung Sie für Ihre Zwecke als besonders brauchbar ansehen, und tragen Sie sie hier ein. Oder tragen Sie eine Übung ein, die Sie in einem anderen Zusammenhang kennen gelernt haben.

Die folgende(n) Übung(en) zur Entspannung, zur Beruhigung oder zur Aktivierung halte ich für meine Lerngruppen für besonders geeignet:

_____

_____

Als Erstes versuche ich, die folgenden Vorschläge oder Übung(en) zu realisieren:

_____

_____

M 15 Regeln

Diese **Regeln** will ich behalten, will ich einführen:

1. _____

2. _____

3. _____

Checkliste: Einhaltung von Regeln

Vorschläge zur Einhaltung von Regeln	Das mache ich schon/versuche ich schon	Damit kann ich mich nicht anfreunden	Ja, das will ich versuchen
1. Gemeinsam mit der Klasse Regeln aufstellen			
2. Die Anzahl der Regeln begrenzen			
3. Die Regeln in der Klasse visualisieren			
4. Konsequent auf Regelverstöße mit angemessenen Konsequenzen reagieren			
5. Logische Konsequenzen für Kinder und Jugendliche offen legen			
6. Einen Klassenrat abhalten			
7. Bei Regelüberschreitungen vorwarnen			
8. Kinder/Jugendliche zur Selbsteinschätzung/zur Selbstprotokollierung anleiten			
9. Positives Verhalten (Regeleinhaltung) verstärken			

Als Erstes versuche ich, die folgenden Vorschläge zu realisieren:

1. _____

2. _____

M 16 Checkliste: Mit Ritualen stressfreier durch den Schulvormittag

Vorschläge für Rituale	Das mache ich schon/versu-che ich schon	Damit kann ich mich nicht anfreunden	Ja, das will ich versuchen
1a. **Arbeitsbeginn und Arbeitsende** durch ein akustisches Signal kennzeichnen z.B. Triangel anschlagen, auf Tisch klopfen, räuspern, Klangschale anschlagen, rückwärts zählen			
1b. **Den Arbeitsbeginn und das Arbeitsende** durch ein visuelles Signal kennzeichnen z.B. Pausenzeichen, umdrehen, bestimmte Position in der Klasse einnehmen, Eieruhr, Tagesordnung aufhängen/anschreiben			
2a. **Wechsel der Arbeitsform** durch ein akustisches Signal kennzeichnen z.B. Arbeitsende ankündigen, Anschlagen eines Triangels/einer Klangschale, rückwärts zählen			
2b. **Wechsel der Arbeitsform** durch ein visuelles Signal kennzeichnen z.B. Bildkarten, Eieruhr, Handzeichen			
3a. akustische Signale, um **Ruhe** herzustellen z.B. Triangel/Glocke, Klangschale anschlagen			
3b. visuelle Signale, um **Ruhe** herzustellen z.B. Hände heben/Dach über den Kopf – alle machen nach, Hände vor der Brust verschränken, auf Ruhesymbol verweisen			
4. **Begrüßungsritual –Verabschiedungsritual** feststehende Begrüßung bei jedem Lehrerwechsel, jeden Schüler bewusst ansehen/zunicken, vorher in der Klasse sein und jedes Kind mit Handschlag begrüßen			
5. **Wiederkehrende Tagesabläufe/Aktionsformen** visualisieren z.B. Phasen/Organisationsformen anschreiben/durch Symbole verdeutlichen			
6. Feststehende **Ämter** an Kinder/Jugendliche delegieren z.B. Materialausgabe, Kaba verteilen, Blumen, Reinigung, Medien, Bücher, austeilen, einsammeln, Experimente vorbereiten			
7. **Anforderungssturm reduzieren** Namensklammern, Symbole für »Ich brauche Hilfe«, »Ich bin fertig«, bei Fragen zunächst an Nachbarn wenden Ansprechpartner, Hilfsmittel bereitstellen			
8. **Besondere Anlässe** feierlich begehen (Geburtstag, Ferienende, Ferienbeginn, Einschulung, Verabschiedung)			

Als Erstes versuche ich, die folgenden Vorschläge zu realisieren:

1. _____

2. _____

M 17 Lerntempi

Damit habe ich gute Erfahrungen gemacht

_____

_____

_____

Das will ich versuchen

1. _____

2. _____

Prüfen Sie, ob Sie Möglichkeiten sehen, durch besondere Angebote die unterschiedlichen Lerntempi in Ihrer Klasse auszugleichen. Denn immer dann, wenn ein Teil der Klasse fertig ist, die anderen aber noch mit der Aufgabe befasst sind, sind Störungen programmiert.

Vorschläge, die unterschiedliche Lerntempi berücksichtigen	Das mache ich schon/versu-che ich schon	Damit kann ich mich nicht anfreunden	Ja, das will ich versuchen
Zusätzliche Kniffelaufgaben anbieten			
Schüler als Lernberater einsetzen			
Themenbezogene Wahlangebote zur Verfügung stellen			
Aufgaben mit unterschiedlichem Schwierigkeitsgrad eingeben			
Quantitativ unterschiedliche Anforderungen stellen			
Themenbezogene Bücher bereitstellen			
Freie Betätigungen anbieten (Lernspiele, didaktische Materialien zur freien Verfügung)			
An einer themenbezogenen Gemeinschaftsaufgabe arbeiten			
Aufgaben anbieten, die Schüler gerne mögen (malen, gestalten, spielen) Regel: Die arbeitenden Schüler dürfen nicht gestört werden			
Kontrollzettel auslegen, sodass die Schüler ihre Aufgaben überprüfen können			

M 18   Stressprävention

Das Gefühl, nie richtig fertig zu sein …. Was fällt Ihnen dazu ein?

Der Gedanke

- du solltest …….,

- du müsstest ……,

- du hast noch nicht ………

ist er für Sie ein ständiger Begleiter?

… was fällt Ihnen dazu sonst noch ein?

M 19 Unterscheiden von unrealistischen und realistischen Erwartungen

Erziehungswissenschaft und Ausbildung vermitteln oft unrealistische Erwartungen vom Lehrerberuf:

– unrealistische Forderungen, was Lehrerinnen und Lehrer zu leisten haben
– unrealistische Vorstellungen von pädagogischer Harmonie

Lehrerinnen und Lehrer setzen sich infolge solcher Vorgaben oft selbst unter Druck mit Erwartungen wie

– »In einem guten Unterricht darf es keine Störungen geben«
– »Ich muss alle Kinder mögen«
– »Wenn ich die Kinder liebe und akzeptiere, dann lieben sie auch mich«

Erfüllen sich die Erwartungen nicht, kann die Folge ein Gefühlsumschlag in völligen Pessimismus sein; eine Neigung zum »Katastrophieren« und zur Selbstbestrafung:

– »Heute wachsen nur noch Chaoten heran«
– »Mir gelingt überhaupt nichts«
– »Alle anderen sind besser als ich«

Unrealistisch positive wie unrealistisch negative Erwartungen sind eine Quelle von Verunsicherung, Unsicherheit, Angst und Depression.

Versuchen Sie sich einmal zu vergegenwärtigen,

1. von welchen unrealistischen (positiven oder negativen) Erwartungen Sie ausgehen,
2. welche realistischen Erwartungen Sie dem entgegensetzen könnten.

Beispiele:

Unrealistische Erwartungshaltungen	Optimistisch realistische Alternativen
Jede Stunde muss interessant sein.	Um etwas interessant zu finden, muss der Wechsel zum Normalen vorhanden sein.
Ich muss mit allen Kolleginnen und Kollegen gut auskommen.	Spannungen sind unvermeidlich, wo Menschen unterschiedliche Vorstellungen haben.
Ich will in allem perfekt sein, als Lehrerin, als Hausfrau, als Mutter.	Bei einem Übermaß an Pflichten kann man nicht immer in allem vollkommen sein.

| M 20 | **Unterscheiden von unrealistischen und realistischen Erwartungen** |

Ergebnisse:

Meine unrealistischen Vorstellungen und Wünsche (Ich muss immer […] Ich will immer […] In einem guten Unterricht darf es […])	Meine optimistisch-realistischen Alternativen

Wenn Sie möchten, können Sie die Ergebnisse Ihres Nachdenkens mit denen von Seminarteilnehmern in M21 vergleichen. Vielleicht finden Sie darin weitere Denkanstöße. Die Tabelle enthält auch einige Erinnerungsformeln. Erfahrungsgemäß ist es schwierig, solche Formeln alleine zu finden.

M 21 **Ausbildung professionellen Selbstverständnisses**
Antworten von Seminarteilnehmern

Unrealistische Erwartungshaltungen	Optimistisch-realistische Alternativen	Erinnerungsformeln, Selbstinstruktionen
Jede Stunde muss interessant sein.	Um etwas interessant zu finden, muss der Wechsel zum Normalen vorhanden sein.	Ich bin kein Animateur.
Ich muss mit allen Kolleginnen und Kollegen gut auskommen.	Spannungen sind unvermeidlich, wo Menschen unterschiedliche Vorstellungen haben.	Ich will lieber einen Konflikt aushalten oder austragen, statt mich aus lauter Harmoniebedürfnis selbst zu verleugnen.
Ich will von allen Eltern und Kolleginnen und Kollegen akzeptiert werden.	Die Vorlieben der Menschen sind unterschiedlich. Man kann nicht bei allen auf Beifall stoßen.	Mir sind nicht alle anderen sympathisch. Warum also sollte mich jeder so akzeptieren wie ich bin?
Ich will in allem perfekt sein, als Lehrerin, als Hausfrau, als Mutter.	Bei einem Übermaß an Pflichten kann man nicht immer in allem vollkommen sein.	Wer drei »Berufe« hat, muss hier und da auch »Fünfe gerade sein lassen«.
Ich will für alle jederzeit da sein, ich will immer allen Schülern gerecht werden.	Ich will mich darum bemühen, aber es wird immer einige Schüler geben, die ich nicht genügend berücksichtigen kann.	Niemand ist vollkommen.
Man kann den schwierigen Kindern ja doch nicht helfen.	Es gibt auch Wirkungen, die nicht sofort sichtbar sind.	Ich will Geduld haben und auch kleine Erfolge registrieren und positiv werten.
Ich will alles schaffen wollen, was der Lehrplan vorschreibt.	Viele Lehrpläne sind einfach unrealistisch.	Ich will sinnvoll auswählen und auch »Mut zur Lücke« beweisen.
Ich will beständig langsam lernende Kinder zu einem schnelleren Lerntempo bewegen.	Es gibt Kinder, die mehr Zeit brauchen als andere.	Ich will den langsam lernenden Kindern Zeit lassen.
Ich erwarte, dass meine schulischen Bemühungen vom Elternhaus unterstützt werden.	Viele Eltern sind nicht in der Lage, die schulische Entwicklung ihrer Kinder wirkungsvoll zu unterstützen.	Ich kann nicht mehr tun, als die Eltern bitten und ihnen Ratschläge zu erteilen.
Ich wünsche mir, dass mein Dienstherr mit mir genauso entgegenkommend verfährt, wie ich es den Schülern gegenüber sein soll.	In der Administration wird nicht nach pädagogischen, sondern vorrangig nach finanzpolitischen und organisatorischen Prinzipien entschieden.	Auf der Ebene der Administration gelten andere Gesetze als im Unterricht.
Die Dinge, die mir gerade wichtig sind, sollen auch für alle anderen genau so wichtig sein.	Verschiedene Personen verfolgen zu verschiedenen Zeiten unterschiedliche Interessen.	Statt andere bekehren zu wollen, will ich mich mit ihnen austauschen.
Als Schulleiter will ich auf allen Gebieten der Kompetenteste sein.	Als Schulleiter ist man nicht automatisch allen anderen in allen Bereichen überlegen.	Es mindert mein Ansehen nicht, wenn ich das Expertentum anderer Mitglieder meines Kollegiums anerkenne.
Ich erwarte, dass neue pädagogische Konzepte eine Lösung aller bisherigen Probleme ermöglichen.	Neue Ansätze können allenfalls graduelle Verbesserungen bewirken.	Der Fortschritt ist eine Schnecke.
Ich müsste alle pädagogischen/ bildungspolitischen Neuerungen mitmachen.	Bevor ich eine Neuerung mitmache, will ich mich vergewissern, wie fundiert sie ist und ob ich mich mit ihr identifizieren kann.	Ich muss nicht jede Mode mitmachen.
Ich muss alle Schüler gerne mögen.	Es kommt darauf an, dass ich den Kindern gegenüber meine Pflicht erfülle und mich um sie bemühe.	

© Kretschmann (Hrsg.), Stressmanagement für Lehrerinnen und Lehrer, Beltz Verlag · Weinheim und Basel

M 22   Ich möchte mal wieder

– etwas mit meinen besten Freunden unternehmen, z.B. mit _____

– mit jemandem, der mir nahe steht, ins Kino, Theater, Konzert gehen, und zwar am liebsten

  mit _____ zu _____

– eine Ausstellung besuchen, einen Vortrag anhören, am besten am _____

– malen, selbst musizieren, mich handwerklich betätigen _____

– mich völlig anders als bisher einkleiden, und zwar in Richtung _____

– etwas in meiner Wohnung/Umgebung verändern, z.B. _____

– mich selbst belohnen für _____ oder mir gezielt Lob und Bestätigung einholen

  von _____

– mir etwas besonders Schönes gönnen, z.B. _____

– schmusen, kuscheln, mir sinnliche Erregung gönnen, z.B. mit _____

– etwas für mich ganz »Untypisches« machen _____

– eine liegengebliebene Tätigkeit ganz in Ruhe, langsam, ohne Ablenkung beenden

– mir einen schönen Blumenstrauß auf den Schreibtisch stellen

– mich mit einem angenehmen Duft umgeben: duftende Blüte, Parfüm, Duftöl im Zimmer

  _____

– in Ruhe ganz allein die Natur genießen

– mir Zeit dafür nehmen, private Gedanken aufzuschreiben oder einen Brief an _____
  zu schreiben

– mir allein einen besonderen Tee zubereiten oder ein köstliches Essen für mich und _____
  kochen

– zu Nachbarn/Freunden/Kollegen selbst etwas Freundliches sagen und zwar zu _____

M 23 Checkliste Schlaf und Pausen

1. Eilen oder Weilen

Wie beginnen Sie Ihren Tag? Hektisch, angespannt oder gelassen?

_____

Bewegen Sie sich ruhig durch den Tag oder sind Sie überwiegend in Eile und gehetzt?

_____

2. Stimmungen, Befindlichkeiten

Zu welchen Zeiten des Tages fühlen Sie sich missgelaunt, gereizt, erschöpft, verstimmt?

_____

_____

Zu welchen Zeiten des Tages fühlen Sie sich zufrieden, gelöst, entspannt?

_____

_____

3. Pausen und Erholungszeiten

An welchen Zeiten des Tages gönnen Sie sich Pausen?

_____

_____

Was tun Sie während dieser Pausen? (Wie) genießen Sie sie?

_____

_____

4. Nachtschlaf

Bitte notieren Sie: Wie lange haben Sie in den zurückliegenden Tagen geschlafen?

In der Nacht zum	Montag	Dienstag	Mittwoch	Donnerstag	Freitag	Samstag	Sonntag	Summe
Stunden Schlaf								
Schlaftiefe?								

M 24 Bilanz

Bitte vergleichen Sie die Zeiten, in denen Sie sich verstimmt bzw. zufrieden fühlen, mit Ihren Pausen- und Erholungszeiten. Sehen Sie dabei Zusammenhänge?

_____

_____

Könnte es z.B. sein, dass Sie sich in der Regel dann zufrieden, gelöst und entspannt fühlen, wenn Sie ausreichend Schlaf gefunden haben oder sich genügend oft und genügend lange von den Belastungen des Berufs und des Alltags erholt haben?

_____

Was hindert Sie an ausreichender Regeneration?

Beruf, Familie, Kinder?

_____

Ihr Pflichtgefühl? Haben Sie ein schlechtes Gewissen, wenn Sie sich einmal Muße gönnen?

_____

Das abendliche Fernsehprogramm?

_____

Ein umfangreiches Arbeitspensum?

_____

Besondere Probleme und Konflikte?

_____

Die vielen Dinge des Lebens, die »man« nicht verpassen will? Zu viele Freizeitaktivitäten, zu viele Verabredungen, Freizeitstress?

_____

_____

Wie ist Ihre Bilanz ausgefallen? Zu wenig Schlaf? Zu wenig Pausen? Hoffentlich nicht! Wenn doch, stellt sich die Frage, wie Sie Abhilfe schaffen können. Veränderungen können mit einer willentlichen Entscheidung begonnen werden. Sie finden auf der nächsten Seite eine Übersicht: **Erholung, Schlaf und Pausen – was ich ändern will**. Wenn Sie es für wichtig halten, in diesem Bereich etwas zu verändern, können Sie mit Hilfe dieser Übersicht konkrete Vorsätze fassen.

Erholung, Schlaf und Pausen – was ich ändern will.

M 25   Pausen

Ich werde mir regelmäßig Pausen gönnen

1. Um ca. _____ Uhr eine Pause von _____ Minuten. Während dieser Pause werde ich

_____

_____

2. Um ca. _____ Uhr eine Pause von _____ Minuten. Während dieser Pause werde ich

_____

_____

3. Um ca. _____ Uhr eine Pause von _____ Minuten. Während dieser Pause werde ich

_____

_____

Nachtschlaf

Ich achte ab _____ darauf, genügend lange zu schlafen, und zwar gehe ich an den folgenden Tagen zu diesen Zeiten zu Bett:

In der Nacht zum:	Montag	Dienstag	Mittwoch	Donnerstag	Freitag	Samstag	Sonntag	Summe
Uhrzeit								

Wenn ich Mühe habe einzuschlafen, werde ich

_____

_____

In Kapitel 4 finden Sie Hinweise, was Sie tun können, wenn wiederkehrende Gedanken Ihnen das Einschlafen erschweren!

M 26 Checkliste: Kein »Sozialmuffel« werden

Um meine sozialen Kontakte befriedigend zu gestalten, könnte ich

1. öfter etwas Befriedigendes mit sympathischen Leuten unternehmen, z.B.

   _____

2. jemanden anrufen, mit dem ich schon lange keinen Kontakt mehr hatte, und zwar

   _____

3. jemanden einladen, den ich mag und mit dem (oder der) ich schon lange nicht mehr zusammen war, und zwar

   _____

4. jemandem, der das eigentlich schon lange verdient, etwas Freundliches sagen, z.B.

   _____

5. Bewusst etwas mit meinem Partner/meiner Partnerin unternehmen, und zwar

   _____

6. Ein altes Missverständnis mit _____ zu klären versuchen

7. Kämpfe aufgeben, die ich nicht gewinnen kann, z.B.

   _____

8. Kontakte reduzieren zu Leuten, Gruppen, die nur »nerven«, z.B. zu

   _____

9. Einer Person, bei der es schon lange nötig war, ruhig und bestimmt meine Meinung sagen, z.B.

   _____ Dabei nehme ich mir genau vor, was ich sage, und »übe« es zuvor.

10. Überhöhte Ansprüche an mich und an andere aufgeben, z.B.

    _____

11. Und das könnte ich auch noch tun, um meine sozialen Kontakte auszubalancieren:

Zuallererst werde ich

1. _____

2. _____

M 27 **Protokollblatt zum Bilanzieren von Veränderungsbemühungen**[1]

Woche Nr. _____

Veränderungsziel(e) der Woche

Welche Versuche zur Realisierung habe ich unternommen?

Mit welchen Anstrengungen war das verbunden?

Wie habe ich mich gefühlt?

Zu welchen Ergebnissen haben meine Bemühungen geführt?

Waren die Ergebnisse meiner Bemühungen für mich zufrieden stellend?

Gab es unerwartete Entwicklungen?

Was hat meine Versuche erschwert, was hat sie erleichtert?

Was gab es sonst zu berichten, zu bedenken?

Wie will ich fortfahren? Will ich meine Bemühungen modifizieren, intensivieren, reduzieren?

Mein Veränderungsziel für die nächste Woche (Woche Nr. _____) soll lauten:

_____

Insbesondere will ich bei meinen Veränderungsbemühungen in der kommenden Woche beachten:

_____

---

1   Vor Verwendung kopieren, da dieses Blatt evtl. mehrfach benötigt wird.

Basis-Bibliothek Unterricht

Elmar Philipp / Hans-Günter Rolff
Schulprogramme und Leitbilder entwickeln
Beltz Pädagogik. Neu ausgestattete Sonderausgabe 2006.
147 Seiten. Gebunden. ISBN 3-407-25426-1

Schulprogrammarbeit wird immer wichtiger und selbstverständlicher. Das nun erweiterte Standardwerk zeigt einzelne Schritte der Umsetzung und zahlreiche Beispiele von konkreter Schulprogrammarbeit.

Thorsten Bohl
Prüfen und Bewerten im Offenen Unterricht
Beltz Pädagogik. Neu ausgestattete Sonderausgabe 2006.
166 Seiten. Gebunden. ISBN 3-407-25427-X

Unterrichtsentwicklung muss mit der Praxis der schulischen Leistungsbewertung zusammengebracht werden: nur so können die schulischen Lehr- und Lernprozesse verändert werden.

Rudolf Kretschmann (Hrsg.)
Stressmanagement für Lehrerinnen und Lehrer
Ein Trainingsbuch mit Kopiervorlagen.
Beltz Pädagogik. Neu ausgestattete Sonderausgabe 2006.
173 Seiten. Gebunden. ISBN 3-407-25428-8

Burnout und Frühpensionierungen zeigen gerade bei Lehrkräften an, dass die Grenzen der Belastbarkeit durch den Arbeitsplatz Schule häufig erreicht oder überschritten werden. Das Trainingsbuch beschreibt die unterschiedlichen Stressursachen und gibt in Form von Bausteinen erprobte Hilfen zur Stressreduktion.

BELTZ

Beltz Verlag · Weinheim und Basel · Weitere Infos und Ladenpreise: www.beltz.de

Basis-Bibliothek Unterricht

Jürgen Wiechmann (Hrsg.)
Zwölf Unterrichtsmethoden
Vielfalt für die Praxis.
Beltz Pädagogik. Neu ausgestattete Sonderausgabe 2006.
174 Seiten. Gebunden. ISBN 3-407-25429-6

Methodenvielfalt ist ein wesentliches Qualitätsmerkmal
des Unterrichts. Schulpraktisch wird es aber nur selten
eingelöst – nicht zuletzt aufgrund des unzureichend doku-
mentierten Grundwissens. Der Band bietet eine straffe
Übersicht ausgewählter Unterrichtsmethoden.

Günther Gugel
Methoden-Manual »Neues Lernen«
1000 Vorschläge für die Schulpraxis.
Beltz Pädagogik. Neu ausgestattete Sonderausgabe 2006.
224 Seiten. Gebunden. ISBN 3-407-25430-X

Eine Methoden-Sammlung, die es in sich hat: »Neues
Lernen« für die Unterrichtspraxis. Eine Fundgrube für
reflektierte und wirksame Praxis der Bildungsarbeit.

Frank Müller
Selbstständigkeit fördern und fordern
Handlungsorientierte Methoden – praxiserprobt, für alle
Schularten und Schulstufen.
Mit einen Vorwort von Heinz Klippert.
Beltz Pädagogik. Neu ausgestattete Sonderausgabe 2006.
176 Seiten. Gebunden. ISBN 3-407-25431-8

Dieses Buch enthält mehr als 50 handlungsorientierte
Methoden, Spielformen und Ideen zur Gruppenbildung,
die selbstständiges Arbeiten bei Schülerinnen und
Schülern trainieren und sichern und dabei auch die fachlichen Inhalte transportieren sollen.

BELTZ

Beltz Verlag · Weinheim und Basel · Weitere Infos und Ladenpreise: www.beltz.de